掌尚文化

Culture is Future

尚文化·掌天下

国家自然科学基金项目：企业债务异质性对"融资分红"行为的影响——基于财务决策关联性的视角（编号：71702070；主持人：胡建雄）

中国资本市场
"融资分红"行为的研究

胡建雄 著

THE RESEARCH ON THE BEHAVIOR OF "FINANCING PAYOUTS" IN CHINA'S CAPITAL MARKET

图书在版编目（CIP）数据

中国资本市场"融资分红"行为的研究/ 胡建雄著. —北京：经济管理出版社，2021.4

ISBN 978-7-5096-7927-2

I. ①中… Ⅱ. ①胡… Ⅲ. ①资本市场—研究—中国 Ⅳ. ①F832.5

中国版本图书馆 CIP 数据核字（2021）第 068223 号

组稿编辑：宋　娜
责任编辑：张　昕　丁光尧
责任印制：黄章平
责任校对：董杉珊

出版发行：经济管理出版社
　　　　　（北京市海淀区北蜂窝 8 号中雅大厦 A 座 11 层　　100038）
网　　　址：www. E-mp. com. cn
电　　　话：（010）51915602
印　　　刷：唐山昊达印刷有限公司
经　　　销：新华书店
开　　　本：720mm×1000mm/16
印　　　张：17
字　　　数：233 千字
版　　　次：2021 年 6 月第 1 版　　2021 年 6 月第 1 次印刷
书　　　号：ISBN 978-7-5096-7927-2
定　　　价：98.00 元

序

PREFACE

公司分红指的是公司将一定的现金发放给股东作为回报，而股利支付决策涉及的便是公司如何为分红融资、以什么样的方式分红、分红的时间等问题。关于公司分红，现有研究多数从税差理论、股利信号理论以及股利代理成本的理论视角出发，解释公司的分红动机、支付方式倾向等问题。

自 20 世纪 90 年代中国股票市场建立以来，上市公司支付的现金股利一直较少。为了保护投资者权益，中国证监会先后出台了一系列要求提升上市公司最低现金股利支付水平的半强制分红政策。对于半强制分红政策，学术界褒贬不一。同时，不同于英美等发达资本市场中较为分散的公司股权结构，中国上市公司往往由一位或者少数几位大股东终极控制，企业各项财务决策间内生性问题尤为突出，使得很多研究成果的有效性遭到质疑。不同于以往的研究，本书巧妙运用中国证监会在 2008 年要求提升公司现金股利支付水平的半强制分红政策的外生冲击，来考察小投资者信心的影响机制。对于不同上市公司而言，由该项政策事件导致的投资者信心变化是完全外生的，从而为本书检验投资者信心的具体变化规律提供了难得的"自然实验"条件。

有关投资者信心的观点认为，股利支付决策会对投资者心理因素产生重要影响，上市公司的现金股利支付水平与投资者心理变化有重要关联。半强制分红政策提高了公司的股利支付水平，投资者信心应该会增强。

尤其值得关注的是，在半强制分红政策的背景下，中国上市公司竟出现了"一边分红、一边融资"的特殊现象，而传统股利支付理论一直认为公司分红的资金来源于内部资金，所以，难以对这种"融资分红"行为予以解释，也难以对其利弊进行评价。如果"融资分红"行为是普遍的，那么，企业依靠的是债务融资还是权益融资？这些都是未知答案。

为了深入理解公司"融资分红"行为，本书引入了财务决策关联性视角。从财务决策关联性视角出发，企业的股利支付决策与投资、融资以及薪酬激励等决策是互相联系的，管理层在做出财务决策时，考虑的是多种财务决策目标的同时实现。基于此，本书着重挖掘了融资决策与股利支付决策之间的联系。一方面，考察了中国资本市场"融资分红"现象的普遍性；另一方面，深入分析了上市公司为分红的外部融资资金究竟来源于负债还是权益。

本书对融资理论、股利政策理论以及财务决策关联性等相关学术研究成果进行梳理总结之后，通过理论分析推导出相关假设，并利用中国上市公司的数据进行实证检验，得到了如下结论。

第一，半强制分红政策显著增强了投资者信心。相比于半强制分红政策实施后实际股利支付率超过达标水平的公司，实际股利支付率维持在达标水平的公司的投资者信心受到半强制分红政策实施的影响更大。

第二，在半强制分红政策的背景下，中国上市公司的"融资分红"行为具有普遍性，且增强投资者信心所支付的现金股利主要来自外源融资。

第三，中国上市公司利用外部资金为分红筹资时，较多采用的是债务筹资的方式，较少采用权益筹资的方式。

本书的研究表明，中国证监会颁布的一系列半强制分红政策的相关规定起到了积极作用，提高了广大投资者信心。因此，需要更多地从半强制分红政策的外生影响出发，考察该政策对企业股利支付行为的影响。同时，本书发现，企业的分红来源不局限于传统理论所认为的内源融资，还会通过外部融资渠道。企业的各项财务决策具备联系性，在考察企业财务决策时，应更多地从财务决策关联性的视角出发，将企业各项财务决策联系在一起，才能更加全面地理解企业行为。

目　录
CONTENTS

第一章 绪 论

第一节 问题的提出

一、研究背景

(一) 国内股利支付现状与趋势

近年来,中国股票市场指数大幅波动,大多数股东很难通过资本利得获取投资收益。为了弥补投资收益的损失,股东们纷纷要求上市公司增加股息。然而,自 20 世纪 90 年代中国股票市场成立以来,上市公司支付的现金股利一直相对较少。1999 年,不支付现金股利的公司比例达到 62%。2006 年以来,中国证券监督管理委员会(以下简称中国证监会)出台了一系列的相关法规,要求上市公司重视现金股利支付,以保护广大中小股东的利益。2006 年中国证监会颁布的《上市公司证券发行管理办法》第八条第五项规定,上市公司公开发行证券的必要条件之一是,最近三年以现金或股票方式累计分配的利润不少于最近三年实现的年均可分配利润的20%。2008 年的修改规定尤为强调以现金方式分红,并进一步将分红比重提升到30%。李常青等(2010)将中国证监会关于分红的相关规定称为

"半强制分红政策"①，因为他们认为该条款对有再融资需求或潜在再融资需求的上市公司是软约束。

近几年来，保护投资者利益的重要手段——现金分红再次得到监管部门的重视，上市公司现金分红的重要性再次被重申。当前中国证监会主席易会满先生在中国上市公司协会 2019 年年会上指出，"上市公司是投资者分享经济增长红利的'新渠道'"。

2019 年 12 月 28 日，第十三届全国人大常委会第十五次会议审议通过了修订后的《中华人民共和国证券法》（以下简称新《证券法》），已于 2020 年 3 月 1 日起施行。本次新《证券法》修订，按照顶层制度设计的要求，进一步完善了证券市场基础制度，体现了市场化、法治化、国际化方向，有助于证券市场全面深化改革落实，有效防控市场风险，为提高上市公司质量，切实维护投资者的合法权益，促进证券市场服务实体经济功能充分发挥，打造一个规范、透明、开放、有活力、有韧性的资本市场，提供了坚实的法律保障，具有非常重要而深远的意义。尤其值得关注的是，新《证券法》进一步强化了投资者保护制度，依法保障了广大股东的资产收益权。

完善投资者保护制度。新证券法设专章规定投资者保护制度，做出了许多颇有亮点的安排。包括区分普通投资者和专业投资者，有针对性地做出投资者权益保护安排；建立上市公司股东权利代为行使征集制度；规定债券持有人会议和债券受托管理人制度；建立普通投资者与证券公司纠纷的强制调解制度；完善上市公司现金分红制度。尤其值得关注的是，为适应证券发行注册制改革的需要，新《证券法》探索了适应我国国情的证券

---

① "强制分红政策"是证监会无条件提高上市公司现金股利支付率的要求。"非强制分红政策"是指公司实施完全由市场决定、不受政府干预的股利支付决定。"半强制分红政策"是介于"强制分红政策"和"非强制分红政策"之间的政策，它将公司的现金股利支付水平与未来再融资的资格联系起来。如果一家公司实际现金股利的支付水平达不到监管政策要求的最低标准，那么该公司将失去未来再融资的资格。可以看出，此条件并非具有完全强制性，却与公司利益和未来发展息息相关而无法被忽视，所以，被称为"半强制性"。

民事诉讼制度，规定投资者保护机构可以作为诉讼代表人，按照"明示退出""默示加入"的诉讼原则，依法为受害投资者提起民事损害赔偿诉讼。

——摘自中国证券监督管理委员会官方网站

2020年3月30日，中共中央国务院颁布了《关于构建更加完善的要素市场化配置体制机制的意见》，直接指出要鼓励和引导上市公司进行现金分红。

完善股票市场基础制度。制定出台完善股票市场基础制度的意见。坚持市场化、法治化改革方向，改革完善股票市场发行、交易、退市等制度。鼓励和引导上市公司现金分红。完善投资者保护制度，推动完善具有中国特色的证券民事诉讼制度。完善主板、科创板、中小企业板、创业板和全国中小企业股份转让系统（新三板）市场建设。

——摘自《关于构建更加完善的要素市场化配置体制机制的意见》

强化上市公司主体责任。上市公司要诚实守信、规范运作，专注主业、稳健经营，不断提高经营水平和发展质量。上市公司控股股东、实际控制人、董事、监事和高级管理人员要各尽其责，公平对待所有股东。对损害上市公司利益的行为，上市公司要依法维权。鼓励上市公司通过现金分红、股份回购等方式回报投资者，切实履行社会责任。（证监会、国务院国资委、财政部、全国工商联等单位负责）

——摘自《关于进一步提高上市公司质量的意见》

投资者是资本市场发展之本，尊重投资者、敬畏投资者、保护投资者是资本市场践行以人民为中心发展思想的具体体现。现金分红是资本市场的一项重要制度，持续、稳定、科学的分红理念和机制对于公司价值认可、质量提升以及资本市场稳定健康发展而言具有重要的意义。2020年9月18日，中国上市公司协会联合上海证券交易所、深圳证券交易所发布A股上市公司现金分红榜单，包括"上市公司丰厚回报榜单"和"上市公司真诚回报榜单"各100家公司。榜单以近一年和近三年的现金分红总额为主要指标，评选出"上市公司丰厚回报榜单"前100家，如表1-1所示；以近一年和近三年的股利支付率为主要指标，评选出"上市公司真诚回报榜单"前100家，如表1-2所示。榜单评选坚持代表性和持续性的基本原则，既选择出具有代表性的上市公司，鼓励长期持续稳定的分红，又兼顾不同板块公司的特点，充分反映公司分红的积极意愿。除了分红总额、股利支付率等客观量化指标之外，还设置了证券市场诚信合规、财务等方面的前置指标，对负面清单进行"一票否决"。

表1-1　上市公司丰厚回报榜单

证券代码	证券简称	综合排名	证券代码	证券简称	综合排名
601398.SH	工商银行	1	601818.SH	光大银行	21
601288.SH	农业银行	2	601601.SH	中国太保	22
601988.SH	中国银行	3	601668.SH	中国建筑	23
601939.SH	建设银行	4	600048.SH	保利地产	24
600028.SH	中国石化	5	600585.SH	海螺水泥	25
601088.SH	中国神华	6	600019.SH	宝钢股份	26
600036.SH	招商银行	7	000858.SZ	五粮液	27
601318.SH	中国平安	8	000651.SZ	格力电器	28
601328.SH	交通银行	9	601006.SH	大秦铁路	29
601857.SH	中国石油	10	601169.SH	北京银行	30
600519.SH	贵州茅台	11	001979.SZ	招商蛇口	31
600104.SH	上汽集团	12	002415.SZ	海康威视	32
600900.SH	长江电力	13	600030.SH	中信证券	33
601166.SH	兴业银行	14	601229.SH	上海银行	34
601628.SH	中国人寿	15	600887.SH	伊利股份	35
600016.SH	民生银行	16	601766.SH	中国中车	36
600000.SH	浦发银行	17	000895.SZ	双汇发展	37
000002.SZ	万科A	18	300498.SZ	温氏股份	38
601998.SH	中信银行	19	002304.SZ	洋河股份	39
000333.SZ	美的集团	20	600606.SH	绿地控股	40

续表

证券代码	证券简称	综合排名	证券代码	证券简称	综合排名
600018.SH	上港集团	41	601216.SH	君正集团	71
600340.SH	华夏幸福	42	601899.SH	紫金矿业	72
000001.SZ	平安银行	43	600188.SH	兖州煤业	73
600309.SH	万华化学	44	601238.SH	广汽集团	74
601211.SH	国泰君安	45	600346.SH	恒力石化	75
601800.SH	中国交建	46	601985.SH	中国核电	76
601009.SH	南京银行	47	000656.SZ	金科股份	77
601390.SH	中国中铁	48	000166.SZ	申万宏源	78
600741.SH	华域汽车	49	600660.SH	福耀玻璃	79
600383.SH	金地集团	50	002027.SZ	分众传媒	80
600015.SH	华夏银行	51	600398.SH	海澜之家	81
601336.SH	新华保险	52	000617.SZ	中油资本	82
600023.SH	浙能电力	53	600688.SH	上海石化	83
600919.SH	江苏银行	54	000338.SZ	潍柴动力	84
601155.SH	新城控股	55	000708.SZ	中信特钢	85
601688.SH	华泰证券	56	002736.SZ	国信证券	86
000538.SZ	云南白药	57	600926.SH	杭州银行	87
603288.SH	海天味业	58	600886.SH	国投电力	88
000776.SZ	广发证券	59	600236.SH	桂冠电力	89
601186.SH	中国铁建	60	600663.SH	陆家嘴	90
002142.SZ	宁波银行	61	603858.SH	步长制药	91
600031.SH	三一重工	62	600674.SH	川投能源	92
600011.SH	华能国际	63	600350.SH	山东高速	93
600690.SH	海尔智家	64	600801.SH	华新水泥	94
000069.SZ	华侨城A	65	601618.SH	中国中冶	95
600377.SH	宁沪高速	66	601158.SH	重庆水务	96
000568.SZ	泸州老窖	67	600406.SH	国电南瑞	97
600066.SH	宇通客车	68	601933.SH	永辉超市	98
002146.SZ	荣盛发展	69	601881.SH	中国银河	99
601633.SH	长城汽车	70	600009.SH	上海机场	100
300211.SZ	亿通科技	1	600037.SH	歌华有线	31
600232.SH	金鹰股份	2	000156.SZ	华数传媒	32

表 1-2　上市公司真诚回报榜单

证券代码	证券简称	综合排名	证券代码	证券简称	综合排名
000635.SZ	英力特	3	002385.SZ	大北农	33
002238.SZ	天威视讯	4	000573.SZ	粤宏远 A	34
300333.SZ	兆日科技	5	002550.SZ	千红制药	35
600216.SH	浙江医药	6	000895.SZ	双汇发展	36
603696.SH	安记食品	7	600873.SH	梅花生物	37
002367.SZ	康力电梯	8	002690.SZ	美亚光电	38
002674.SZ	兴业科技	9	603025.SH	大豪科技	39
002315.SZ	焦点科技	10	600066.SH	宇通客车	40
002397.SZ	梦洁股份	11	600312.SH	平高电气	41
603615.SH	茶花股份	12	002553.SZ	南方轴承	42
002516.SZ	旷达科技	13	300509.SZ	新美星	43
601958.SH	金钼股份	14	000416.SZ	民生控股	44
600011.SH	华能国际	15	300154.SZ	瑞凌股份	45
300215.SZ	电科院	16	300412.SZ	迦南科技	46
603665.SH	康隆达	17	601098.SH	中南传媒	47
300277.SZ	海联讯	18	600481.SH	双良节能	48
002782.SZ	可立克	19	603886.SH	元祖股份	49
603016.SH	新宏泰	20	300421.SZ	力星股份	50
601566.SH	九牧王	21	002351.SZ	漫步者	51
600132.SH	重庆啤酒	22	601933.SH	永辉超市	52
603328.SH	依顿电子	23	603166.SH	福达股份	53
300099.SZ	精准信息	24	300403.SZ	汉宇集团	54
002827.SZ	高争民爆	25	603858.SH	步长制药	55
603239.SH	浙江仙通	26	002533.SZ	金杯电工	56
603569.SH	长久物流	27	300612.SZ	宣亚国际	57
603908.SH	牧高笛	28	601158.SH	重庆水务	58
603023.SH	威帝股份	29	300041.SZ	回天新材	59
002003.SZ	伟星股份	30	600578.SH	京能电力	60
600779.SH	水井坊	61	600598.SH	北大荒	81
600182.SH	S 佳通	62	300127.SZ	银河磁体	82

续表

证券代码	证券简称	综合排名	证券代码	证券简称	综合排名
002677.SZ	浙江美大	63	002372.SZ	伟星新材	83
002539.SZ	云图控股	64	002004.SZ	华邦健康	84
000750.SZ	国海证券	65	002469.SZ	三维工程	85
000913.SZ	钱江摩托	66	300640.SZ	德艺文创	86
300512.SZ	中亚股份	67	002728.SZ	特一药业	87
002014.SZ	永新股份	68	601991.SH	大唐发电	88
000637.SZ	茂化实华	69	002563.SZ	森马服饰	89
002843.SZ	泰嘉股份	70	002345.SZ	潮宏基	90
002737.SZ	葵花药业	71	002567.SZ	唐人神	91
300141.SZ	和顺电气	72	002455.SZ	百川股份	92
000541.SZ	佛山照明	73	300193.SZ	佳士科技	93
603866.SH	桃李面包	74	601126.SH	四方股份	94
000848.SZ	承德露露	75	300179.SZ	四方达	95
002521.SZ	齐峰新材	76	002749.SZ	国光股份	96
002763.SZ	汇洁股份	77	002787.SZ	华源控股	97
601116.SH	三江购物	78	603335.SH	迪生力	98
601369.SH	陕鼓动力	79	000538.SZ	云南白药	99
000899.SZ	赣能股份	80	002105.SZ	信隆健康	100

从榜单情况来看，"上市公司丰厚回报榜单"的入选公司中，2019年的现金分红总额占全体A股公司总额的67.9%，2017~2019年累计现金分红总额占全体A股公司总额的68.61%。入选丰厚回报榜单的公司中，沪市主板公司77家，深市主板公司16家，中小板公司6家，创业板公司1家。真诚回报榜单中，沪市主板公司37家，深市主板公司12家，中小板公司33家，创业板公司18家。共有30个辖区的上市公司入选，排名前三的分别是北京、江苏和深圳。入选丰厚回报榜单的82%的公司自上市以来连续每年分红，有70家公司近10年以来连续分红。入选真诚回报榜单的84%的公司自上市以来连续每年分红，有30家公司近10年以来连续分

红。合计有 7 家公司同时入选两个榜单，即华能国际、双汇发展、宇通客车、永辉超市、步长制药、重庆水务、云南白药。可以看出，连续每年分红的上市公司才能得到投资者的肯定和青睐。

股利政策是指公司股东大会或董事会对一切与股利有关的事项所采取的原则性的做法，是关于公司是否发放股利、发放多少股利以及何时发放股利等方面的方针和策略，所涉及的主要是公司对其收益进行分配还是留存以用于再投资的策略问题。现金分红不仅反映公司经营业绩和规范运作水平，也关系资本市场良好生态环境的形成。当前，随着中国不断完善要素市场化配置、股票市场基础制度和投资者保护制度，现金分红将长期处于重要地位。从实践来看，近年来 A 股上市公司投资者保护意识逐步增强，现金分红和投资者回报水平逐年提升。根据 2019 年年度报告，上市公司现金分红合计约 1.36 万亿元，同比增长约 10.7%，分红上市公司占全部上市公司总数比重约 66%。中国上市公司分红行为越来越普遍，股利支付总额和现金股利支付公司所占比重都呈逐年增长的趋势。

(二) 国际股利支付的现状与趋势

当前，在中国不论是监管者、投资者还是上市公司本身，三者都表现出了对现金分红的重视，随着中国不断完善要素市场化配置、股票市场基础制度和投资者保护制度，现金分红将在中国长期处于重要地位。那么，国际上的股利支付现状如何？趋势又是什么呢？本书的研究着眼于当下国际国内股利支付的现状与趋势，意图能够展现一个关于企业股利支付行为的大致轮廓。

国际上企业的股利支付现状与趋势，可以分成以美国为代表的发达国家股利支付行为与新兴资本市场国家股利支付行为。Farre – Mensa 等 (2014) 通过考察美国资本市场近 20 年公司股利分红的数据，将美国上市公司的股利分红行为趋势总结为三点：第一，股利支付的消失与重现；第二，股份回购成为股利支付形式的主导；第三，股利支付的平滑性特征。

以下文献观察到了美国上市公司股利支付的第一个特点，即股利支付的消失与重现。Fama 和 French（2001）通过数据分析发现，支付现金股利的美国上市公司比例从 1978 年的 66.5% 下降到 1999 年的 20.8%。他们的研究表明，股利支付行为不积极的原因在于上市公司的整体结构向盈利能力低、成长机会大的小公司转移，而后者通常较少支付股利。美国上市公司的数量由 1978 年的 3638 家增加到 1997 年的 5670 家，新上市的公司多为具有高增长机会的小公司，但是这些公司的平均盈利能力并不高。因此，许多新上市公司的低盈利能力是派息公司比例下降的部分原因。然而，Fama 和 French（2001）指出，虽然上市公司特征变化是股息支付变化的重要原因，但并不是全部。他们通过实证研究发现，在控制企业特征保持不变的情况下，美国上市公司在 20 世纪 80 年代和 90 年代依然不太可能支付股息。

DeAngelo 等（2006）的研究提供了进一步的证据，证明改变企业特征和保持企业特征不变的股利支付倾向的下降对解释股利支付企业比例的下降起到了重要作用。基于 Grullon 等（2002）的"企业成熟假说"，即企业的股利支付会随着自身成熟而增加，DeAngelo 等（2006）认为，企业的成熟度可以用盈利和实收资本的组合来表示，并且，相比于盈利能力和增长机会，这种组合对企业支付股息的决定有更大的影响。他们通过观察数据发现，一方面，在 20 世纪 80 年代和 90 年代支付股息的公司数量减少的同时，拥有负留存收益的上市公司数量也在大幅增加，从 1978 年的 11.8% 增加到 2002 年的 50.2%，而这些负留存收益公司的分红基本为零。另一方面，拥有正留存收益的企业成为支付股息的良好候选人，但是在保持企业特征不变的情况下，这些企业股息支付倾向的下降幅度约为 50%，几乎是 Fama 和 French（2001）所估计的所有公司股息平均下降幅度的两倍。总而言之，这些结果与 Fama 和 French（2001）的发现一致，即 21 世纪初美国支付股息公司比例的下降受到两个方面的共同驱动：一是公司特征的转变；二是具有典型股息支付者特征的公司实际支付股息的倾向降低。

尽管20世纪80年代和90年代支付股息的美国上市公司的数量和比例均在下降，但是Grullon和Michaely（2002）与DeAngelo等（2004）的研究表明，1978~2000年，美国上市公司支付的实际股息金额实现了22.7%的增长。关于股息支付公司数量的显著下降是如何与实际股息的总体增长相协调的，DeAngelo等（2004）指出了两点原因：第一，股息支付公司数量的大幅减少几乎完全发生在低股息支付的公司之中。因此，这些公司股息的损失对总股息供给的影响很小。第二，股息支付者公司数量的减少伴随着高股息支付公司分红金额的增加，反映了它们实际收入的大幅增加。总之，DeAngelo等（2004）的研究表明，处于股息分配顶端的公司支付的实际股息的增加淹没了许多处于底部的小支付者的股息的减少。与此同时，正如Grullon和Michaely（2002）指出的那样，这一时期的总收益的增长明显超过了股息的增长，导致股息支付率和股息收益率显著下降。

进入21世纪后，美国上市公司的股息支付行为重新变得普遍，即"股利支付的重现"。从比例上看，21世纪初很多20世纪90年代上市的网络公司退市或破产，其中大多数公司从未支付过股息，而它们的退市与破产使得美国上市公司的数量急剧下滑，进而使得支付股息的公司比例显著上升。从数量上看，Farre-Mensa等（2014）的分析表明，在2002年股息支付公司数量触底后，股利支付的重现获得了动力。分红派息的美国上市公司数量从2002年的767家增加到2005年的968家，增长了26%，在2008~2009年全球金融危机期间短暂减少后，似乎又在增长，2012年，共有949家公司进行分红。美国上市公司支付的总股息在过去40年中呈单调增长的态势，2012年，美国上市公司支付了超过2580亿美元的股息，而在20世纪70年代初总股息仅约700亿美元。

许多论文研究了2003年美国政府颁布的《就业与增长税收减免和解

法案》在解释这种股息再现中所起的作用，不过最终并没有形成一致的结论。《就业与增长税收减免和解法案》将最高股息税率从 35% 降至 15%（以下简称 2003 年股息减税），消除了股息相对于资本收益的税率劣势，使得股息税率与资本收益税率大致相当。Chetty 和 Saez（2005）的研究结果表明，2003 年的股息减税导致了股息发放的增加，这可能会有助于扭转 Fama 和 French（2001）记录的上市公司支付股息比例大幅下降的现象。但是，在 Brav 等（2005）的原始调查（在 2003 年股息减税之前进行）中，公司经理人表示没有太重视相对税收对股息政策的决定作用。他们于 2003 年 6 月进行的一项后续调查显示，在 2003 年股息税率下调后，税收的重要性位居第二。尽管在那项调查中，少数高管表示，降低股息税率最终将导致公司股息增加，但超过 2/3 的高管表示，股息税率的降低肯定不会或可能不会影响他们的股息决策。就分红而言，只有 13% 的非分红者表示减税将使得他们的公司开始分红。Brav 等（2008a，2008b）进一步强化了这种反应：他们发现，在 2003 年 5 月没有支付股息，但在此后两年存活下来的公司中，只有 9% 开始发放股息。来自公司高管的调研反馈也表示，公司现金流、股息历史水平、投资机会等因素均是影响公司股利政策的重要因素，税收考虑并不是最为重要的。综上所述，这些结果与 2003 年政府股息减税政策对公司派息政策产生了长期的、重要的影响的结论并不一致。

美国上市公司股利支付行为的第二个特点是股票回购成为股利支付方式的主流。Farre-Mensa 等（2014）研究发现，1997~2012 年，除了 2009 年之外，股票回购的美元总额都超过了股息支付，平均回购支付率（回购与收益的比率）也是如此。股票回购总额在 2007 年达到峰值，超过了 5600 亿美元，占当年美国上市公司分红总额的 73% 以上。并且，这种股票回购的爆发式增长并不是由少数几个大型回购者推动的，通过数据分析发现，回购总额与前 25 大回购公司的总回购份额呈负相关关系，表明股票回购活动是广泛而普遍的。此外，他们还发现股票回购行为呈现出很强的顺周期性，对于这一观点，Jagannathan 等（2000）指出，商业周期似乎对股息支付总额没有什么影响。

Grullon 和 Michaely（2002）注意到回购的重要性愈趋增加，他们认为至少部分回购活动的增加是由原本用于增加股息的资金资助的。具体而言，一方面，股票回购成为新股利支付者发起现金支付的首选形式，另一方面，老股息支付者也增加了股票回购的使用。Grullon 和 Michaely（2002）认为，由于资本利得相对于股息的税收优势，美国上市公司长期以来有明显的动机使用股份回购来代替股息，特别是在 2003 年股息减税之前。在 Grullon 和 Michaely（2002）研究的几年后，Skinner（2008）表明，回购已经成为支付的主要形式，越来越多地被用来代替股息，即使是对于那些继续支付股息的公司而言也是如此。Skinner（2008）指出了支付股利公司的三个典型类别：支付股息并定期回购的公司、仅定期回购的公司，以及仅偶尔回购的公司。这也表明，只支付股息的公司数量已越来越少，2012 年，只支付股息的支付者占所有支付者的比例仅不到 22%（Farre-Mensa et al.，2014）。

尽管股票回购是美国上市公司支付股利的主要方式，但学者们的研究发现，无论是公司还是投资者都不认为股息和回购是完美的替代品。Guay 和 Harford（2000）与 Jagannathan 等（2000）的研究发现，公司选择增加股息来分配相对永久的经营现金流收益，相对应地，选择回购来分配暂时的现金流收益，这些现金流通常是非经营性现金流。Lee 和 Rui（2007）使用时间序列向量自回归分析表明，股票回购与收益的临时组成部分相关，而与股息不相关。与这些发现相一致，Koch 和 Sun（2004）的研究表明，股息的变化会导致投资者修改他们对过去收益变化持续性的预期，这种影响随着股息变化的幅度和过去收益变化的迹象而变化。事实上，很多学者都发现，市场倾向于对股息增加的宣布做出积极反应，而对股息减少的宣布做出消极反应（Pettit，1972；Charest，1978；Aharony and Swary，1980；Michaely et al.，1995）。

如果股息确实被用来分配公司的永久性收益，而回购被用来分配更多的暂时性收益，那么，我们将期望公司支付平稳的股息，在考虑财务灵活性时选择回购。现有文献支持股票回购比股息更灵活的预测。事实上，我们可以认为回购的灵活性有两个组成部分。第一，与股息（定期）的情况不同，一家公司在某一年回购股票不会使得投资者产生该公司会在下一年回购类似数量股票的预期（Jagannathan et al.，2000）。第二，宣布回购计划的公司通常不会真正履行这一计划。Stephens 和 Weisbach（1998）发现，回购计划的完成率在 70%～80%，很少有证据表明那些未能完成其宣布的回购计划的公司会受到声誉惩罚（Jagannathan et al.，2000）。进一步地，Bonaime 等（2014）研究发现，更灵活的股利支付决策倾向于回购而不是股息，股利支付决策的灵活性为类似公司操作套期保值提供了好处。

美国上市公司股利支付行为的第三个特点是股利的平滑性特征。股利平滑现象很早便为人所知，观察到股利平滑现象的经典文献来自 Lintner（1956）的研究。他调查了 28 家美国上市公司七年（1947～1953 年）的股利政策，包括对其管理团队的采访。他指出，他所调查的公司主要关注股息的稳定性，因为经理人似乎强烈认为，市场对具有稳定股息政策的公司会有溢价。因此，公司不会每季度重新设定股息。相反，他们首先会考虑是否需要对最近的每股股息进行更改，因为收益是任何股息更改的最重要的决定因素。只有当公司决定有必要对股息进行更改时，他们才会考虑更改的幅度。

在 Lintner（1956）研究的 50 年后，Brav 等（2005）通过对 384 名财务高管进行调查，发现了与上市公司经理人认为的保持稳定股息是重中之重的观点一致的证据。根据调查，这些高管表示，他们会考虑出售资产、解雇员工、举债或者绕过正净现值（NPV>0）项目，以避免不得不削减股息。如果说当下的股利平滑与先前有什么不同的话，那便是股利的平滑度呈现出增加的趋势。Leary 和 Michaely（2011）通过考察自 20 世纪 30 年代初以来的数据发现，美国上市公司的股息平滑度在稳步大幅提升。他们的研究表明，尽管在过去 20 年中股票回购的使用可能促成了这一趋势，但大部分股息平滑度提高的现象发生在回购被广泛使用之前。此外，他们的研究还记录了股息平滑的显著横截面变化和总股利支出平滑的更大横截面变化。值得注意的是，Leary 和 Michaely（2011）发现信息不对称往往与股利平滑呈负相关关系：年轻、规模较小且低股利支付的企业，收益波动性和回报波动性高的企业，以及分析师关注较少、预测更分散、预测准确性更低的企业，它们的股利都不太平滑。在相关文献中，Aivazian 等（2006）发现，有债券评级的公司比没有债券评级的公司能够支付更平稳的股息，后者完全依赖于私人（银行）债务。正如 Leary 和 Michaely（2011）所指出的，这个证据对基于信号动机的平滑理论提出了挑战。而关于股利平滑与代理冲突之间的联系，Leary 和 Michaely（2011）的研究发现，股息最平滑的公司是那些最有可能受到自由现金流代理成本影响的公司，即那些更成熟（根据其规模和年龄来衡量）、更有可能成为现金牛、投资机会更少（根据其市场账面价值来衡量）的公司。

相较于发达经济体，来自新兴资本市场公司的股利支付呈现出较大的特征差异。在新兴资本市场经济体中，只有少数公司定期支付股息（Reddy and Rath，2005）。巴西、智利、哥伦比亚、菲律宾、委内瑞拉等发展中国家制定了强制性股利支付的法律或政策（La Porta et al.，2000）。例如，智利规定，除非股东能够同意接受一个较低的股息水平，否则企业应使用其利润的30%以上作为股息。1995 年以前，土耳其要求在伊斯坦布尔股票市场上市的公司必须将可分配利润的一半以上作为现金股利（Adaoglu，2000）。强制性股利政策的最大优点是可以改善资本市场的现金股利支付水平（La Porta et al.，2000），无论如何，上市公司都必须支付股利。

Martin 和 Novaes（2012）通过比较巴西和美国的现金股利支付水平发现，巴西上市公司的股利支付要显著高于美国上市公司，巴西和美国的平均股息收益率分别为 2.29% 和 1.38%。但是，也有学者认为，强制性股利政策可能无法达到预期效果，强制性股利政策虽然能够保护投资者权益，但是剥夺了公司股利支付决策的自主权，从长期看可能并不利于投资者。Adaoglu（2008）发现，土耳其 2003 年恢复强制性股息政策后，上市公司的股息收益率并没有显著提高。此外，由于强制性股利政策对公司财务决策的干预，实际上只有少数国家采取了这种政策（Martin and Novaes，2012）。

（三）小结

综上所述，关于股利支付行为的现状与趋势，发达国家与新兴资本市场国家有着各自不同的特点。尽管发达国家的股利支付行为具有相似性，但也不是完全一样的，而来自新兴资本市场的公司的股利支付行为背后都有着强烈的政府政策干预。与新兴资本市场国家的股利支付情况相类似，中国资本市场上公司股利支付现象的背后也有一系列政策推动的原因，不过在中国特色社会主义市场经济环境下，中国没有选择要求上市公司强制性分红。中国证监会的股利规则与国外的强制分红政策有两个明显的区别。首先，它们具有不同的法律效力。国外的强制性股利政策受国家法律或国家公司法的规范，要求所有公司必须遵守。但是，中国证监会颁布的半强制分红政策的相关规定对上市公司没有强制性要求，所以它们仍然可以独立决定其股利支付决策。其次，中国证监会将现金股利分配与再融资资格挂钩，使中国上市公司是否支付现金分红将影响其新股发行资格；在外国，强制性股利政策不能这样。

现实中，现金分红不断引起各方的重视，在理论学术界也同样如此，公司股利支付决策同投资决策、筹资决策一同被称为企业财务管理的三大核心内容，自20世纪五六十年代以来就一直受到学者们的广泛关注。虽然当前股利政策在现实资本市场与学术界都受到了格外的重视，但是本书察觉到了当下股利政策现实界与理论界之间的一些失衡。例如，关于中国半强制分红政策的"监管悖论"还没有解开，包括现金分红的增加是否全都源自传统的经营现金流，未来中国股利支付方式会不会像美国一样趋向回购，有没有一套系统的、适合解释中国资本市场股利支付行为的股利支付理论体系，等等。关于这些问题，理论界要么还没有深入挖掘，要么还没有最终形成一致结论。

本书注意到，似乎少有人关注到近年来不断分红的企业是否有足够的净利润和现金流来支付如此大的股息，或者说，少有人关注到企业的现金股利是从何而来的。长期以来，有关股利支付的文献一直认为，企业分红的现金应当来源于内部自由现金流，即经营现金流满足了投资活动所需后的剩余部分才有可能作为股利支付给股东（Ross et al.，2013）。

事实上，上市公司用于分红的内部自由现金流所占比重并未同步上升。对发放股利的公司的财务状况进行深入分析后发现，它们的净利润不足以支持如此大规模的股利支付，但它们能够满足政策的要求。特别值得关注的是，近年来众多上市公司在从低比例分红转向高比例分红的同时，负债率也在不断提高。以獐子岛公司为例，2008~2013年，该公司几乎每年保持着60%以上的高比例现金股利支付，而公司正常的现金流水平是无法满足如此高比例现金股利支付的。与此同时，公司负债率却从2006年上市时的13.65%迅速上升到2014年中期的60%，第三季度更达到70%，2015年第一季度甚至攀升到76%，之后始终居高不下。但在现实中，内部自由现金流不可能满足企业如此高比例的现金股利支付。一手融资、一手分红，似乎已成为獐子岛等众多上市公司近年来股利支付决策的新常态。本书将公司这种一边融资、一边分红的行为称为"融资分红"，并试图探寻其背后的理论依据。与内部融资相比，无论是债务融资还是股权融资，企业外部融资成本都更加高昂（Myers，1984）。既然传统理论与众多中国上市公司当前的"融资分红"行为严重相悖，那么，在中国情境下，企业"融资分红"行为是否是普遍存在的？从整体看，"融资分红"行为这场看似"昂贵的游戏"表面上是执行中国证监会颁布的一系列半强制分红政策的相关规定而被迫采取的权宜之计，那么，其对企业而言，究竟是不是一种"理性的选择"？

笔者认为，对上述问题的回答应当建立在对企业财务决策的系统思考的基础上。现实的资本市场中存在众多摩擦因素，MM 定理成立的前提假设难以成立，因而企业各项财务决策之间呈现相互依存和跨期的特征（Gatchev et al.，2010），彼此间具有复杂的关联性（童盼、陆正飞，2005）。企业"融资分红"行为包含现金、负债和股利三大要素，实质上反映了企业现金持有决策、资本结构调整决策与股利支付决策间的关系。出于传递"利好信号"（Ross，1977）、提高管理者个人收益和降低公司被接管的风险（Grossman and Hart，1982）、降低股权代理成本（Jensen，1986）及获取较高税盾收益（Bessler et al.，2011）等动机，企业倾向于高负债融资。然而，现金股利支付对于增强投资者信心以及企业长远发展而言至关重要。当企业内部自由现金流无法为现金股利支付提供支撑时，外部融资筹集到的资金便为企业支付现金股利提供了可能。此时，企业股利支付决策需要做出相应的调整，而这种调整突破了内部自由现金流决定股利支付决策的传统理论框架。

二、关于股利支付的理论研究

关于股利支付问题的研究最早可以追溯到 Miller 和 Modigliani（1961）提出的股利无关论。股利无关论有一些严苛的前提假设，包括没有税收和交易成本、对称信息、完全契约、理性的投资者和管理层等。股利无关论认为，在完全无摩擦的资本市场环境下，企业股利支付决策不会影响企业价值。也就是说，企业分红与否、分红多少是无关紧要的，企业融资状况更无法影响股利支付决策。西方学者关于股利政策的研究主要建立在股利无关论的基础上，由于股利无关论严苛的假设条件在现实资本市场中是很难满足的，众多学者从不同角度放松了这些假设，并逐渐形成了一些关于股利支付的主流研究理论，如股利税差理论、股利信号理论以及股利代理成本理论等。

股利税差理论，即税收对于股利收入与资本利得课征的税率和时间的不一致，将波及投资者对于公司价值升降的判断，进而影响公司支付股利的主客观条件。一些学者对股息税和资本利得税的差异进行了深入研究，形成了一些理论流派，包括税后 CAPM（Capital Asset Pricing Model）模型（Brennan，1970）、客户效应论（Elton and Gruber，1970）、自制财务杠杆论（Miller and Scholes，1978）和核心资本论（Sinn，1991）等。2000 年以来，全球重掀税制改革之风，股利所得税制的调整成为全球税制改革关注的焦点，主要文献参见 James 和 Summers（1984）对英国 1950～1981 年股利所得税改革的效应分析、Alan 和 Kevin（2005）对于 2003 年美国股利所得税改革影响的分析等。不过，关于股利和资本利得的税收差异是否真的对上市公司股价及股利政策产生了影响，文献证据并没有形成一致的结论。一方认为，税收对公司股利政策没有影响，Black 和 Scholes（1974）最早利用 Brennan 的税后 CAPM 模型研究股利收益率对股东报酬率的影响，结果证明，股利收益率与股东预期收益率并不存在相关关系。Kaley 和 Michaely（2000）的研究认为，股利收益率对股票收益率的影响是由时间序列的变化引起的。Lemmon 和 Nguyen（2008）指出，引起股票收益变化的是其他 "非税因素"。而另一方认为，股利所得税影响了上市公司的股利政策，Lizenberger 和 Ramaswamy（1979）修正了 Brennan 的税后 CAPM 模型，研究发现股票的期望收益率与股利收益率之间存在正相关关系。

Naranjo 等（1998）证明了股利收益率与股票收益率之间存在显著的相关性，但是很难估计股利收益率对股票收益率的影响程度。

股利信号理论和股利代理成本理论都建立在信息不对称和不完全契约的基础之上。股利信号理论的基本逻辑是，公司经理人拥有关于公司内部的信息，这些信息市场上没有，经理人有一定动机向市场披露这些信息（Bhattacharya，1979；Miller and Rock，1985；John and Williams，1985）。例如，管理者考虑到一些公司股东想以合理的价格出售所持股份，那么，股息因素就进入了管理者的决策，市场估值较低的公司通过调整股息以显示其前景。股息上升通常表明公司会做得更好，暗含了当下股价是被低估的，而股息下降则表明未来公司的运营情况可能会变得更糟。Allen 等（2000）的研究表明，公司支付股利是因为它们对吸引机构作为股东感兴趣。高质量的公司喜欢机构持有股票的原因是这些股东更了解情况，在检测公司质量方面有相对优势；而低质量的公司没有模仿的动机，因为它们不希望公司的真实情况被暴露。因此，股息是质量的信号。少数学者探究了股利变化作为公司风险变化信号的可能性。Grullon 等（2002）提出"企业成熟假说"，研究发现，增加（减少）股息的公司在系统风险上经历了显著的下降（增加），并且他们认为，市场对股息增加的积极反应与随后的系统风险下降有关。DeAngelo 等（2006）进一步探讨了股利政策与企业成熟度之间的关系，认为随着企业成熟度的提升，企业面临的增长机会变少，它们将开始支付更高的股息。

股利代理成本理论聚焦的问题在于，公司股利支付决策如何受到来自管理层和股东之间代理冲突（也被称为自由现金流问题）的影响，主张通过分红来减少管理者的机会主义行为（Jensen and Meckling，1976；Easterbrook，1984；Jensen，1986）。不过，股息和回购或许也会与多数股东和少数股东之间、股东和债券持有人之间可能存在的利益冲突相互作用（Myers，1977）。股利代理成本理论认为，股息和回购可以被用作一种约束手段，降低经理人从股东手中转移资源的程度。分红可以减少公司的现金持有，而更低的现金持有可能有助于限制公司高管的消费补贴、投资个人有利但于公司无利的项目以及巨额支出行为，比如不受监视的公司合并（Grossman and Hart，1980；Easterbrook，1984；Jensen，1986；Zwiebel，1996）。事实上，学者们发现，股利支付可以作为公司治理机制的替代品，即通过股利政策来减少经理人投资不足的行为（La Porta et al.，2000），公司治理与股利支付之间的联系也得到了许多文献的实证验证（Grullon and Michaely，2012；Hoberg et al.，2014；Crane et al.，2014）。亦有学者关注了在股利代理成本理论下股利支付形式的问题，研究发现，股息是控制经营现金流的良好方式，而回购则是支付一次性现金流的良好手段（Jagannathan et al.，2000；Guay and Harford，2000）。

近年来，国内研究股利政策的文献主要分为三类：第一类是基于中国情境研究现金股利支付倾向和（或）支付水平的影响因素。例如，内部人终极控制（刘孟晖，2011）、股权激励（刘磊等，2019）、股权质押（廖珂等，2018）、金融危机（祝继高和王春飞，2013）、货币政策（全怡等，2016）、交叉上市（程子健和张俊瑞，2015；覃家琦等，2016）、政治不确定性（雷光勇等，2015）。第二类是研究现金股利支付的经济后果，例如，杜金岷等（2019）研究了现金股利分配水平对于企业创新产出水平的促进作用；张普等（2018）研究了现金股利政策与股票波动性的关系；马宏和胡耀亭（2017）研究了上市公司的现金分红对投资者长期股票投资收益的影响；支晓强等（2014）研究了现金分红对投资者的股票估值的影响。第三类是研究法规制度对公司股利行为与其他财务活动和（或）投资者的影响。例如，魏志华等（2014，2017）、刘星等（2016）、陈云玲（2014）、王国俊和王跃堂（2014）、余琰和王春飞（2014）等从不同层面研究考察了股利监管政策对股利行为的影响；陈艳等（2015）考察了半强制分红政策下的股利支付决策对公司投资效率和融资约束的作用；支晓强等

（2014）考察了股权分置改革对投资者的现金股利溢价行为偏好的影响；贾凡胜等（2016）基于《关于实施上市公司股息红利差别化个人所得税政策有关问题的通知》的颁布，研究了资本市场对股利税调整的反应以及股利税调整对公司治理问题的影响。

三、财务决策关联性视角的引入

Farre-Mensa 等（2014）运用美国资本市场近 20 年的数据研究发现，传统决定股利支付决策的代理成本、信号和税收等因素并不能很好地解释美国上市公司现金分红水平的变化，股利支付决策其实是属于公司整体财务生态系统的重要一环。该文暗示了今后的研究需要进一步考察财务决策的关联性，即股利支付决策与其他财务决策之间的关系。"融资分红"行为中的"分红"一词体现了股利支付决策的实施，而"融资"一词是指企业通过外部融资方式筹集资金的过程。无论是债务融资还是股权融资，都会引起企业资产负债率的变化，属于企业资本结构调整决策的范畴。因此，"融资分红"行为使得企业的各项财务决策之间呈现错综复杂的关联性特征。

在"融资分红"行为中，通过债务或股权融资调整资产负债率，是企业主动调节资本结构的重要工具（Farre-Mensa et al.，2018）。尤其在中国当前深化金融改革的大环境中，企业积极通过外部融资调节资本结构，进而满足经营所需的现金流和缓解融资约束（吴育辉等，2018），也为外部融资支付现金股利的"融资分红"行为创造了可能性。众多国外学者指出了高负债可能具有的收益。Ross（1977）提出了信号传递理论，认为负债率较高的事实向众多投资者传递了公司经营状况"利好"的信号，从而有助于提高股票价格，提升企业的市场价值。在 Ross（1977）研究的基础之上，Grossman 和 Hart（1982）认为，举债融资会提升企业的市场价值：一方面，管理者个人所能获得的收益会随之增加；另一方面，负债较高的公司可以降低其被接管和收购的风险。Jensen（1986）从代理成本的角度提出了自由现金流假说，认为高资产负债率使得企业管理者面临还本付息的压力，必须维持稳定的现金流来满足企业债务支付的要求，因而约束了管理者滥用企业现金流从事有损企业价值的投资行为，进而有效地降低了股权代理成本。Bessler 等（2011）还从目标资本结构决定的权衡理论角度，指出债务利息可以税前扣除，具有抵税效应，从而能使公司获得较高的税盾收益。

从财务决策关联性的视角看，资本结构调整决策与现金持有决策、股利支付决策间的关系密切。以"债务融资分红"行为为例，"融资分红"行为有助于企业在不改变现金储备时提高资产负债率。稳定的现金储备对企业而言至关重要，而资金的来源与运用过程涉及企业的现金持有决策，需要管理者进行战略性的统筹（Harford et al.，2008）。因此，外部融资增加的现金储备需要被管理者妥善运用。通过对现有文献的梳理可知，对于公司持有的现金，管理者有三种使用方案可以选择：第一，将现金用于支持企业的外部投资活动；第二，不采取其他任何行动而继续持有现金；第三，将现金用于股利分配。第一种方案可能为管理者滥用企业现金从事机会主义行为提供便利（Jensen and Meckling，1976）；第二种方案可以看作企业管理者为把握未来投资机遇或抵御未来投资风险，而在当前做储备财务柔性的考虑（Gamba and Triantis，2008；董理和茅宁，2013）；第三种方案便是"融资分红"行为中"分红"一词的内涵，属于企业股利支付决策的范畴。也就是说，企业还可以将外部融资所增加的现金储备用于分红。

从上述基于财务决策关联性视角的理论分析可以看出，同时调节资本结构和稳定现金储备可能是企业从事"融资分红"行为的关键驱动力。

四、现有研究的评述

目前，对"融资分红"行为的研究属于有待开拓的新领域，存在一些不足。

第一，片面理解现金分红的资金来源。当前对股利支付问题的研究绝大多数建立在传统股利支付理论的研究框架下，认为股利应当来源于满足当前及未来投资活动后的剩余现金流，属于企业内部资金来源，并未充分关注外部融资也可作为企业股利支付来源这一事实。事实上，也有学者研究发现，美国上市公司为了保持股息的平稳性愿意放弃有价值的投资机会（Braggion and Moore，2011；Michaely and Roberts，2011）。从理论上考虑，公司流动性、资本结构和派息政策其实是不可分割地联系在一起的，这意味着如果公司系统地为派息融资，那么，我们可能需要重新审视对公司股利支付行为的驱动因素、公司证券发行和资本结构调整决策的理解。

第二，缺少文献支持。不论是国外还是国内对股利支付的研究，似乎都没很少把分红资金的来源当作研究对象。在研究对象方面，较多研究只关注了公司股利的支付倾向、支付水平以及支付变化，但却忽略了公司内部现金流可能不足以支撑分红资金的现象。国内外学者即便有关注到"融资分红"行为这一现象（Farre-Mensa et al.，2014，2018），也只是采用描述性统计和分组比较的手段，从整体概念上给予我们一种感性认知，对"融资分红"行为的普遍存在性缺乏证明。多数研究对"融资"和"分红"两个财务问题独立考察较多（吴育辉等，2018），较少涉及"融资分红"行为本身，更未对"融资分红"行为形成成熟的系统性分析框架。到目前为止，还没有一篇论文系统地分析公司分红行为对资本市场的依赖程度、这种现象的普遍程度或持久性，以及公司是否只为维持过去的定期股息水平或酌情增加支出而融资等问题。关于现金分红资金来源这一研究内容的缺失使得有关股利分配领域的研究体系尚不完整。

第三，尤为缺乏对中国情境下"融资分红"行为的探析。由于中外资本市场的完善程度及证券监管部门规范作用发挥的不同，考虑到中国上市公司现金股利支付的现实国情，不能完全照搬国外学者当前的研究成果。中国目前正在建设现代化经济体系，构建全方位、多层次的资本市场，尽管如此，中国的资本市场与西方发达国家相比还不够成熟。正如上文所述，中国资本市场上公司股利支付现象的背后有一系列政策推动的原因。中国证监会在几个关键时点颁布了一系列半强制分红政策的相关规定，直接导致中国上市公司的各项财务决策发生改变，使得外部融资来源、现金股利支付状况等都呈现出新的特征。中国独特的政策、社会和文化特点，与西方的国情差异对中国上市公司探索自身最优的股利支付决策提出了新的挑战。中国资本市场下的"融资分红"行为有没有其内在的理论依据？是"昂贵的游戏"还是"理性的选择"？这些问题都需要解答。

第四，半强制分红政策的效应仍有待检验。为了推动上市公司分红，中国证监会分别于2001年、2004年、2006年和2008年颁布了一系列将上市公司再融资资格与股利分配水平相挂钩的半强制分红政策。尽管很多学者已经从各种角度研究了半强制分红政策的政策效应，但大多是站在公司角度，考察该政策对公司股利支付行为的影响，少有学者站在市场投资者的角度研究该政策究竟对投资者而言是利是弊。因此，半强制分红政策其实还有研究挖掘的空间。

第二节　研究目标和研究意义

一、研究目标

中国上市公司分红行为越来越普遍，股利支付总额和现金股利支付公司所占比重都呈逐年增长的趋势，但是理论界少有学者思考中国上市公司用于分红的资金来源，或者说都默认了这些公司有足够的内部现金流以支付股利。本书已经考察到很多公司存在一边融资、一边分红的"融资分红"现象，并怀疑这些公司的内源融资其实是不足以支付现金分红的，公司现金分红的资金很可能来自外部融资。不过这些猜想仍有待深入验证。并且，如果中国上市公司的"融资分红"行为是真实存在的，那么，这些分红资金来自于权益融资，还是债务融资呢？现有的股利支付理论能否解释"融资分红"现象？"融资分红"行为对投资者来说是好是坏？关于上市公司的"融资分红"行为有着诸多问题有待深入研究，本书针对现有研究的若干不足，进行相应探索和分析。

本书的研究目标主要有以下四点。

（一）验证半强制分红政策是否提高了投资者的信心

虽然本书的重点目标是研究"融资分红"行为，但是必须注意到中国上市公司的现金分红行为基于的是半强制分红政策的背景，"融资分红"行为也同样如此。如果没有中国证监会颁布的一系列半强制分红政策的相关规定作为背景，中国上市公司现金股利支付的行为可能不会如此积极。因此，本书的首要目标是评估半强制分红政策相关规定的有效性，本书拟通过考察半强制分红政策对市场投资者信心的影响作为评估该政策相关规定有效性的手段。如果半强制分红政策的确增强了投资者信心,说明该政策起到了积极的影响,接下来便可以自然而然地对"融资分红"行为进行全面剖析,并将"融资分红"行为的后果与整个半强制分红政策的积极影响联系起来。

(二)验证半强制分红政策下"融资分红"现象在中国上市公司的股利支付行为中是否具有普遍性

传统股利支付理论否认了"融资分红"行为的存在性和必要性,然而类似獐子岛公司,在半强制分红政策的相关规定实施后,众多上市公司在从低比例分红转向高比例分红的同时,负债率也在不断提高。当内部净利润不足以支撑大规模股利支付的时候,公司只能考虑通过外部渠道筹集分红资金。中国资本市场上,边分红边融资究竟只是獐子岛等部分公司的"个别偶发行为",还是一个普遍的现象?如果无法知晓其是否是真实而普遍存在的,那么,后续的对于公司"融资分红"行为的特征分析、原因探析等深入研究均无法展开。因此,本书接下来需要实现的目标,便是验证"融资分红"现象的普遍性。

(三)考察公司债务融资和权益融资在"融资分红"行为中所占的比重

如果"融资分红"现象是普遍存在的,就意味着公司确实通过外部渠道融资,那么,就有必要考察公司外部筹集分红资金的形式是以债务融资为主,还是以权益融资为主,抑或是同时使用债务融资和权益融资。出于传递"利好信号"、提高管理者个人收益和降低公司被接管的风险、降低股权代理成本及获取较高税盾收益等动机,企业会偏好负债融资。而根据优序融资理论(Myers,1984),由于融资成本的差异,当公司为新项目融资时，将优先考虑使用内部盈余，其次采用债权融资，最后才考虑股权融资。那么，这种融资的先后顺序是否也会反映在公司为分红融资的选择上？本书需要实现的另一个研究目标，便是弄清债务融资和权益融资分别在"融资分红"行为中的"贡献"。

(四) 探究上市公司"融资分红"行为背后的理论解释依据

当"融资分红"行为被验证真实存在后，便说明公司的现金分红确实会来自外部渠道。分红现金来自外部现金流这一观点在学术界还没有被广泛研究，所以其理论依据也是相对匮乏的。因此，本书要实现的第四个目标，便是探究中国上市公司"融资分红"行为背后的理论解释依据。既要弄清公司这么做的原因，也要知晓这种行为产生的后果是好是坏。具体来说，一方面，既要站在公司内部的角度，考虑在财务决策关联性视角下，公司的股利政策与公司流动性、资本结构调整等决策是否具有联系。另一方面，也要站在公司外部市场的角度，结合半强制分红政策对投资者信心的提高作用，考虑"融资分红"行为在其中起到了多大作用。基于这些问题的答案我们能够知晓公司"融资分红"行为的前因后果，亦能完善当下股利分配领域的研究体系。

二、研究意义

弄清上市公司现金分红的资金来源，分析公司"融资分红"行为以债务融资为主导还是权益融资为主导，探究公司"融资分红"行为背后的理论基础，对于拓展现有股利支付理论的内涵、增强投资者对企业经营管理的了解、保护投资者权益以及未来监管层的政策制定，具有重要意义。

（一）理论意义

第一，本书的研究为拓展股利支付理论的内涵做出了一定的理论贡献。本书立足于中国资本市场，首次系统地分析了中国上市公司如何为股利支付筹集资金。大量的分红文献详细研究了股利支付形式的决定因素、股利支付的动机以及股利支付决策对于企业股票回报的影响等。然而，尽管人们对公司的股利支付决策很感兴趣，但是迄今为止还没有论文系统地研究中国上市公司的股利支付是如何获得资金的，特别地，企业是否需要资本市场为股利支付提供资金以及依赖资本市场为股利支付提供资金的程度。与传统的股利支付理论所描述的不同，本书的研究发现外部资本是企业支付股利的一个重要资金来源，这一观点是当下很多学者没有注意到的。

当然，本书并不是第一个证明上市公司会通过企业外部资本市场融资并同时支付股利的。在公司财务学术史上，Vermaelen（1981）记录了13个源自债务融资的股份回购事例的存在。Frank和Goyal（2003）的研究发现，净债务发行和股息之间存在一定的正向联系。事实上，国内一些学者关注到了创业板市场超募引发的问题，其中，强国令等（2017）的研究发现，创业板上市公司的控股股东利用超募资金进行了大比例的现金分红，从一定层面上来说，利用超募资金进行现金分红也是一种利用外部权益融资进行分红的方式。

第二，外部融资用于现金分红的普遍性得以验证，使得我们对公司股利支付决策和资本结构调整决策的驱动因素有了新的理解。本书的研究发现，公司同时使用分红和外部融资的方式来管理杠杆和现金持有水平，是大多数公司无法单独使用分红（或外部融资）来复制的方式，因此也表明，资本结构的变化不是副产品，而是公司股利政策的关键目标。特别地，本书的研究支持这样一种观点，即债务融资的支出是由税收驱动的，或许还有代理成本的考虑，这符合资本结构调整的权衡理论。当然，本书的发现并不意味着大部分的债务发行是被用来为分红融资的。Denis 和 McKeon（2015）特别指出，公司将长期目标负债率提高 10 个百分点的大规模增加杠杆主要是为了应对运营需求。相比之下，本书的结论并没有验证 Myers（1984）在优序融资理论中的预测，即"一家高盈利公司的债务比率将低于其行业平均水平，公司不会为了达到更正常的负债率而发行债务和收回股权"。

第三，本书的研究涉及宏观经济政策与微观企业行为，评估了半强制分红政策相关规定的有效性。中国上市公司现金分红行为基于的是中国证监会颁布的一系列半强制分红政策的相关规定，半强制分红政策其实在学术界饱受争议，褒贬不一。支持半强制分红政策的学者认为，半强制分红政策卓有成效，有力地提高了中国资本市场的股利支付水平（张跃文，2012；安青松，2012）。而半强制分红政策的负面效应主要指"监管悖论"，即该政策在推动上市公司分红的同时也干预了公司的股利支付决策，有"越俎代庖"之嫌。本书在研究公司分红资金来源问题的同时，也评估了该政策相关规定的有效性。本书的研究发现，半强制分红政策下上市公司的"融资分红"行为是对传统股利支付理论内涵的扩展，因为公司支付的现金股利可以来自外部融资，而在严格的半强制分红政策下，中国上市公司更有动力这样做。

（二）实践意义

第一，对于企业管理者而言，需要具备系统性思维，从财务决策关联性的视角出发妥善制定现金股利支付政策。系统性思维要求企业管理者的思想不能还停留在过去。在过去，企业的三大核心财务活动投资、融资以及股利分配是割裂开来的，即便是理论界也往往只研究其某一方面的内容。本书的研究结论已经证明，企业的财务活动并不是孤立的，而是普遍联系在一起的，企业在做出投资决策时会考虑到筹资和利润分配，而在从事筹资决策时也会考虑投资和利润分配的问题，在进行分红行为时也会去考虑资本结构与现金持有的问题。因此，在系统性思维下企业要将各项财务活动联系在一起，比如，企业在执行中国证监会颁布的一系列半强制分红政策的相关规定时，短期内不必追求现金运用和内部资金来源的绝对平衡，可以根据企业实际的财务状况，允许股利支付缺口的存在。同时，虽然本书验证了"融资分红"行为的存在性与普遍性，并指出债务融资是分红的重要外部资金来源，但并不意味着企业就可以一味地模仿这种分红方式。企业在制定股利政策时还是应该结合企业内部和外部的真实情况合理决定，即使当企业需要通过外部渠道为分红融资，也应当结合资本结构、现金持有合理程度以及外部市场的预期反应等因素，恰当地安排好分红所需的债务融资和股权融资的比例，以实现价值最大化的目标。新时代的企业家，需要具备系统性和战略性的思维，扩展自身的眼界和视野，充分理解企业各项财务决策之间具有的复杂关联性，认识到其所采取的任何举动都可能产生"牵一发而动全身"的传导效应，所以要求其基于财务决策关联性考虑而做出稳妥且恰当的股利支付决策。

第二，有助于广大股东正确认识上市公司"融资分红"行为的内在实质，增进对此行为内涵的了解，以便理性地做出投资决策。本书研究的一个重大边际贡献便是证明了中国上市公司高额分红的背后其实并不全都来自内部现金流，而是会有外部融资的存在，这是以往人们少有关注的问题。同企业一样，投资者也应该有一个更开明的眼光，既要看到当下中国资本市场分红呈现的增加趋势，也要理解其背后的真实现状和原因。尽管本书的研究发现，"融资分红"行为是一个能够实现多方获益的帕累托改进，即在企业内部帮助企业管理资本结构与现金储备，在企业外部给予投资者相应回报、增强投资者信心，但是通过外部筹资分红所带来的"昂贵的游戏"属性依然是存在的。近年来，中国一直在强调"去杠杆"，很多公司遇到了债务危机，使得投资者利益受损。广大投资者必须充分估计企业存在的风险，尤其是流动性风险和违约风险，意识到高额分红是企业基于财务决策关联性综合考虑的结果，并不能代表企业实际经营状况和盈利能力绝对良好。特别是在2020年新冠肺炎疫情席卷全球的巨大冲击下，全球多数企业的经营状况较为惨淡，业绩表现和利润水平不达预期。在此情形下，为了满足广大股东的投资收益需求，如果企业仍然进行高额现金股利的派发，那么，此举未必是有助于企业可持续成长的恰当举措。也就是说，在新冠肺炎疫情暴发的大背景下，企业"融资分红"行为的合理性值得深入思考。在时局艰难的环境下，广大投资者需要跟企业一起共度艰难，不必过于计较当前现金股利支付额的多少，而应从企业长远发展的角度对企业经营管理活动予以更多的监督和关注，从而努力克服疫情带来的负面影响，实现自身利益增加和企业健康发展的"双赢"。目前，对于"融资分红"行为是否影响投资者的长期股票收益率还有待研究验证，投资者在选择公司投资时依然要谨慎，资本市场存在"羊群效应"，投资者要避免盲目的随大流和跟风行为。

第三，对于事务所、券商等中介机构而言，需要准确评估公司"融资分红"行为的内在合理性，以保护广大投资者的利益。资本市场的中介机构是作为专业机构缓解各方信息不对称问题而存在的，中介机构发布的关于企业的信息同样具有"信号效应"。在当下金融供给侧结构性改革和"去杠杆"的背景下，中介机构也应对企业的"融资分红"行为引起足够重视，做好资本市场的"守门人"。例如，当企业的外部事务所开展审计工作时，如果发现企业分红较多，不能只看表面，而是要深入分析企业经营状况、内部现金流及现金持有状况、为了分红所筹集的债务是否会使企业陷入财务困境、债务违约有多大的影响等。此外，企业"融资分红"行为得以顺利开展的关键在于，企业能够及时为支付的现金股利进行充裕的外部融资（包括债务融资和股权融资）。由于信息的不完全性和不对称性，加上不确定性风险的存在，外部融资进程中资金需求者和资金供给者无法顺利地开展融资活动。此时，掌握较多信息的中介机构则需要充分发挥金融市场的"桥梁"和"纽带"作用，为资金需求者和资金供给者搭建平台，创造便捷的融资匹配条件，促使双方能实现顺利融资，并努力发挥好债权人、债务人、股东和管理者之间信息传递和交流的作用，从而有助于企业"融资分红"行为能够顺利地进行。

第四，对政府相关监管部门而言，需要稳妥实施以盈利为基础的股利发放指引，完善法律法规和市场机制，切实做好供给侧结构性改革中的"去杠杆"工作，为企业持续经营营造良好的外部融资环境。本书的研究解释了上市公司"融资分红"行为的部分合理性，但是结合当下的经济形势，尤其是随着后疫情时代市场环境中不确定因素的增加，对于"融资分红"现象能否持续下去、是否应该保持下去、怎样维持下去等问题，都应当好好思考。对于监管层而言，一方面，如果企业用于分红的资金主要依赖于债务融资，则需要思考整个资本市场的债务规模是否恰当，当众多公司纷纷以成本相对"昂贵"的外部融资增加分红时，会不会导致整个市场系统性风险的增加。另一方面，考虑到企业的"融资分红"行为有其内在合理性，并且提升了投资者的信心，监管层也需要为企业持续经营营造良好的外部融资环境，为企业实施"融资分红"行为创造一定的便利条件，并对投资者信心后续的变动情况进行适时追踪与反馈。本书的研究为评估半强制分红政策相关规定的有效性提供了新的视角，为中国证监会颁布一系列半强制分红政策的相关规定提供了重要的理论支撑，也为今后半强制分红政策的制度设计和完善提供了新思路。那么，在具体实践过程中，今后半强制分红政策应当如何实施？针对企业实施"融资分红"行为的新常态，监管部门应该如何应对？如何继续评价半强制分红政策的实施效果？这些都是监管部门需要着重思考的命题。

第三节 研究框架、技术路线和结构安排

一、研究框架

在对国内外相关文献进行回顾的基础上，本书构建了研究的框架模型，如图 1-1 所示。本书主体内容分为三个部分。

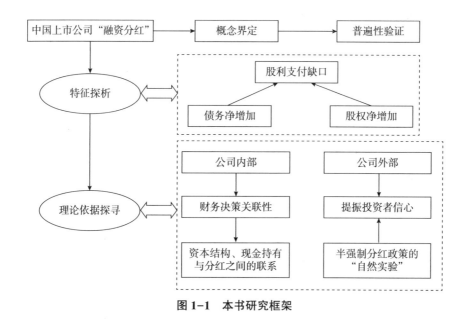

图1-1 本书研究框架

一是对中国上市公司"融资分红"行为普遍性的验证。根据"融资分红"行为的概念界定，"融资分红"行为中的"分红"一词是指现金股利支付，"融资"一词是指企业的外部融资行为，包括债务融资和权益融资两种类别。为了验证"融资分红"行为的普遍性，我们首先需要定义债务净增加额和股权净增加两个变量，因为只有债务净增加额和股权净增加

额才有可能真正被企业用于股利支付。在此基础上，再定义区分"融资分红"和"分红公司"两个概念，通过分别考察融资公司中分红公司的比重和分红公司中融资公司的比重，来验证企业通过外部融资进行分红行为的普遍性。

二是深入考察具有"融资分红"行为公司的特征。"融资分红"行为的普遍性得以验证便说明现金分红有来自外部融资的贡献，接下来的任务便是弄清债务净增加和股权净增加分别对现金分红的贡献。为了更好地将债务净增加和股权净增加对现金分红的贡献进行区别和对比，本书引入了股利支付缺口这一指标来反映企业现金股利支付对外部融资的依赖程度，将股利支付缺口作为被解释变量，债务净增加和股权净增加作为解释变量，通过股利支付缺口的回归分析具体探讨两种外部融资方式对于填补股利支付缺口的贡献。

三是思考"融资分红"行为背后的理论依据。既然公司"融资分红"行为是普遍的，并且公司倾向于通过债务融资的方式为分红筹资，那么，背后一定有其原因，并且这种行为产生的后果也是需要注意的。一方面，本书引入了财务决策关联性视角，分别以债务净增加贡献的分红和股权净增加贡献的分红作为被解释变量，以企业超额资产负债率作为解释变量，探讨债务净增加和股权净增加所贡献的分红究竟受企业哪些因素的影响，以及企业资本结构调整决策、现金持有决策和股利支付决策之间是否存在关联；另一方面，本书考察了"融资分红"行为给资本市场带来的影响，主要基于中国半强制分红政策的背景。本书注意到，对不同的上市公司来说，半强制分红政策引起的投资者信心的变化完全是外生的，从而为研究投资者信心的具体变化提供了难得的"自然实验"条件。因此，本书首先运用中国证监会在 2008 年要求提升公司现金股利支付水平的半强制分红政策产生的外生冲击，即对投资者信心变化的影响来评估半强制分红政策实施的效果，接着考察"融资分红"行为在其中所起到的作用，借此便可以评判"融资分红"行为带来的后果是好是坏。

二、技术路线

本书在研究过程中采用定量研究和定性研究相结合、理论分析和实证分析相结合的技术路线。具体而言，通过五个步骤展开全书的撰写。

第一步，检索阅读中外文献。通过检索并阅读投融资领域的大量中外文献，在现有的研究背景下明确研究目标，提出研究问题，并整理出整个研究框架。

第二步，理论假设。通过展开定性研究，分辨理论概念，找出概念间的内在逻辑关系，据此提出合理的研究假设。

第三步，通过变量筛选和模型构建，使抽象的理论概念具备实际操作性，即明确相关变量的具体测量方法和手段，着手进行实证检验。

第四步，根据实证检验所需的变量，利用 WIND 数据库和 CSMAR 数据库，查阅相关上市公司的公告，收集可以验证本书研究假设的样本数据，并对相关样本数据进行处理，在本书构建的模型之下展开实证检验。

第五步，实证检验之后，借助定性研究的方法来解释定量分析的结果，并对所得的结果展开详细讨论。其中，对已经验证的研究假设进行深入分析，并上升到理论高度，探讨结论成立的原因及对企业管理实践和外部监管部门的启示；对于未能验证的研究假设，仔细查找相关的原因，并分析背后可能存在的其他相关因素。

具体的研究技术路线如图 1-2 所示。

三、结构安排

本书的结构安排如下。

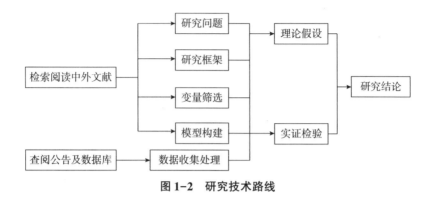

图1-2 研究技术路线

第一章,绪论。本章提出了本书的研究问题,先后梳理了国内和国际上股利支付的现状与趋势,指出了中国上市公司一边融资、一边分红的"融资分红"现象。通过对股利支付领域的文献进行梳理发现,传统股利支付理论认为分红资金应来自公司内部融资,难以对"融资分红"行为进行分析和解释,引入财务决策关联性视角构建了融资与分红之间可能存在的理论逻辑。关于现金分红资金来源这一研究内容的缺失使得有关股利分配领域的研究体系尚不完整,"融资分红"行为有待深入研究。确定研究目标之后,从理论意义和实践意义两个方面阐释了本书的研究意义,并对本书的研究框架、技术路线以及结构安排作了详细的介绍。最后,总结本书的研究结论,提出了本书可能具有的创新之处。

第二章,相关文献回顾和述评。本章对全书研究的理论基础进行了总结及分析。第一,对企业融资行为的相关研究成果进行了总结,回顾了资本结构理论,比较了内源融资和外源融资、债务融资和股权融资之间的区别等;第二,对企业股利支付理论的相关研究成果,作了详细、系统的文献整理;第三,引入了财务决策关联性视角,梳理了财务决策关联性视角下企业各项财务决策之间的联系;第四,对以上若干问题的现有研究结果进行了总结和评述,挖掘出融资与分红之间的内在关联。

第三章,理论分析及假设提出。根据本书提出的研究问题以及第二章的文献回顾和研究述评,本章基于理论分析,提出了若干假设。这些假设可以分为三部分：首先，评估半强制分红政策能否提升投资者信心。其次，在半强制分红政策的背景下，考察中国上市公司"融资分红"行为的普遍性。最后，分析这些"融资分红"行为公司的特征，弄清债务净增加和股权净增加对现金分红的贡献，探寻公司"融资分红"行为背后的驱动因素：一方面，从公司内部财务决策关联性视角出发，探讨企业股利支付决策与资本结构调整决策、现金持有决策之间是否存在关联；另一方面，从公司外部视角出发，探讨在半强制分红政策下"融资分红"行为对提高投资者信心起到了多大的作用。

第四章，研究设计。首先，对股利支付缺口、投资者信心和其他指标进行界定。其次，对检验模型设定和样本数据进行了介绍。为了检验半强制分红政策对投资者信心的影响，本书将半强制分红政策作为研究投资者信心变化的"自然实验"，选取 2008 年前后对称的平衡面板数据，以1998~2018 年为事件时间窗口，构建面板双重差分估计模型，来验证不同假设对应的样本数据 1 和样本数据 2 的选取方式具有一定差异。最后，对股利支付缺口和其他变量进行了描述性统计检验，发现各变量的描述性统计结果均处于合理区间，符合第三章的理论推演逻辑，可以继续进行后续的回归分析。

第五章，实证分析。在第四章研究设计完成的基础上，本章对所选的样本数据进行实证检验和分析，试图论证本书所提假设的正确性。首先，利用单因素分析、双重差分估计和调节效应检验，验证了半强制分红政策对投资者信心的增强作用。其次，对"融资分红"行为的普遍性进行检验。考察了各年现金股利支付状况、债务净增加和股权净增加状况、"融资公司"和"分红公司"的占比状况。再次，对股利支付缺口展开回归分析，就债务净增加和股权净增加对现金分红的贡献及其影响因素进行探讨。由于本书所需的几个关键变量都没有现成的相关指标可用，为了探析"融资分红"行为，我们要明确这些变量的测度问题，包括作为被解释变量的股利支付缺口、债务净增加贡献的分红和股权净增加贡献的分红等。为了探析公司"融资分红"行为的前因后果，分别从公司内部和外部角度，介绍了超额资产负债率等指标的构建方法。最后，进行多重稳健性检验，证实了研究结论的可靠性。

第六章，研究结论、启示及展望。首先，本章总结了本书主要的研究结论，即上市公司"融资分红"行为是普遍性现象，企业主要通过债务融资的方式为股利支付募集资金。上市公司"融资分红"行为的背后，并不是企业为了执行中国证监会颁布的一系列半强制分红政策的相关规定而被迫采取的权宜之计，更多的是出于财务决策关联性考虑而实施的合理举措，有助于企业同时调节资本结构和稳定现金储备，并且对于资本市场尤为重要的是，此举可以增强投资者的信心。其次，本书也从市场投资者的角度评估了中国证监会颁布的一系列半强制分红政策相关规定的有效性。再次，根据得出的研究结论，本书给出了该结论对企业财务理论研究、企业管理实践、外部中介机构以及政府相关监管部门的启示与建议。最后，指出了本书研究的局限性，并据此对未来研究方向进行了展望。

第四节　研究结论及本书创新之处

一、研究结论

本书针对近年来中国上市公司"一手融资、一手分红"的股利支付决策的情形，结合2008年以来中国证监会颁布的一系列半强制分红政策的相关规定，对传统股利支付理论隐含的分红资金来自内部现金流的假设提出了质疑，对"融资分红"行为进行了探析。本书的研究得出了以下四个重要的结论。

第一，中国证监会颁布的一系列半强制分红政策的相关规定是有效的，促进了上市公司的分红行为，提振了投资者信心。

与西方发达国家的自由市场不同，中国等新兴资本市场的股利支付行为很大程度上来自政府政策的推动。中国证监会颁布一系列半强制分红政策的相关规定之后，上市公司股利支付额度的增速显著加快，但该政策也饱受争议，褒贬不一。现有评估该政策相关规定有效性的文献也面临着内生性问题的挑战。本书注意到半强制分红政策对于不同上市公司投资者信心的影响是外生的，从而提供了一个关于研究投资者信心变化的理想"自然实验"。本书的研究发现，半强制分红政策显著增强了投资者信心。不论是原先股利支付率低于监管要求的公司，还是本身股利支付率就超过监管要求的公司，当半强制分红政策的相关规定实施后，这两类公司投资者的信心都增加了。在其他条件相同的情况下，半强制分红政策的相关规定实施后，前者对投资者信心的提振效果更大。本书的研究为评估半强制分红政策提供了新的视角，验证了该政策相关规定的有效性。

第二，在半强制分红政策的背景下，中国上市公司"融资分红"行为具有普遍性，即公司用于分红的现金并非完全来自内部自由现金流，有相当一部分来自企业"外部融资"。

近年来，中国上市公司的分红总额和股利支付率均不断提升，然而上市公司用于分红的内部自由现金流所占比重并未同步上升，通过对发放股利公司的财务状况进行深入分析发现，它们的净利润不足以支持如此大规模的股利支付。本书通过描述性分析和分组比较的方法，验证了中国上市公司"融资分红"行为是普遍存在的，很多公司用于分红的真实资金来源于外部融资。本书的研究发现，并不能够从传统股利支付理论中找到解释，因为传统股利支付理论认为，现金股利应当来源于满足当前及未来投资活动后的剩余现金流。本书的研究打破了现金分红来自内源融资的共识，填补了文献空缺，丰富了股利支付领域理论研究的内涵。不过，需要注意的是，内部自由现金流依然是企业现金股利支付的传统来源，虽然其比重在下降，但仍然不能被忽视。

第三，企业债务净增加和股权净增加是填补股利支付缺口的关键资金来源，且前者贡献更大。

中国上市公司中"融资分红"行为是普遍存在的，内部现金来源不足以弥补现金运用的缺口时可以由外部融资进行填补。本书的研究表明，公司为现金分红所采取的外部融资方式主要是债务融资。这个结论符合融资领域的理论研究，即公司举债能够取得传递"利好"信号、提高管理者个人收益和降低公司被接管的风险、降低股权代理成本及获取较高税盾收益等好处。当公司的杠杆水平偏高时，出于稳定现金储备的考虑，债务融资所增加的现金储备需要被管理者妥善运用于现金股利的支付，从而提升了债务净增加贡献的分红水平。从优序融资理论的角度来看，债务融资的成本也比股权融资的成本要低，股权融资的门槛较高，程序较为烦琐，通过增发新股来及时满足企业现金股利支付的做法不可行，对于那些本身处于不利竞争地位的企业而言尤为如此。

第四，上市公司"融资分红"行为并不是企业为了迎合监管而为，更多的是出于财务决策关联性考虑而实施的合理举措，能够满足内部调节资本结构和稳定现金储备的需要，也增强了外部投资者的信心。

中国上市公司"融资分红"行为是普遍的，为了探寻这种行为的理论支撑，本书分别从公司内部和外部的视角探寻了可能的理论依据。从公司内部的角度来说，本书研究发现，"融资分红"行为并不是企业为了执行中国证监会颁布的一系列半强制分红政策的相关规定，更多的是出于财务决策关联性考虑而实施的合理举措，有助于企业同时调节资本结构和稳定现金储备。这也是大多数公司无法单独使用分红（或外部融资）来复制的方式。从公司外部的角度来说，在半强制分红政策下，公司通过外部融资的方式为分红提供资金，显著增强了投资者信心，给资本市场带来了正面的影响。

二、本书创新之处

本书创新之处体现在以下四个方面。

第一，在研究对象上，考察了现金分红的资金来源问题。通过文献梳理发现，不论是国外还是国内对股利支付的研究，似乎都很少把分红的资金来源当作研究对象。在研究对象方面，较多研究只关注了公司股利的支付倾向、支付水平以及支付变化，但却忽略了公司内部现金流可能不足以支撑分红资金的问题。即便有对分红的资金来源进行讨论的学术文献，绝大多数也是建立在传统股利支付理论的研究框架下，认为股利应当来源于满足当前及未来投资活动后的剩余现金流，属于企业内部资金来源，并未充分关注外部融资也可作为企业股利支付来源这一事实。本书基于中国情境，考察了中国上市公司现金分红的资金来源于外部融资的问题，发现中国资本市场具有"融资分红"行为的新常态。本书的结论是对传统股利支付理论的挑战和颠覆，弥补了现有股利分配领域研究体系的不足，对于"融资分红"行为的后续研究、股利支付理论的深化和拓展、中国证监会颁布的半强制分红政策的后续修正、企业管理者等各方利益相关者的应对举措等都会产生巨大而深远的影响。

第二，在理论分析上，引入了财务决策关联性视角。本书所发现的上市公司"融资分红"现象是与传统股利支付理论相悖的，后者认为现金分红应来自公司的内部现金流。学术界并没有对现金分红的来源这一研究对象广泛关注，仅有少数学者观察到了"融资分红"现象（Farre-Mensa et al.,2018），这使得这一领域的研究其实并不成熟。目前还没有一个被广泛认同的理论能够解释"融资分红"行为，本书引入财务决策关联性视角以试图为理论界提供一些参考。财务决策关联性的含义即公司的诸多财务决策是相互关联的，而非各自孤立存在，当企业在做一项财务决策时也会考虑其他的财务决策，综合各个决策的效果再最终做决定。也就是说，一项决策的制定可能并不是仅仅为了该决策本身，也可能是为了同时实现其他财务决策的目标。"融资分红"行为中的"分红"一词体现了股利支付决策的实施，而"融资"一词是指企业通过外部融资方式筹集资金的过程。无论是债务融资还是股权融资，都会引起企业资产负债率的变化，属于企业资本结构调整决策的范畴。也就是说，在财务决策关联性视角下，公司股利支付决策、现金持有决策和资本结构调整决策等是相互联系的。经过本书的论证，"融资分红"行为并不是企业为了执行中国证监会颁布的一系列半强制分红政策的相关规定而被迫采取的权宜之计，而更多是出于财务决策关联性考虑而实施的合理举措，有助于企业同时调节资本结构和稳定现金储备。

第三，在测量方法上，构建了股利支付缺口等指标。为了更好地定量分析"融资分红"行为，我们需要构建有关公司分红行为的相关测量指标，然而现有的公司年度分红金额、分红比率等指标都较为笼统和简单，不能很好地满足研究需要。以债务增加量和股权增加量来衡量用于分红的债务融资和股权融资也有失偏颇，而本书构建的债务净增加额和股权净增加额指标才有可能真正被企业用于股利支付的目的。只有彻底弄清楚企业实际支付的现金股利中究竟有多少来源于外部融资、有多少来源于内部融资，才能更好地检视企业的"融资分红"行为，而测量方法的科学性和严谨性便尤为重要。Chang 等（2014）的研究指出，企业在进行内部现金流配置时，现金流入数量必然与不同用途的现金流出总额相等。受此思想的启发，并参照 Farre-Mensa 等（2014）的研究，本书构建了股利支付缺口这一指标用以探析"融资分红"行为，并且予以了充分的阐释说明，经多番验证后，我们认为将该指标用来反映企业现金股利支付对外部融资的依赖程度是比较合理的。总之，本书受到经典理论研究思路的启发，大胆提出新构念、勇于创建新指标，对企业"融资分红"行为提出了自己的见解。研究设计比较严谨，稳健性检验充足且科学，使这些指标和相关研究结论通过了重重的实证检验，实现了研究目标。

第四，在研究设计上，找到了"自然实验"条件。本书所考察的"融资分红"现象其实是基于中国证监会颁布一系列半强制分红政策的相关规定的背景。可以看出，半强制分红政策并非是单一时间点的某一政策，所以事件冲击点的选择尤为重要，需要我们着重关注对资本市场影响最为深远的半强制分红政策。经过仔细研讨，本书采用2008年中国证监会颁布的半强制分红政策而不采用2006年中国证监会颁布的半强制分红政策作为冲击事件的原因在于：与2008年的修改文件相比，2006年《上市公司证券发行管理办法》的规定中允许公司以股票股利的方式进行分红，且阈值仅设为20%，未能很好地改善"铁公鸡"公司较低的现金股利支付状况。但是，该文件是中国证监会实施半强制分红政策的良好开端，对投资者信心仍然具有一定的驱动作用，所以在相关稳健性检验中予以考察。本书在研究公司分红资金来源问题的同时，也评估了半强制分红政策相关规定的有效性。现有关于企业股利支付决策问题的实证研究挥之不去的一个难题在于内生性的处理。不同于英美等发达资本市场中较为分散的公司股权结构，中国上市公司往往由一位或者少数几位大股东终极控制，大股东持有绝大多数股份，对企业各项财务决策通常具有很强的控制力（梁权熙和曾海舰，2016）。也就是说，企业各项财务决策间内生性问题尤为突出，会使很多研究成果的有效性遭到质疑。而本书巧妙运用中国证监会在2008年要求提升公司现金股利支付水平的半强制分红政策的外生冲击，来考察半强制分红政策对投资者信心的影响机制。对于不同上市公司而言，由该项政策事件导致的投资者信心变化是完全外生的，从而为本书检验投资者信心的具体变化规律提供了难得的"自然实验"条件，并为研究结论的稳健性、科学性和严谨性创造了重要条件。

第二章　相关文献回顾和述评

　　首先，本章对有关融资的理论研究作了系统梳理，就企业分红可能的主要资金来源——负债，对负债治理效应、资本结构、债务异质性等问题的研究成果作了详细的归纳。其次，对企业股利政策问题的相关研究成果进行了总结，描述了传统股利政策研究所涉及的理论假说、股利政策影响因素及经济后果等问题。此外，"融资分红"行为体现的是企业财务决策之间的紧密联系，因而本章对体现财务决策关联性问题的相关研究成果进行了详细的归纳，梳理了企业投资、融资以及分红等决策相互影响的机制。最后，对以上若干问题的现有研究结果进行了总结和述评，挖掘出这些问题之间的内在关联。

第一节　融资理论综述

　　首先，本节从美国经济学家 Myers（1984）的优序融资理论出发，引出企业的两种融资方式：内源融资与外源融资。其次，简单介绍了内源融资、留存收益，并对内源融资中现金的重要性、现金柔性等问题进行了系统的文献整理，比较了内源融资与外源融资的区别。再次，从两方面对外源融资进行了综述：一方面，从债务融资出发，对债务融资中资本结构、资本结构调整和债务异质性的相关研究成果进行了详细的述评；另一方面，从增发股本和股权融资偏好两方面入手，对股权融资作了详细系统的文献整理。最后，比较债务融资和股权融资，对它们之间的区别进行评述。

一个企业的发展离不开融资，目前，企业筹集资金的方式主要有内源融资、债务融资和股权融资。由于融资方式选择的多样性，企业对各种融资方式表现出不同的偏好顺序。Donaldson（1961）最早对融资偏好顺序进行研究，并指出企业通常会优先选择内源融资。Myers（1984）基于信息不对称提出了优序融资理论，他们认为企业应该遵循"先内后外、先债后股"的融资偏好顺序，即首先利用内部留存收益满足资金需求，其次通过银行借款、发行债券等方式进行债务融资，最后才考虑通过发行普通股、优先股来进行股权融资。也就是说，在优序融资理论中，融资偏好顺序依次为内源融资、债务融资和股权融资。所以，本章从这三种融资方式出发，对它们彼此之间的联系与区别进行详细系统的文献述评。

一、内源融资

（一）内源融资

内源融资是指企业因经营活动而产生的资金，即企业内部融通的资金，它主要由留存收益和折旧构成。运用内源融资的过程就是企业不断将自己的储蓄转化为投资的过程。内源融资具有原始性、自主性、低成本和抗风险的特点，它对企业的生存与发展有不可或缺的重要意义。由于内源融资与外源融资相比具有融资成本低、容易获取和限制较少等特点，所以对于一些中小企业来说，内源融资成为了其重要的融资手段。这也与Myers（1984）的优序融资理论的观点相一致。

但是，Myers（1984）的优序融资理论似乎更符合西方发达国家的融资顺序，比如，由于美国金融体系比较成熟，资本市场比较发达，所以，美国企业的融资一般呈现出以下特点：一是企业的内源融资所占比重大；

二是在外源融资中美国企业一般优先选择债务融资，而股权融资相对而言所占比重较小。而中国由于资本市场起步较晚、政治制度不同于西方国家等，企业融资特点是内源融资比例低，外源融资比例高，而且在外源融资中，股权融资比例高，债务融资比例低。

1997 年我国上市公司累计筹资 958.86 亿元，其中的股权筹资额就占 72.5%，1998 年、1999 年这个比例分别为 72.6% 和 72.3%，而这两年债权融资额的比例则分别为 17.8%、24.9%，研究结果显示：约 3/4 的企业偏好股权融资，在债务融资中偏好短期债务融资。

——摘自《中国证券报》相关统计数据

虽然有关资料显示，中国上市公司大多偏好外源融资中的股权融资，但是在中国中小企业中融资情况又有所不同。学者们在对中国中小企业融资方式、融资金额进行研究后发现，内源融资是中国中小企业的首选融资方式，但是利用内源融资筹集到的融资额在企业全部融资额中所占比重却不大。

至 2002 年底我国成长型中小企业的融资结构为：银行贷款占 76%、发行股票或股东集资占 3.5%、发行企业债券占 0.5%、申请国债或其他财政收入占 0.5%、与国内企业合资联营占 0.4%、依靠企业积累的自有资金占 17.5%。

——摘自《2004 年中国民营企业发展报告》相关统计数据

筹资的首选方式：银行贷款占 38.89%，发行股票或债券占 2.38%，企业积累的自有资金占 48.41%，通过新建或技术改造项目申请国债或其他国家、地方财政投入占 4.76%，引进外资或通过与其他企业的收购、兼并占 5.56%。融资渠道：四大国有商业银行占 69.05%，股份制银行占 4.76%，地方性银行、信用社贷款占 5.56%，内部利润留存占 16.67%，亲朋借款占 0.00%，租赁占 0.79%，商业信用赊欠占 3.17%。

——摘自《2005 年中国成长型中小企业发展报告》

从以上资料中我们可以发现，中国中小企业筹资的首选方式是企业积累的自有资金，即内源融资，但是在融资渠道上，内部利润留存却只占 16.67%，采用银行融资占了大多数。这些情况说明，虽然中国中小企业的首选融资方式是内源融资，但是利用内源融资所筹集到的融资额却较少，大多数融资额还是通过银行贷款来获得。

许多学者都对中国中小企业的内源融资现状进行了探讨。张绪娥（2005）和黄东坡（2008）认为，中国中小企业内源融资主要存在的问题有：一是中国中小企业普遍不重视内源融资，虽然 2005 年报告显示，有将近 50% 的中小企业筹资的首选方式是企业积累的自有资金，但是在融资渠道上，有 69% 的中小企业仍然是通过中国的四大国有商业银行来进行融资。这说明中国中小企业在融资时首先想到的还是银行贷款，而不是利用企业的自有资金。总之，中国的中小企业在融资时对内源融资重视不足，对外源融资特别是银行贷款又过分依赖。二是中国中小企业内源融资比重偏低。在西方发达国家，内源融资的比重一般都超过 50%，而中国中小企业内源融资比重相对较低。对于中小企业而言，由于企业自身的特点，它们相比于上市企业或是大型企业集团来说进行外源融资比较困难，所以内源融资在其融资方式中有着重要的作用，如果中小企业内源融资比例偏低可能会带来诸多问题。正如黄东坡（2008）所言，中国中小企业内源融资比重偏低，银行贷款比重较高，意味着中国中小企业内源融资的缺乏，这一现象不仅使得中小企业债务负担加重，融资成本提高，而且会使得中小企业自我积累的融资机制难以形成。所以，为了解决中国中小企业融资难的问题，也为了中国中小企业的可持续发展，加强中小企业的内源融资能力是一种有效的方法策略。

美国中小企业资金45%来源于个人储蓄，13%来源于朋友，29%来源于银行和其他金融机构，40%来源于私人投资者，1%来源于政府。

——摘自美国独立企业联合会对美国中小企业融资方式调查

（二）留存收益

留存收益是指企业在生产经营中所创造的，经过对投资者分配后留存在公司的盈利，是企业从历年实现的净利润中提取或形成的留存在企业内部的积累，包括盈余公积和未分配利润两类。吴英华（2011）认为，留存收益对企业而言是尤为重要的，它既是企业内源融资的重要融资来源，也是企业资本增值的源泉。

留存收益筹资作为内源融资中最常见的筹资方式，是指将企业的留存收益转化为投资的过程，它的本质是股东对企业的追加投资。乔美新（2015）认为，利用留存收益筹资有以下优点：一是筹资方式相比于债务融资和股权融资而言比较简便，采用留存收益筹资不需要办理各种手续，也不必支付筹资费用，筹资过程简便快捷；二是留存收益筹资相比于债务融资，它没有到期日，也不需要到期还本付息，相比于股权融资，它没有支付股利的压力和控制权稀释的风险，所以采用留存收益筹资既能够提高企业的借款举债能力，也不会带来较高的财务风险；三是留存收益筹资方式比较隐蔽，它不像债务融资需要发行债券，也不像股权融资需要发行普通股，所以通常不会引起竞争对手的注意。虽然留存收益融资有这些优点，但是，乔美新（2015）指出，利用留存收益筹资也存在一定的问题：一是留存收益筹资筹集到的金额有限。理论上留存收益能够筹集到的最大数额是企业当期的净利润与以前年度未分配利润之和，但是由于留存收益会受到企业的股利政策、盈利能力和法律等有关因素的影响，所以其所能筹集到的金额远低于理论上的最大数额，它不像外源融资可以一次性地筹集到大量资金。二是会对企业的外部融资产生影响。站在股东和投资者的角度，他们还是会希望企业每年发放一定的现金股利，保持一定的股利分配比例。但是如果企业过多地留存利润，减少发放现金股利甚至是不发放现金股利，这会造成一些潜在投资者的流失，也会使得现有投资者对企业发展信心不足，因此，当企业在以后发展过程中想要采用外源融资方式进行融资时，可能会受到一定的融资阻碍。

内源融资作为优序融资理论的第一偏好，并不一定适用于每个企业。不同国家、不同企业的情况是不同的，企业在进行内源融资时要充分考虑企业的发展情况和环境状况。

(三) 内源融资与财务柔性

对于全球任何一家企业而言，没有利润是痛苦的，但是没有现金流却是致命的。自 2020 年初新冠肺炎疫情暴发以来，许多企业面临着现金流不足的困境，甚至有的企业已经走在了破产的边缘。然而，有的企业却凭借自身的现金储备渡过了这场难关。例如，苹果公司凭借 2000 多亿美元的现金储备为度过疫情做好了准备。虽然，苹果公司曾经因其巨额的现金储备遭到了股东们的多次集体起诉，但是在面对突如其来的危机时，这些巨额的现金储备却对企业起到了关键性的保护作用。因此，企业要充分认识到充足的现金储备对企业的重要作用。在这场始料未及的疫情中，大多数企业已经意识到了现金储备的重要性。一方面，充足的现金流可以在外部融资成本较高时，弥补企业的资金缺口，即利用内源融资进行投资而不必借助外源融资；另一方面，企业拥有充足的现金流可以避免其陷入财务危机，特别是在目前这种情况下，拥有充足的现金储备才能更好地保证公司应对未知和不可预测的风险。

提到现金储备的重要性，那么，就不得不引出财务柔性这个重要概念。关于财务柔性，Gilson 和 Warner（1996）、Gamba 和 Triantis（2008）将其定义为"企业以较低的成本获得和重组融资的能力"，Graham 和

Harvey（2009）认为，财务柔性是"企业为未来的扩张性投资机会积累负债融资能力或将支付债务利息的义务最小化的能力"。所以，财务柔性是公司调动现有财务资源、积极应对未来不确定性（即把握机会和抵御风险）的一种战略能力。DeAngelo 等（2007）把财务柔性归纳为三个方面：现金柔性、资本结构柔性和支付柔性，他们认为，可以通过持有超出行业平均水平的现金储备获得现金柔性，以应对未来的不确定风险。Myers（1984）基于信息不对称理论认为，管理层掌握更多的信息，企业持有大量现金可以使管理层能够在股价高估时发行股票筹资，使企业能够低成本地提供所需资金，降低企业的融资成本；同时，企业拥有大量现金可以更好地把握投资机会。但是，当企业现金持有过多时，不可避免地会发生一些问题，正如 Jensen（1986）所指出的，企业持有的现金越多，企业的管理层越可能会利用这些现金做出对他们个人利益有利的决策，这会增加企业的代理成本；而且，企业持有的现金越多，越会引发企业管理层的过度投资。由此可见，在企业到底应该持有多少现金方面缺乏一致的结论。

虽然，学者们对企业持有多少现金才算合理没有达成一致观点，但是，大多数国内外学者对企业应该储备充足的现金流以预防风险上的认知是一致的。曾爱民等（2011）、张纯等（2013）就曾以 2008 年金融危机为背景，考察了不同财务柔性企业的投融资行为及金融危机对其的影响。曾爱民等（2011）认为，具有高现金柔性的企业，其拥有的现金储备可以满足其在金融危机下投资活动所需的资金，并且在面对金融危机的冲击时，拥有高现金柔性企业的融资会比低现金柔性企业的融资更加灵活。张纯等（2013）也认为，在金融危机的冲击下，具有高现金柔性的企业所受到的融资约束较少，并且会更好地把握投资机会。上述研究发现都很好地支持了企业储备充足的现金流是很有必要的这一观点，即当企业在面临意外或无法预测的不利冲击下而现金流短缺时，企业事先储备的财务柔性能够较好地避免出现财务困境以及为其有价值的投资机会提供所需资金。张纯等

（2013）与曾爱民等（2011）对金融危机中各类财务柔性企业具有更强的资金筹集和调用能力，能更好地为其投资支出提供所需资金的观点是一致的。而且陈艳等（2018）也认为，企业储备现金柔性不仅能够及时主动地防范现金流和投资机会的意外变化，而且其内源属性还能够带来资本成本的节约。所以，经历过金融危机与新冠肺炎疫情等意外变故的冲击，企业必须要认识到财务柔性的重要性，并且意识到拥有充足但不超额的现金储备是很有必要的。

（四）内源融资与外源融资的区别

企业的融资方式可以分为内源融资和外源融资两类。内源融资主要指企业利用自有资金进行融资。而外源融资是指企业通过一定方式向企业之外的其他经济主体筹集资金，包括银行贷款、企业债券、发行股票等。根据 Myers（1984）的优序融资理论，企业一般优先选择内源融资，然后考虑外源融资。

在财务学的研究中，由于企业内外部信息不对称，企业会对外部融资和内部融资产生不同的依赖程度。对于外部投资者而言，在信息不对称的情况下，他们所获得的信息往往是滞后的并且可能是有错误的，故而外部投资者需要通过运用种种手段来克服信息不对称带来的风险，进而他们会要求更高的投资回报，即外部融资的资本成本较高；而由于企业内部比外部投资者更具有信息优势，内部融资的成本较低。所以，这会使得企业的内部和外部融资成本之间产生差异，即产生了外部融资约束。当企业进行外源融资的融资成本较高时，会迫使企业不得不放弃部分净现值为正（NPV>0）的投资项目，同时，在这种情况下，企业会更多地采用内源融资方式进行投资（Almeida et al.，2004）；对内源融资依赖过多的企业会直接影响到企业的股利政策，经常利用企业自有资金进行投融资会导致企业更少地进行股利支付，甚至是不进行股利支付（Fazzari and Peteren，1993；

Bond and Meghir, 1994；Mill et al. , 1995）。那么，关于内部融资与外部融资企业应该如何选择，是否只以一种融资方式为主？我们将对内源融资和外源融资进行对比。

内源融资对企业融资而言既有正面效应也有负面效应。在优序融资理论中，内源融资排在第一位，在发达国家的融资方式中，融资顺序的确如此。根据国外有关数据，在美国、英国等发达国家的中小企业中，内源融资的比例达到了60%以上，是它们的主要融资方式。那么，为何它们要将内源融资作为主要的融资方式呢？原因在于内源融资的自主性、融资成本较低以及不影响股东控制权等优点。李永壮等（2015）和乔美新（2015）指出了内源融资的优势所在：一是内源融资具有自主性。由于内源融资的资金来源是企业的自有资金，如留存收益，所以企业在使用时具有较大的自主性，只要股东大会或董事会批准即可，基本不会受到外界因素的影响和制约。二是内源融资的融资成本较低。公司无论是通过债务融资还是股权融资等外部融资方式都需要支付大量的费用，比如券商费用、律师费用等，而且还需要定期支付利息和股利。但是企业利用内源融资则无须支付这些费用。三是不会影响股东的控制权。内源融资不会稀释公司原有股东的控制权，同时还可以增加公司的净资产。而采用外部融资特别是股权融资时，企业的控制权可能会被稀释。

当然，内源融资也有其不足之处。一是内源融资资金来源有限。内源融资的资金来源大部分是以前年度的未分配利润和当期的净利润，容易受到公司盈利能力的影响，若公司连续几年经营不善，那么，就很难利用未分配利润进行内源融资。二是内源融资的资金规模有限。因为内源融资资金很大一部分是企业以前年度未分配利润之和，所以内源融资的融资规模受到了较大的限制，不能够进行大规模的融资。三是影响企业的外源融资。企业利用自有资金进行内部融资，会导致股利支付过少甚至是不支付股利的情况发生，这样既不利于吸引潜在投资者，又可能会传递出公司盈利能力较差等不好的信号，进而对企业以后外部融资产生不利影响。

相较于内源融资，外源融资的方式比较广泛，比如银行贷款、发行债券、发行股票等，本节主要探讨的是外源融资中的债务融资和股权融资。

虽然优序融资理论优先考虑的是内源融资方式，但是随着企业技术的进步和产业规模的扩大，仅依靠内源融资已经很难满足企业大规模的资金需求，所以外源融资逐渐成为企业筹集资金的重要融资渠道。

外源融资作为企业重要的融资方式，具有以下优点：一是外源融资的资金来源广泛，方式也多种多样。例如，企业可以通过发行债券、股票来筹资，也可以通过银行贷款、融资租赁等方式进行筹资。二是通过发行股票进行股权融资时，不需要还本，股利支付一般也没有明确规定，也就没有固定的股利支付负担，而且外源融资有利于企业的长期发展。三是通过发行债券进行债务融资时，债券的利息允许税前支付，并且负债能够发挥财务杠杆作用（乔美新，2015）。四是外源融资是连接资金盈余者和资金短缺者的重要融资方式，没有外源融资的话，金融市场、金融机构等金融实体也就不复存在，这是尤为重要的一点。

外源融资的不足之处也不容忽视。一是外源融资的融资条件比较严格。国家对外源融资的融资者提出了一定的融资条件，特别是公开融资，如公开发行债券和股票。外源融资条件比较严格，不符合条件者很难获得资金供给。二是利用股权融资筹资时，资本成本较高，并且发行股票会增加股东数量，稀释企业的控制权。三是利用债务融资进行筹资时，债券需要到期还本付息，财务风险提高，而且如果到期不能偿还债务，企业还有可能面临破产清算的风险。

总之，内源融资与外源融资都有其优点和不足，企业不能只关注优点而忽视其不足之处，也不能只局限于缺陷，而没有看到可以给企业带来的效益。当然，企业也不能只采取某一种融资方式，最优的做法是内部融资与外部融资相结合，以减少风险。企业融资方式的选择对企业的可持续发展有着非常重要的作用，它与企业资本结构、企业的发展规模等都有密切的关系，企业要根据自身的实际情况来选择合理的融资方式，这样才能最大限度地减少风险，实现企业的价值目标。

二、外源融资

外源融资是指企业通过一定方式向企业之外的其他经济主体筹集资金，包括银行贷款、企业债券、发行股票等。本节主要探讨债务融资和股权融资，并对其中所包含的问题进行系统详细的综述。

（一）债务融资

债务融资是指企业通过向个人或机构投资者出售债券、票据筹集营运资金或资本开支。债务融资是企业获取外部资金的重要方式，尤其对于一些资本市场不发达的国家来说，债务融资显得尤为重要。

中国全年社会融资规模为 16.46 万亿元。其中，约有 79.15% 的融资为银行贷款融资，约 14.77% 的融资为企业债券融资，而境内股票融资只有 4350 亿元，占比约为 2.64%。

——摘自《中国统计年鉴 2015》

有关资料显示，债务融资在中国企业融资方式中占有较大的比例。正因为债务融资是企业外部融资的重要方式，所以本节从债务融资的动因、债务融资的影响因素、债务融资的治理效应以及过度负债的结果四个方面对债务融资的有关内容进行综述。

1. 债务融资的动因

中国企业主要有两种外源融资方式：一种是股权融资，另一种是债务融资。企业选择债务融资时，要考虑债务的数量、债务的来源、债务的期限等因素，不同的债务类型会有不同的融资成本，对企业也会产生不同的治理效应。在西方发达国家，债务融资中短期债务融资和长期债务融资基本持平，而在中国，上市公司则偏好债务融资中的短期债务融资（谭小平，2007）。那么，中国偏好短期债务融资的动因又是什么呢？

首先，相比于长期债务，短期债务具有以下优势：一是某些短期债务的利率较低甚至是零利率，如具有"免费的信用节约"之称的商业信用；二是短期债务的流动性较强，这会提高企业的财务灵活性；三是短期债务能够降低企业的代理成本。Ho 和 Singer（1982）提出，短期债务能够控制投资不足的问题。Barclay 和 Smith（1995）、Guedes 等（1996）在对债务期限结构进行考察研究后，认为企业可以通过缩短债务期限来控制代理成本。由此，一些学者认为，债务结构中短期债务比例越高，债务的代理成本越小。Parrino 和 Weisbach（1999）采用模拟研究的方法也验证了债务的期限越长，股东和债权人之间的冲突就越严重，从而导致代理成本越高。其次，谭小平（2007）通过实证分析，认为中国上市公司偏好短期债务融资的内在动因在于短期债务既有利于公司市场价值的提高，又有利于公司核心盈利能力的增强。但是他也指出，并不是每个公司都可以利用短期债务获得市场价值的提高，只有那些财务能力强的上市公司才能通过获得短期债务融资所带来的好处来提高市场价值。最后，一些学者认为，领导者的行为也会影响企业的融资偏好，其中，比较经典的行为就是领导者的过度自信。Hackbarth（2008）的研究表明，过度自信的领导者会过高地估计企业投资项目的盈利能力和企业的抗风险能力，所以，企业会使用更高的负债比率，并且会更频繁地发行债务，尤其是短期债务，这时过度自信的领导者不再遵循优序融资理论。Malmedier 和 Tate（2005）的实证研究发现，过度自信的领导者对外源融资更为谨慎，在进行外源融资时，他们更愿意选择债务融资，较少采用股权融资。李永壮等（2014）的实证研究也验证了 Hackbarth（2008）的观点，即过度自信的领导者偏好成本较低但风险较高的融资手段，他们会优先选择债务融资，尤其是短期债务融资。

2. 债务融资的影响因素

债务融资作为企业筹集资金不可缺少的一种渠道，有多种影响因素。关于债务融资影响因素的研究，国内外的相关文献较为充裕。总体而言，债务融资的影响因素主要有企业的盈利能力、短期偿债能力、公司的成长性、公司规模、外部环境因素等。

例如，国外关于债务融资影响因素的研究中最具有代表性的就是 Titman 和 Wessels（1988）的研究，他们认为，影响债务融资的关键因素有公司规模、企业成长性获利能力、资产担保价值。在中国，许晓芳和刘宗富（2008）认为，影响中小上市企业债务融资能力的因素主要有四个，分别是盈利能力、短期偿债能力、企业的成长性和投资机会。并且他们的实证分析表明，中小上市企业的盈利能力、短期偿债能力、成长性与企业的债务融资呈负相关，投资机会与企业的债务融资呈正相关。张天凤等（2016）利用对房地产上市公司的分析，认为公司的规模、盈利能力、短期偿债能力、成长能力、内部融资能力、经营能力以及竞争性资金来源都会对债务融资产生影响，但是他们通过实证分析发现短期偿债能力对公司债务融资水平的影响最大。王晓艳和张晶（2016）认为，影响上市公司债务融资能力的影响因素有八个，其中，最主要的影响因素是公司的成长性、主营业务收入的变异性、盈利能力和公司规模。刘小刚等（2018）认为，影响企业债务融资的主要因素有外部环境因素（政治因素、经济因素等）、企业的盈利能力、短期偿债能力、企业的规模以及企业的机会能力。其中，盈利能力和短期偿债能力与企业的债务融资能力呈负相关，企业规模和机会能力与企业的债务融资能力呈正相关。李菲菲（2019）在探讨了影响上市公司债务融资能力四个层次的因素后，认为企业盈利能力、企业成长性和主营业务收入变异性是影响债务融资能力的最主要因素。然而，周晓光等（2018）的研究却有所不同，他们认为，无形资产持有率和资产负债率之间呈显著的正相关关系，这一观点与已有的研究有很大的不同；他们还认为，企业的规模、股权集中度以及成长能力都和资产负债率不相关，这一观点也与以往的研究相反。

另外，也有学者从不同角度探讨了影响债务融资的其他因素。刘颖和钟田丽（2019）从风险承担视角，实证检验了连锁董事对管理者负债融资决策的影响，其研究结果表明，连锁董事会对管理者的负债融资决策产生影响，具体地，具有防御行为的管理者偏好低负债的融资策略，连锁董事的嵌入性特征和结构性特征抑制了管理者防御行为对负债融资的不利影响。刘颖和钟田丽（2020）还从社会资本构成要素的视角，实证研究了不同利益相关者信任对企业负债融资决策的影响，研究结果表明，不同利益相关者信任会对企业的负债融资能力产生影响，具体地，利益相关者信任与企业负债融资呈正相关关系，其中，上游供应商信任和下游客户信任与企业负债融资呈正相关，而员工信任却与企业负债融资呈负相关。朱德胜和张燕（2016）从终极控制人的视角，研究了终极控制人是否会影响上市公司债务融资水平，其研究结果表明，上市公司的债务融资水平受到终极控制人的影响，而且终极控制人经营权与所有权分离程度越大，上市公司的债务融资水平越高。

3. 债务融资的治理效应

债务融资的治理效应是指债务融资的存在及其比率变动对公司经营绩效以及公司价值的影响。债务融资的治理效应主要有以下几点：一是债务融资的税盾效应。国外学者通过对 MM 定理进行修正后认为，负债的税盾作用使得债务融资能够提高企业的经营绩效，但同时债务融资的增加会带来破产成本，即提高了企业陷入财务危机的可能性。综合税盾效应和破产成本，就可以得到所谓的"最优融资结构"，即债务融资的增加既由于税盾效应而提高公司经营绩效，又由于破产成本增加而降低公司经营绩效，所以，只有当债务融资比率达到某个合适区间时，公司的经营绩效才会达到最优。张锦铭（2006）的实证分析验证了公司经营绩效与债务融资比率有关，并且他还提出上市公司的债务融资比率最优值在 30% 左右，超过30%，债务融资的增加反而会使得公司经营绩效降低。二是债务融资会降低代理成本。Jenson 和 Meckling（1976）首次将两权分离所带来的代理问题纳入其分析范畴中。他们认为，经理人员有追求额外消费的积极性，这会给企业带来价值，即所谓的"代理成本"。而采用债务融资方式会相对提高经理人员的持股份额，进而对经理人员产生激励和约束，从而降低代理成本。三是债务融资可以抑制经理人员的过度投资行为并保护中小投资者。Harris 和 Raviv（1990）、Stulz（1990）都认为，即使公司破产清算对投资者来说可能更好一些，经理人也总是试图让公司继续经营下去。其进一步认为，在经营管理过程中，经理人总是将用于股利发放的资金用于过多的项目投资，而债权人可以在公司现金流较少或短缺时接管公司，并要求公司进行破产清算。由此得出，债务融资可以保护投资者的利益并抑制经理人的过度投资行为。四是债务融资的信号传递功能。企业进行外部融资时，所存在的一个重要问题就是企业内部与外部投资者之间存在着信息不对称，而通过信号传递理论我们可以知道，企业经营者可以通过自身的某些行为向市场和外部投资者传递信息，而通过这些信息外部投资者就可以了解并掌握企业的发展状况。Ross（1977）和 Myers（1984）都认为，负债水平是传递企业质量的一个有效信号，当企业价值被低估时，老股东因为担心利益流向新股东而偏好债务融资。因此，一般而言，债务融资被视为企业向市场传递的一个积极信号。

国内关于债务融资的治理效应研究较少。杜莹和刘立国（2002）实证检验后发现，资本结构与公司绩效呈显著的负相关关系，即债务融资在公司治理中没有发挥应有的效应。汪辉（2003）不再使用资产负债率来进行实证检验，而是通过自行设定的"债务融资率"——年度负债的增减变动除以年末总资产来进行回归检验，他的研究结果表明，债务融资率与价值指标的检验结果为显著正相关关系，他还认为，债务融资在加强公司治理和提高市场价值上有积极作用，但对于少数资产负债率比较高的公司而言，这种作用却不明显，而且债务融资具有传递公司业绩的信号作用。王敏和刘冬荣（2006）利用主成分分析法研究发现，债务融资的积极效应对公司绩效的改善和提高有很大帮助，并且资产负债率较低的公司及盈利能力较强的公司更适合采用债务融资方式来提高企业自身价值。

4. 过度负债的结果

融资决策一直是企业和学者关注的焦点。在债务融资中，关注的热点有资本结构、债务异质性等问题。然而，却很少有人关注"过度负债"这一问题。事实上，债务融资具有两面性，适度的债务融资能够发挥其积极的效应，而过度偏好债务融资就会出现过度负债现象。就像上文提到的最优债务融资比率，一旦超过其合适区间，债务融资不利的一面便会对企业产生负面影响。李伟（2012）研究发现，过度负债在中国上市公司中非常普遍，而且国有上市公司的过度负债现象更加严重。他还认为，过度负债与现金持有水平密切相关。具体而言，现金持有水平越低，企业的过度负债现象越严重。

过度负债会对企业的可持续发展产生不利影响。例如，过度负债会影响企业的成长性，降低企业的回报率，会导致企业财务困境以及过度投资等现象的发生。Uysal（2011）认为，过度负债会使得企业的回报率降低，并且由于过度负债需要不断偿还，企业的未来发展和成长性会受到制约。陈艳利和姜艳峰（2017）实证研究发现，过度负债会影响企业价值的实现，并且会降低资金的使用效率，进而使得企业的财务状况出现问题。邓路等（2017）研究发现，公司超额银行借款与过度投资之间存在着显著的正相关关系，即公司过度负债可能会导致经理人过度投资的行为。廉永辉和褚冬晓（2020）实证检验了过度负债对金融投资行为的影响，研究发现过度负债程度越高的企业，它的金融投资行为越多，即过度负债会加剧企业的金融化程度。

(二) 资本结构

在企业债务融资中,学者和企业最关心的热点问题之一就是资本结构以及资本结构调整的问题。按照通常的解释,资本结构是指企业各种资本的价值构成及其比例关系,是企业一定时期筹资组合的结果。资本结构有广义和狭义之分。广义的资本结构是指企业全部资本的构成及其比例关系。企业一定时期的资本可分为债务资本和股权资本,也可分为短期资本和长期资本。狭义的资本结构是指企业各种长期资本的构成及其比例关系,尤其是指长期债务资本与股权资本之间的构成及其比例关系。从本质上来说,资本结构就是融资问题,是企业在权衡收益和成本以后所做出的选择。当然,也可以将资本结构问题看作负债资本的比例问题,即负债在企业全部资本中所占的比重。本节将从资本结构理论的发展、资本结构的影响因素以及资本结构调整三个方面出发,对资本结构有关内容进行系统详细的述评。

1. 资本结构理论的发展

(1) MM 理论。Modiglinani 和 Miller 于 1958 年提出了资本结构研究的开端——MM 理论,该理论认为,在完善的资本市场这一假设条件下,如果不考虑公司所得税和个人所得税,则公司资本结构与公司价值无关。虽然在现实中 MM 理论的假设条件并不存在,资本结构也会影响公司价值,但是 MM 理论揭示了公司融资决策中最本质的关系——经营者的目标以及行为与投资者的目标以及行为之间的相互作用,为人们继续深入研究资本结构与公司价值的关系提供了指导和参照,从而成为了现代资本结构理论的基石。然而,MM 理论成立所需的完善资本市场等严苛条件在现实中并不存在,此后,许多学者通过 MM 理论开辟的研究道路,不断放宽 MM 理论的假设条件,探讨资本结构的决定因素,并取得了许多创造性的理论成果，如权衡理论、代理成本理论、信号传递理论等。罗韵轩和王永海（2007）指出，虽然 MM 理论的假设条件在实践中并不存在，但在资本结构研究领域，MM 理论为企业的融资结构研究提供了一个有用的起点和框架，该理论对于研究企业资本结构和企业价值之间的关系有着里程碑式的意义，就像 Bhattacharya（1988）在其文章中所评价的那样，"将以往人们对资本结构的投资决策、融资决策与股利支付决策的规范研究，转向了可选择的投资决策、融资决策和股利支付决策对企业价值会产生什么影响的实证研究，其方法论上的创新改变了经济分析在资本结构问题上的作用，为以后的期权定价、股票市场的有限最优以及公共财政和宏观经济学奠定了基础"。所以，称 MM 理论为现代资本结构理论的奠基石一点也不为过。

（2）静态权衡理论。静态权衡理论的提出来源于 MM 理论，由于 MM 理论的假设条件太过苛刻和理想化，所以许多专家学者力图通过改变假设条件修正 MM 理论。袁卫秋（2004）在其文章中详细描述了这一改变过程，国外诸多学者如杰斯富、罗伯特、詹姆斯、莫克、巴克、瓦勒等先后撰文，将无风险债务假设改为风险债务假设，后来又引入了破产费用、代理费用。这些学者发现，当 MM 理论中引入风险债务、破产费用和代理费用后，MM 理论的结论发生了变化，由此产生了静态权衡理论。静态权衡理论就是最优的负债融资额决定理论，企业的最优负债融资额取决于负债的边际避税收益和负债的边际破产成本的净现值相等的点。总之，这个理论指出，企业在采用债务融资时不仅要考虑负债的税盾效应，还要考虑负债带来的破产风险。

虽然静态权衡理论修正了 MM 理论中的假设条件，但是静态权衡理论仍然有其局限之处。其一，静态权衡理论预期与现实情况有所出入。静态权衡理论中企业的债务比例较高，但是美国企业的实际债务比例较低。其二，静态权衡理论认为，企业的最优负债比例与企业的盈利能力之间呈正相关的关系，但是实证却表明，有些盈利能力强的企业债务比例却较低，而静态权衡理论难以解释这种情况。其三，静态权衡理论难以解释某些国家和企业的资本结构，比如实行"两税合一"税制的国家（Myers，1984；罗韵轩和王永海，2007）。

（3）代理成本理论。Jensen 和 Meckling（1976）提出了代理成本理论，该理论研究了两类代理成本：股东与经理人之间的代理成本、股东与债权人之间的代理成本。

1）外部股权融资的代理成本。外部股权融资的代理成本就是股东与经理人之间发生利益冲突导致的代理成本，而股东与经理人发生的利益冲突基本是经营权与所有权分离而引起的。在两权分离的背景下，股东向企业投入资金却很少经营企业，他们更期望经理人努力工作以实现股东利益最大化；但是对于经理人而言，他们承担企业经营的全部成本却只获得经营的部分利益，所以经理人必然追求自身利益最大化。这时，股东和经理人之间必然产生利益冲突，进而可能会影响企业价值。这就是外部股权融资的代理成本，它多体现为管理懈怠、奢侈消费、利益侵占和管理者帝国构建等现象（罗韵轩和王永海，2007）。

2）债权的代理成本。债权的代理成本就是股东与债权人之间发生利益冲突导致的代理成本。企业投资项目所需资金不仅通过发行股票获得，还通过银行贷款、发行债券等债务融资方式获得，由于债权人与股东之间的投资目标不同而发生利益冲突，从而产生债权的代理成本。Myers（1977）还提出了债权代理成本的另一种可能性，即投资不足，也就是说，债务融资可能会使企业经理人放弃对债权人有利的投资而做出次优的投资选择。罗韵轩和王永海（2007）还提出，债务的代理成本源于债务价值与企业资产风险的关系。

（4）信号传递理论。Ross（1977）和 Myers（1984）都认为，负债是传递企业情况的一个信号。Ross（1977）认为，债务融资的收益可减少代理成本，即减轻信息不对称带来的损失，但同时也会产生资产替代效应，所以企业的最优资本结构就是代理成本最小时所对应的资本结构，外部投资者可以根据企业的负债来判断企业的质量。Myers（1984）认为，企业价值被低估时，老股东因为担心利益流向新股东而偏好债务融资。因此，他们认为债务融资被视为向市场传递的一个积极信号。

（5）优序融资理论（或称啄食顺序理论）。优序融资理论是指企业在采用不同筹资方式时偏好的优先顺序。Myers（1984）基于信息不对称理论，解释了企业融资的偏好顺序：理性的企业融资一般会遵循内部融资—债务融资—股权融资的次序来进行融资。

（6）动态权衡理论。由于静态权衡理论中有些现象是难以解释的，所以由此发展了动态权衡理论。动态权衡理论是以静态权衡理论为基础，利用期权定价方法，研究财务杠杆调整成本、破产成本、税盾和代理成本等因素对企业动态融资行为的影响。

2. 资本结构的影响因素

（1）宏观经济因素。影响企业资本结构的宏观经济因素主要有经济发展周期、经济发展水平、资本市场状况以及通货膨胀等。如果一个国家的经济发展良好，在经济周期中处于复苏或者繁荣阶段，企业也处于较好的生产经营环境中，则企业对资金的需求也越来越旺盛，会间接地影响企业的资本结构。如果一个国家的经济正处于萧条阶段，则大多数企业会陷入财务危机中，为了维持生存，企业一般会尽量减少负债规模，以免因为现金流动性短缺而破产倒闭，这时企业的资本结构也会发生变化。所以，宏观经济因素会对企业的资产结构产生一定的影响。

（2）中观经济因素。中观经济因素就是指企业所处的行业，国内外大量的理论和实证研究表明，同一行业企业的资本结构基本一致，不同行业企业的资本结构会存在较大的差异。同一行业企业所处的发展周期、面临的风险、对资本的要求等各方面较为一致，因此，同一行业的企业在对权益资本和债务资本的选择上往往具有一致性。企业在确定资本结构时，要关注行业因素，分析所处行业的风险状况、资本需求状况等，比较行业的平均负债率水平，综合企业自身因素，合理确定资本结构。

（3）微观经济因素。影响企业资本结构的微观经济因素主要有企业规模、内源融资能力、企业的盈利能力和成长性、企业的股权结构等。

1）企业规模。企业规模对资本结构的影响可以从供需两个方面分析。在需求方面，企业规模越大，对资金的需求也就越多，所以就更加需要多元化的融资渠道。在股票市场融资受到限制时，对负债的需求就会增大，以谋求更大的债务杠杆效应。在供给方面，较大的企业规模表明企业承受风险的能力较强，银行等债权人就更加愿意向企业提供融资，企业可以凭借较低的成本获得债务资金，所以负债率较高。综上所述，企业的负债水平与企业规模往往呈正相关关系。

2）内源融资能力。关于内源融资能力与资本结构的关系，资本结构理论中有两种不同的观点。权衡理论、信号传递理论以及代理成本理论认为，内源融资能力与负债水平呈正相关的关系；而优序融资理论则认为，内源融资能力与负债水平呈负相关的关系。但是，目前大多数的实证研究支持内源融资能力与负债水平呈负相关的关系（田晔和麦元勋，2009）。

3）企业的盈利能力和成长性。高负债率的企业需要充足的现金流作为利息和债务支付的保证，因此，在一般情况下，只有具有较高盈利能力和成长性的企业才可以保持较高的负债率。而且，具有较高盈利能力和成长性的企业不愿意进行股权融资的原因在于，股权融资对股东的权益具有稀释作用，企业的不断成长又需要大量的资金支持，企业的融资便偏向于债务融资。因此，负债与企业的盈利能力和成长性也呈正相关关系。

4）企业的股权结构。股权结构是指各股东所执股份在企业股份中所占的比重。现代企业理论认为，企业的股权结构影响着企业的代理关系，从而影响着企业的资本结构。中国上市公司的股权按投资主体不同可分为国家股、法人股和流通股。一般来说，公司持有的国家股比例越高，越容易从银行进行贷款，其进行融资时也就越依赖于债务融资。而公司持有的法人股和流通股比例越高，通常不太容易获得银行贷款，所以其在进行融资时也就越依赖于股权融资。

总之，无论是从资本结构理论分析出发，还是从实际因素进行分析，企业最优资本结构需要综合考虑各方面的因素，既要应用理论模型，又必须依据实际情况，结合本国资本市场实际情况，在实际可选择的融资渠道中确定合理的资本结构，以最大限度地降低企业融资的成本，在保证企业资金需求的同时，实现企业价值的最大化。

3. 资本结构调整

目前，比较成熟的资本结构理论主要有 MM 理论、权衡理论、优序融资理论等。但是，在这些理论的发展过程中，存在着一个充满争议性的问题，即企业是否存在目标资本结构。虽然有些学者的实证结果不支持企业存在目标资本结构，但是，还有更多的学者认为企业是存在最优资本结构或者目标资本结构的。同时，学者们通过对实务界人士进行问卷调查，结果也大都表明企业目标资本结构的存在。Graham 和 Harvey（2009）通过对 392 位 CFO 的问卷调查研究发现：在回答问卷的 CFO 中，有 37% 的人承认有灵活的目标资本结构，有 34% 的人回答有比较严格的目标资本结构，还有 10% 的人承认有严格的资本结构。对于中国上市公司来说，陆正飞和高强（2003）对 500 家深圳证券交易所（以下简称深交所）的上市公司的问卷调查显示，88% 的样本公司认为应该设定一个"合理"的目标资本结构。类似地，李悦等（2007）在对中国上市公司问卷调查的研究结果表明，约 90% 的公司有灵活或严格的目标负债率。

尽管目前大多数学者认为企业存在目标资本结构，但是由于企业所处的环境、自身的经营状况以及政治环境都不是一成不变的，它们时时刻刻都在发生变化，这也就说明，企业的目标资本结构也是处于不断变化的环境之中。所以在这样的情况下，公司的资本结构是否向目标资本结构调整？如果调整，调整的速度如何？哪些因素影响了资本结构的调整速度？这些问题都引起了学者们的极大关注。

针对上述问题，本节将从目标资本结构、资本结构调整的必要性、资本结构调整的影响因素三个方面，对资本结构调整有关内容进行述评。

（1）目标资本结构。目标资本结构是指使企业资本成本最小化的长期资本之间的构成及比例关系。目前，大多数学者还是支持企业中有目标资本结构的存在。

目标资本结构是处在不断变化的环境之中的，它受到多种因素的影响。首先，影响目标资本结构的外部因素主要包括市场环境和行业状况。市场环境主要包括社会经济形势、通货膨胀率等因素，Frank 和 Goyal（2009）认为，社会的经济形势越差，企业的负债水平越高；并且他们还认为，通货膨胀率与负债水平呈正相关，即通货膨胀率越高，利率越低，企业的负债水平越高。行业状况主要包括行业类型、行业负债率中值等因素，Frank 和 Goyal（2007，2009）发现，行业类型与负债水平之间的关系得不出一般性的预测，而行业负债率中值与负债水平呈正相关，即中值越高，公司负债水平越高。其次，影响目标资本结构的内部因素主要有资产流动性、公司规模、成长性、盈利能力、股利支付等因素。例如，Frank 和 Goyal（2007，2009）认为，资产流动性与负债率呈正相关，公司规模与负债率呈正相关，公司成长性与负债率呈负相关，公司盈利能力与负债率呈负相关，股利支付与负债率呈负相关。

（2）资本结构调整的必要性。公司实际经营情况下其资本结构必然与目标资本结构之间存在差异。而实际资本结构是否要进行调整主要取决于调整成本，调整成本在资本结构调整中有着重要的作用。

例如，Fischer 等（1989）在其文章中就正式强调了调整成本在资本结构调整中的重要性。他们认为，只有当调整资本结构的收益（税收收益）大于调整成本（债务发行成本）时，公司才会进行从实际资本结构到目标资本结构的调整。随后，Rajbhandary（1997）同样发现，调整成本在公司资本结构调整决策方面具有重要作用。但是，王皓和赵俊（2004）指出，可能受限于动态模型构建和估计上的困难，在 Jalivand 和 Harris（1984）的开创性研究之后的十多年时间里，这一领域的研究还是比较有限的。

（3）资本结构调整的影响因素。他们是从动态角度探索企业资本结构调整决策的开创研究者。他们发现，企业基于长期财务目标不断调整其财务行为，公司规模、利率和股价等因素会影响调整的速度。他们的研究逐渐吸引了学者们对动态资本结构调整这一领域的关注。

许多学者发现，影响资本结构调整的因素有三个层面：宏观因素、中观因素以及微观因素。

1）宏观因素。影响资本结构调整的宏观因素主要是企业所处的宏观经济环境、国家制度等。例如，Lööf（2004）认为，不同国家资本结构的调整速度是不同的，以股权融资为主的美国公司比以债务融资为主的瑞典公司的资本结构调整速度更快。Miguel 和 Pindado（2001）认为，不同国家的制度特征也会对企业资本结构的调整速度产生影响，例如，西班牙公司的资本结构调整速度比美国公司快，原因是西班牙较高的私人债务比例导致公司的交易成本相对于美国更低。另外，从经济周期角度（Levy and Hennessy，2007）以及从宏观经济情况（Cook and Tang，2010）所进行的研究表明，经济周期和国家的宏观经济状况对资本结构动态调整具有一定的影响，宏观经济情况较好时，资本结构的调整速度更快。

2）中观因素。影响资本结构调整的中观因素主要是行业特征。例如，Antoniou 等（2002）认为，不同行业资本结构的调整速度不同，在英国、法国、德国的企业向目标资本结构的调整速度主要取决于企业是属于制造业还是服务业。姜付秀等（2008）认为，产品市场竞争也会对资本结构动态调整产生影响，但是产品市场竞争对资本结构的调整速度却没有显著影响。

3）微观因素。影响资本结构调整的微观因素主要有公司规模、盈利能力、公司成长性、股权集中度、盈余质量等。例如，Heshmati（2001）认为，公司盈利能力与资本结构调整速度呈正相关。Banerjee 等（2000）和 Heshmati（2001）认为，资本结构调整速度与公司成长性有显著的负相关关系。但是 Drobetz 和 Wanzenried（2006）却提出了相反的观点，他们认为，资本结构调整速度与公司成长性有正相关关系。Banerjee 等（2000）和 Heshmati（2001）认为，公司规模与资本结构调整速度呈正相关，而 Drobetz 和 Wanzenried（2006）、Cook 和 Tang（2010）却有不同的看法，他们认为，资本结构的调整速度不能够只简单地用公司规模来解释，还有其他因素影响调整速度。李荣锦和雷婷婷（2019）认为，企业盈余质量、股权集中度、企业性质会对资本结构动态调整产生影响，并且在高负债水平下，盈余质量对资本结构调整偏离度和调整速度的影响都更显著；在低负债水平下，盈余质量对资本结构调整偏离度和调整速度的影响不明显。

（三）债务异质性

西方资本结构理论是建立在债务同质性假说基础上的，但是债务同质性假说与现实并不相符，尤其是在中国，债务同质性假说对中国的资本结构缺乏充分的解释力。因此，李心合等（2014）在西方资本结构理论局限性的基础上提出了债务异质性假说，并认为针对经营性负债与金融性负债的异质性假说更符合中国国情。因此，研究中国企业的资本结构问题，债务异质性假说比债务同质性假说更具说服力。本节主要从宏观（国家）层面和微观（企业）层面讨论债务异质性的客观存在。

首先，从国家层面来看，债务异质性主要是指政府债务与私人债务之间的差异。杨攻研和刘洪钟（2015）认为，高比率的负债已经威胁到宏观经济的运行。在2008年全球金融危机之后，各国政府都高度重视债务问题。研究发现，如果私人债务的杠杆率增加，一国或地区的经济增长率在未来五年内会降低。而与私人债务存在异质性的政府债务，却不会因自身变化对一国或地区的经济发展产生显著的影响。此外，部分学者发现，虽然国家债务存在异质性，但其对宏观经济的影响效应是一致的，即公共债务和私人债务都会降低国家的经济增长率和抑制经济的波动性。任宇宁（2017）认为，公共债务与私人债务异质性的影响效应具有差异，公共负债对一国或地区的经济发展具有损害作用，而私人负债则抑制了一国或地区的经济波动。

其次，从企业层面来看，许多学者采用不同的方法证实了债务异质性的存在，并探讨了不同视角下债务异质性对企业的影响。胡建雄等（2015）通过聚类分析证实了债务异质性的存在，并认为在债务来源视角下，债务异质性对企业的过度投资行为会有不同的影响效应。例如，金融机构借款不能约束企业的过度投资行为，商业信用能够约束企业的过度投资行为，债券的发行加剧了企业的过度投资行为。殷钱茜和胡建雄（2016）认为，在债务异质性视角下，多类别的债务来源才能更有效地发挥债务的相机治理作用，并且多元化的债务组合能够有效抑制管理层的过度投资行为。陈艳等（2016）在债务异质性假说的条件下研究了不同性质来源的负债对公司资本成本、投资效率的影响。他们认为，不同来源性质的负债对公司资本成本和投资效率的影响不同，具体地，公司经营性负债水平越高，债务资本成本越低，公司新增的投资支出越低，公司的非效率投资程度越低；与此相反，金融性负债水平越高，债务资本成本越高，公司新增投资支出越高，公司的非效率投资程度也越高。也就是说，不同来源性质的负债对于发挥债务相机治理作用的有效性不同。

（四）股权融资

股权融资是指企业的股东愿意让出部分企业所有权，通过企业增资的方式引进新股东的融资方式。股权融资所获得的资金，企业无须还本付息，但新股东将与老股东同等分享企业的盈利与增长。股权融资是企业在市场竞争中抢占市场份额、实现跨越式发展的重要融资渠道。清科数据显示：2017 年中国股权投资市场披露的投资金额高达 12111 亿元，投资案例共计 10144 起。

2004 年刘强东放弃线下连锁，创立京东多媒体网（京东商城前身），并先后引入今日资本、老虎环球基金、高瓴资本等股权投资机构共计七轮股权融资，融资总金额高达 30 亿美元。大量资本的涌入使京东在常年亏损下仍有能力进行市场开拓、物流体系建设和企业并购等一系列战略战术举措，并通过价格战和产品战迅速占领市场。京东通过股权融资捕获了电商快速发展的良好市场机遇，实现了营业收入从千万元到千亿元的巨大跨越。其竞争对手苏宁（曾经的连锁零售龙头企业）却逐渐放缓发展脚步，最终被京东所超越。

——摘自王宇和于辉《市场竞争下企业股权融资的供应链模型分析》

股权融资作为企业重要的融资渠道，可以给企业带来生产经营规模的扩大、市场份额的扩大以及抓住企业成长机会等益处。从上述京东和苏宁的例子，我们可以看到股权融资对于企业发展的重要性。正如，王宇和于辉（2020）认为，股权融资不仅拓宽了成长型企业的融资渠道，还提供管理、营销、战略规划等一系列的增值服务，逐渐成为企业抢占市场份额、捕获成长机会的重要途径。既然如此，中国上市公司的股权融资情况又是如何呢？企业对于股权融资的态度是偏好还是厌恶呢？本节将从增发股本以及股权融资偏好两方面进行述评。

1. 增发股本

股权分置改革之前，配股是中国上市公司主要的股权再融资方式。股权分置改革之后，配股就逐渐在中国证券市场上消失，取而代之的是增发新股。增发新股是中国上市公司股权再融资的主要方式，当上市公司通过增发新股募集到大量资金后，企业的自由现金流量便会增加。增发新股虽然能够解决企业筹集资金的问题，但是它也带来了企业过度投资的问题。例如，潘敏和金岩（2003）认为，在信息不对称和代理问题存在的情况下，股权再融资会增加上市公司的自由现金流量，而自由现金流量的增加容易导致企业管理层出现过度投资行为。盛明泉和李昊（2010）、俞鸿琳（2011）也认为，股权再融资为公司过度投资提供了自由现金流量，股权再融资与过度投资呈正相关关系。

而且关于中国上市公司股权再融资的研究表明，由于中国上市公司被大股东控制，国有上市公司大股东缺位，不仅经理人代理问题十分严重，而且大股东损害中小股东的现象也很严重。大股东利用股权再融资方式在证券市场上"圈钱"，严重损害中小股东的利益，导致证券市场资源配置效率降低（黄少安和张岗，2001；耿建新和刘文鹏，2001；夏云峰和温佐望，2006）。章卫东等（2013）通过对中国上市公司公开增发新股、定向增发新股中盈余管理行为的研究，进一步揭示了中国上市公司大股东与小股东代理问题的严重性，说明在股权分置改革之后，虽然大股东与小股东的目标趋于一致，但是控股股东侵犯中小股东利益的现象依然存在，这也说明完善上市公司治理结构的任务还任重道远。章卫东等（2013）还提出，股权分置改革之后，管理层在中国证券市场推出的定向增发新股这一融资制度，虽然引入了机构投资者参与定向增发新股的认购，在一定程度上解决了上市公司融资中的信息不对称问题，也有利于发挥机构投资者对控股股东的制衡作用，但是，仍然没有从根本上抑制大股东在股权再融资中的机会主义行为。

另外，黄少安和张岗（2001）通过对中国上市公司数据进行研究发现，中国上市公司股权融资偏好明显，并且在2000年以来上市公司增发新股的公司数越来越多，由于使用这种方式融资金额不受限制、发行规模根据项目需求来确定，对上市公司股本规模的扩张压力较小，所以，增发新股逐渐成为上市公司再融资的首选方式，股权融资的比重又有所提高。

2. 股权融资偏好

美国经济学家 Myers 在 1984 年提出了著名的优序融资理论，即在内源融资和外源融资中首选内源融资；在外源融资中的直接融资和间接融资中首选间接融资；在直接融资中的债券融资和股票融资中首选债券融资。西方大部分国家中企业的融资顺序与优序融资理论基本一致。而由于中国政治经济制度的特殊性，大部分企业的融资顺序与优先顺序是不同的，中国大部分企业似乎有较强烈的外源融资偏好，尤其是上市公司，有强烈的股权融资偏好。

改革之初我国企业的融资方式非常单一：无非是企业内源融资——自有资金的积累，或者是进行债务融资。由于在传统体制下，财政、银行和国有企业之间基本上属于 "三位一体" 的关系，企业融资基本上依赖于财政拨款和银行的指令性、政策性贷款，融资成本很低甚至于负利率，这也就形成了国有企业长期以来比较单一的融资结构和信贷软约束。相关数据显示：至 1998 年底，全国 6.47 万家国有及国有控股工业企业的平均资产负债率仍然达到 63.74%，流动负债率为 96.5%，短期偿债能力持续恶化。国企所面临的 "软预算约束" 使得它们偏好于债权融资（实际上就是所谓的 "吃银行"），我们也可以称之为国有企业的债权融资偏好。

——摘自黄少安和张岗《中国上市公司股权融资偏好分析》

虽然有关资料显示，国有企业依赖于债务融资，但是黄少安和张岗（2001）通过考察中国上市公司的融资结构，却发现了一个有趣的情况：一方面，上市公司大多保持了较低的资产负债率；另一方面，上市公司的融资偏好仍是股权融资，甚至有些公司资产负债率接近于零，仍然渴望通过发行股票融资。从目前的情况来看，几乎没有已上市的公司放弃其利用股权再融资的机会，黄少安和张岗（2001）把这一现象称为中国上市公司的股权融资偏好，将这一现象归因于股利分配软约束下真实权益成本过低。但是，陆正飞和叶康涛（2004）通过剩余收益贴现模型计算权益成本后却得出了不同的结果——发行股票的公司权益成本反而相对更高，所以，权益成本的高低并非是股权融资偏好的原因。对于这个结论相反的矛盾，黄少安和钟卫东（2012）将其归结为对权益成本概念的界定存在差异。在后续研究中，虽然有学者从不同的角度研究了股权融资偏好，但是对于成本因素是否是股权融资偏好的原因目前仍然没有形成统一的认识。王振山和王秉阳（2018）认为，市场投机能够显著降低权益成本，并提出权益成本过低确实是股权融资偏好的重要决定因素。

（1）中国上市公司股权融资偏好的原因。

第一，股权融资偏好的直接动因是股权融资的成本偏低。债务融资和股权融资各有相应的融资成本。债务融资可以通过杠杆效应提高每股盈余，其成本主要是定期支付的利息。股权融资的成本主要是股利，而且股票的发行费用一般要高于债券。通过每一种融资成本的加权平均可以得出总的资本成本。股权和债权的融资成本是相互影响的，随着融资结构的变化，两种融资方式的边际成本也是变化的。黄少安和张岗（2001）通过建立一个股权融资和债权融资的单位资本成本概念，说明了上市公司的融资偏好主要取决于债务融资和股权融资的相对成本。对企业而言，企业债券或银行借款的最低单位成本均大于股权融资成本，股权融资偏好是其理性选择。所以，股权融资成本较低是上市公司对股权融资偏好的直接动因。

第二，股权融资偏好的深层原因是中国对于股权融资的制度和政策。中国的监管机构对股票发行的额度控制、审批制成为一种制度惯性，企业发行股票的风险一部分由国家信用承担。现在虽然实行核准制，但这种惯性仍然显著存在。上市公司把配股、增发新股等当成管理层对其经营业绩好的一种奖励。于是经营者不顾融资成本、不顾企业价值，想方设法"制造出"好的、符合配股或增发新股的业绩来。而且，在2006年中国证监会颁布的《上市公司证券发行管理办法》之前，有很多上市公司分红较少甚至是不分红，所以，股权融资成本是一种软约束而带来的软成本，在某种意义上甚至是零成本。这些都是政府关于股利的政策和规定的缺陷或不合理以及会计制度的不严格而带来的。而债务融资成本相比于股权融资成本是一种硬约束，需要定期支付利息，这也造成了上市公司对股权融资的偏好。

第三，对上市公司考核制度的不合理使公司不注重优化融资结构。上市公司的管理目标应该是实现股东利益最大化，但中国上市公司管理及投资者衡量企业经营业绩时，依然习惯以企业的税后利润指标作为主要依据，由于企业的税后利润指标只考核了企业间接融资中的债务成本，未能考核股权融资成本，即使考核也总是很低，甚至为零。所以，公司总是厌恶债权融资而偏好股权融资，以利润为中心的效益会计核算体系已不能完全反映上市公司的管理和经营业绩。总之，现有的制度状况使上市公司可以大量、低成本地套取股东的钱（无须支付红利），却不必高效地使用这些钱，不受股东（无论是国有股东还是公众股东）的约束，不受资本市场的约束，这必然导致对股权融资的强烈偏好（黄少安和张岗，2001）。

（2）股权融资偏好的影响因素。那么，什么因素会影响上市企业偏好股权融资呢？主要与公司债务、企业盈利能力、股权结构等因素有关。余剑梅（2012）通过对2008~2011年中国上市公司定向增发影响因素实证分析后认为，股权融资偏好与第一大股东持股比例呈负相关，但与高管持股比例、董事长是否兼任总经理呈弱相关，并且股权融资偏好与负债总水平有着显著的负相关关系。这也说明当前中国上市公司进行股权融资是经营者为摆脱债务治理重重压力的无奈之举。倪中新和武凯文（2015）在基于2001~2013年中国A股市场上市公司面板数据的研究后认为，中国上市公司股权融资行为基本符合优序融资理论，由于中国现阶段企业债务融资较为不发达，上市公司选择融资方式时主要面临内源融资和股权融资的选择，盈利能力较高的企业内源融资发达，从而进行股权融资的可能性较小，盈利能力较差的企业更依赖于股权融资。倪中新和武凯文（2015）还提出，上市公司的股权融资偏好与公司的股权结构密切相关。

（3）股权融资偏好带来的问题。首先，中国上市公司过度偏好股权融资，带来的突出问题就是资金的使用效率不高甚至是低下（黄少安和张岗，2001）。不少公司在获得融资资金后，随意将资金投入与企业无关的项目中或是跟风投资一些比较热门但是却不熟悉的项目，甚至有的公司将筹集到的资金投入证券市场中，参与股市的投机炒作，以获取投资收益。这使得上市公司募集到的资金并没有投向企业承诺的业务，从而造成了资源的巨大浪费和资金使用效率的低下。其次，上市公司偏好股权融资，尽管它在短期内可以为投资者带来获取较快投机收益的可能，但这种偏好并不符合上市公司股东利益最大化的要求，再加上滥用资金的行为及由此造成的资本使用效率低下，必然会影响上市公司的盈利水平和投资者的回报，进而打击投资者的积极性并造成投资者的流失。再次，强烈的股权融资偏好对上市公司的成长不利。近年来，中国股票市场发行体制经历了由量变到质变的飞跃，从之前的"额度控制、行政选择"的审批制过渡到后来的核准制再到现在的注册制，股票市场的发行体制逐步实现了市场化。但当前股权融资仍过多地依赖人为因素，而非市场因素，且中介机构的作用未得到实质性增强。这导致了中国上市公司股权融资中的诸多问题，如提高交易成本、扭曲资源配置、诱发违规行为等。由于制度惯性的存在，上市公司把增发新股、配股等当成管理层对其经营业绩优异的一种奖励。因此，在这样的制度背景下，上市公司的经营者不顾融资成本，不创企业价值，只是为了获取奖励而"冲刺"出好的、符合增发新股或配股的业绩，这极其不利于企业未来成长。最后，股权融资偏好使企业获得了较低的财务杠杆收益，对企业价值最大化产生不利影响。与债务融资相比，股权融资成本更高，但通过实施股权融资，以牺牲财务杠杆收益为代价，中国上市公司可以获得软约束带来的好处。因为上市公司具有充裕的权益资金，在现有资本市场弱有效与投资理性不足的情况下，股权融资成本是一种由软约束带来的软成本。这些与政府股利相关政策规定的缺陷及会计制度的不严格因素有关。相比之下，债务融资成本是一种硬约束，债权人对企业管理者的经营管理行为具有诸多限制。为了逃避监督而实施的过度股权融资行为，必然不利于企业追求价值最大化。

三、股权融资与债务融资的对比

在资本市场比较发达的西方国家中，债务融资一直是企业主要的融资方式，这也与 Myers（1984）的优序融资理论相符。但是出于中国资本市场起步较晚、政治经济制度等原因，市场中的信息不对称程度较高，这也就限制了股权融资和债务融资在资本市场中所发挥的作用，进而提高了市场中的风险溢价，增加了企业的融资成本。为了切实降低企业直接融资成本，提高直接融资占比，中国证监会于2011年初在债券市场试点实施发行审核"绿色通道"制度，并在2015年1月颁布并施行《公司债券发行与交易管理办法》，明文规定"公司债券公开发行的价格或利率，以询价或公开招标等市场化方式确定"。这在拓宽中国企业融资来源的同时，也促进了中国债券市场的蓬勃发展。但是，黄少安和张岗（2001）研究发现，中国上市公司普遍存在着股权融资偏好，所以对于经常采用外源融资筹集资金的中国企业而言，究竟采用债务融资还是采用股权融资呢？本节将对债务融资与股权融资进行对比和详细的述评。

（一）债务融资

通过对外源债务融资的述评，我们可以总结出债务融资的四个特点：第一，短期性。债务融资筹集到的资金是有时间期限的，需要企业到期进行偿还。第二，可逆性。企业采用债务融资方式获取资金时，负有到期还本付息的义务。第三，负担性。企业采用债务融资方式获取资金时，需要定期支付债务利息，从而成为了企业的固定负担。第四，流通性。企业债券可以在流通市场上自由转让。

债务融资的优势有以下几点：一是有效降低企业的加权平均资本。主要体现在债务融资的资金成本低于股权融资的资金成本，以及企业通过债务融资的税盾效应可以使企业实际负担的债务利息低于其向投资者支付的股息。二是给投资者带来"财务杠杆效应"。当企业资产总收益率大于债务融资利率时，债务融资可以提高投资者的收益率。三是可以迅速筹集资金，弥补企业内部资金的不足。债务融资相对于其他融资方式来说，手续较为简单，资金到位也比较快，可以迅速解决企业资金困难。四是有利于企业控制权的保持。债务融资不具有股权稀释的作用，通常债权人无权参与企业的经营管理和决策，对企业经营活动不具有表决权，也没有对企业利润和留存收益的享有权，有利于保持现有股东控制企业的状态。

根据债务异质性假说，债务内部性质是不同的，那么，不同性质来源的负债又有哪些治理效应呢？胡文卿和左拙人（2020）通过将企业债务融资分为金融机构借款、应付债券、经营性负债和其他负债四种来进行研究，他们在文章中提到，就金融机构借款而言，金融性负债的债权人往往相对具有专业优势和完善的风险控制体系，对于债务人企业信息披露的要求较高，更有能力发挥其治理作用。由于金融性负债履约机制更为严格，银行等金融机构能够通过强制措施要求企业还本付息或者清算，企业管理层迫于持续经营或者破产风险的压力，在履约期间可能会积极披露相关信息并保持较好的公司治理。金融性负债融资一方面可能会促使股东为防止投资收益更多地流向债权人而投资不足，另一方面可能会鼓励股东采取将财务从债权人手中转移到自己手中的资产替代行为。对于发行债券融资的企业来说，第一，债务契约约束了发行人和债权人双方的权利和义务，能够在一定程度上缓解股东与债权人之间的代理冲突，降低债券融资成本。第二，较好的经营业绩一方面可以为企业按时还本付息提供必要的现金流，另一方面可以使企业未来违约的可能性降低，所以，债券发行企业的管理层需要致力于争取更好的经营业绩以降低融资成本、维持还本付息能力。第三，股利支付率较好的公司往往具有较高的发展前景，管理层有动机提高其股利支付率以降低其债券融资成本，而这一行为将进一步减少可以自由支配的现金流。基于商业信用的经营性负债的债权人通常来自于产品市场中企业供应链上的供应商和其他利益相关方，因延期交付、预收款项或合同负债等形成借贷关系，财务上通常体现为短期负债。债权人基于建立和维护商业契约关系的考虑，往往不参与债务人企业的公司治理，履约机制也相对较为宽松；同时，他们能够以较低的成本及时获得债务人的信息，可以利用其供应链优势或再融资约束等方式避免下游企业违约；而由经营性负债而形成的存货等资产的挪用对于债务人企业而言，相比金融机构借款来说难度更大。当经营性负债的占比相对较高时，一方面，股东无须为防止投资收益更多地流向经营性负债的债权人而放弃前景较好的投资项目；另一方面，由于债务成本较低以及不用受制于固定本息的偿还，经营性负债能够有效降低由于资产替代产生的代理成本，有助于从总体上提升投资效率。

债务融资作为重要的融资方式也存在不足之处。第一，增加企业的支付风险。企业进行债务融资时必须保证投资收益高于资金成本，否则，将出现收不抵支的现象，甚至会发生亏损。第二，增加企业的经营成本，影响资金的周转。表现在企业债务融资的利息增加了企业经营成本，同时，如果债务融资还款期限比较集中的话，短期内企业必须筹集巨额资金还债，这会影响当期企业资金的周转和使用。第三，过度负债会降低企业的再筹资能力，甚至会危及企业的生存能力。企业一旦债务过度，会使筹资风险急剧增大，任何一个企业经营上的问题都会导致企业进行债务清偿，甚至破产倒闭。第四，长期债务融资一般具有使用和时间上的限制。在长期借款的筹资方式下，银行为保证贷款的安全性，对借款的使用附加了很多约束性条款，这些条款在一定意义上限制了企业自主调配资金与运用资金。

总之，债务融资有其积极效应，比如：债务融资的税盾效应可以降低企业的融资成本；债务融资有利于降低代理成本，进而增加企业价值；债务融资有利于发挥企业的财务杠杆作用，提高收益水平；等等。当然，债务融资也有其负面效应，比如：当资产报酬率低于资本成本率时，负债会削弱企业的盈利能力，从而增加企业陷入财务危机的风险；企业过度负债会增加企业破产的可能性；负债在降低代理成本的同时，也会带来新的代理问题；等等（李心合等，2014）。

（二）股权融资

通过上文的述评，可以得到股权融资的三个特点。第一，长期性。与债务融资相比，股权融资筹集到的资金具有永久性，无到期日，也不需要偿还。第二，不可逆性。与债务融资相比，企业采用股权融资不需要还本，投资人想要收回本金，需要借助于流通市场。第三，无负担性。股权融资没有固定的股利负担，股利是否支付以及支付多少要视公司的经营情况及制度而定。

股权融资的优势有以下几点：第一，股权融资不会给企业带来较大的财务风险。股权资本不用在企业正常运营期内偿还，不存在还本付息的财务风险。相对于债务融资而言，股权资本筹资限制少，资本使用上也无特别限制。另外，企业可以根据其经营状况和业绩的好坏，决定向投资者支付报酬的多少，资本成本负担也比较灵活。第二，股权融资的成本偏低。黄少安和张岗（2001）认为，股权融资的单位资本成本低于债务融资的单位资本成本。这也是中国上市公司偏好股权融资的直接动因。第三，股权融资是企业稳定的资本基础。股权资本没有固定的到期日，无须偿还，是企业的永久性资本，除非企业清算时才有可能予以偿还。这对于保障企业对资本的最低需求、促进企业长期持续稳定经营具有重要意义。也正是因为股权融资方式具有长期资金占用、筹资数额大、无财务负担和提升公司管理绩效等优点，黄少安和张岗（2001）发现，中国上市公司普遍存在着股权融资偏好。

虽然中国上市公司偏好股权融资，但是它也存在一定的不足之处。第一，股权融资容易分散企业的控制权。利用股权融资，由于增发新股而引入了新的股东，必然会导致企业控制权结构的改变，分散了企业的控制权。控制权的频繁更迭，势必要影响企业管理层的人事变动和决策效率，影响企业的正常经营。第二，信息沟通与披露成本较大。投资者或股东作为企业的所有者，有了解企业经营业务、财务状况、经营成果等的权利。企业需要通过各种渠道和方式加强与股东的联系，保障投资者的权益。第三，通过增发新股等方式进行股权融资，所受到的政府政策等方面的限制较多，申请时间较长，不能够快速筹集到企业所需要的资金。

总之，大量的国内外文献研究已经表明，股权融资作为企业重要的融资方式，它既有正面效应也有负面效应。股权融资的正面效应表现在以下几个方面：第一，股权融资可以为企业提供相对稳定的资金保证，缓和企业融资瓶颈，满足企业增加研发投入和扩大生产的资金需求。第二，股权融资能够分散企业经营风险并降低企业融资成本。第三，股权融资能够降低融资成本，并使公司治理更加规范化，为公司带来良好的声誉。规范的公司治理结构有助于提高企业决策的科学性，股权融资的低成本和相对较好的商业信誉有助于企业利润的提升。股权融资的负面效应主要来自于经营者的道德风险。在股权融资的情况下，由于两权分离和信息不对称，经营者为了自身的利益可能会做出损害所有者利益的决策，即产生委托代理中的道德风险。为防止道德风险，通过规范的公司治理制度约束经营者行为十分必要。然而，对经营者行为的约束也会产生一些负面效应。此外，上市企业经营者因获得低成本的融资有可能会出现过度投资的行为，进而导致公司的资金利用效率低下。

第二节 股利政策理论综述

一、股利政策理论

股利政策一直以来受到学术界的广泛关注，其对于公司治理以及管理层决策都至关重要。公司股利政策一般分为现金股利政策和股票股利政策，公司支付给股东的现金称为现金股利，而股票股利是上市公司通过增发股票的方式来向股东支付股利。对于投资者来说，在资本市场进行投资就是为了在未来可预见的时期内获得收益或资金增值，等于是间接地参与了所购买股票企业的利润分配。当股利政策达到或者达不到投资者的这种预期时，投资者就会买入或卖出公司股票。对于企业自身来说，股利支付往往需要消耗一定的资金，使得公司现金流变少。因此，股利政策不仅对公司的股价产生了很大的影响，而且还会影响公司的投融资决策以及与股东的关系。随着资本市场不断优化完善以及市场投资者趋于成熟理性，企业制定科学、合理的股利政策显得尤为重要。

西方股利政策理论的发展比国内早也较为成熟。西方工业革命后，生产力的提高推动了工商业活动的进一步发展，股份制企业逐渐成为了企业的主导组织形式。股利作为股份公司分配利润的一种重要方式吸引了许多西方学者的关注与研究，在股利政策领域产生了丰硕的学术研究成果，形成了一些关于股利政策的主流理论与假说。

（一）"在手之鸟"理论

"在手之鸟"理论来源于谚语"双鸟在林，不如一鸟在手"。该理论初期表现为股利重要论，后经过 Lintner（1956）、Walter（1956）及 Gordon（1960）等发展而形成。"在手之鸟"理论认为，再投资收益具有不确定性，随着投资时间的拉长，投资风险会越来越大，投资者为了规避风险，会倾向于取得当期收益也就是当期股利，而非等待未来收益。市场环境、技术发展、产业政策以及社会习惯等一系列因素都会影响着上市公司的股价，股票价格往往波动剧烈、十分不稳定。大部分投资者都不愿遭受本金损失，所以，当前的股利收益比留存收益更可靠。

（二）股利无关论

Miller 和 Modigliani（1961）认为，在一个没有税收、信息完全的资本市场中，公司的股利政策并不影响其价值。这一论点的基本前提是，企业价值由选择最优投资决定，净派息便是公司盈利与投资之间的差额。由于净派息的方式包括股息、股票回购和发行股票，所以，公司其实可以根据流通股的变动来调整派息的金额。从投资者的角度来看，股利支付决策无关紧要，因为任何期望的支付现金流都可以通过适当的股权购买和出售来实现。将 Miller 和 Modigliani（1961）的结论推向极致，分红并不是企业的剩余资金，甚至可以是任意设定的。根据这些结论的假设，企业的分红可以仅仅是盈利与投资后的剩余资金，企业也可以通过外部融资的方式来支付一笔大额股利，又或者企业可以选择不分红而将资金留在公司内部。只要将资金投资于零净现值（NPV＝0）项目，这些政策都不会对公司价值产生任何影响。因此，投资者不会为任何特定的股利支付决策支付溢价。重要的是，如果特定的股利支付决策是通过债务而非股票发行来融资的，则可以应用相同的论点。

我们可以从这种简单设定中获得一些重要的见解。首先，在完美的资本市场中，企业价值的唯一决定因素是企业生产的现值，这是其投资决策的函数，而不是其股利支付决策的函数。其次，资产负债表右侧项目的运作对公司价值没有影响。因此，一旦选择投资以最大化公司价值，公司分红的金额将不会影响其价值。公司做出投资决定后，净派息可被视为剩余现金流量。最后，了解 Miller 和 Modigliani（1961）的主张可以使我们更好地理解股利政策为何会影响价值。但仅当违反股利无关论的一个或多个假设时，它才会发生。如果其范式背后的一个或多个假设不成立，则股利政策可能会变得有意义，因为它可能影响公司价值。然后，最佳股利支付决策的概念就变得相关而不再是无关紧要的。以下是该范式背后一些更重要的假设：第一，没有税收；第二，信息对称；第三，契约完全性；第四，没有交易成本；第五，竞争的产品市场与资本市场；第六，理性的投资者。

显然，这些假设很少成立。关于第一个假设，实际上，股息和资本利得均需征税。而且，税率随时间推移是不同的，股息和资本收益之间的税率差异在不同的投资者群体之间影响不同，会随着时间而变化。这种变化可能会影响股利支付的形式和金额，也可能导致投资者喜好特定类型的股利。

第二个关于信息对称的假设很少成立。实际上，市场参与者并不拥有完全相同的信息。内部人员和管理人员可能比其他市场参与者更了解情况，从而导致信息不对称问题。信息不对称的一个含义是，由于逆向选择问题，公司可能无法以公允价值发行证券；另一个含义是，分红可用于向外部人传达有关公司价值的信息。

关于第三个假设，完整的合同很少存在，并且在许多情况下，无论是管理者与外部权益持有人之间、大小股东之间，还是股东与债务持有人之间，在代理人和委托人之间都存在利益冲突。这些利益冲突可能会影响支出政策，进而影响公司价值（Easterbrook，1984；Kalay，1982；Michaely and Roberts，2012）。例如，在没有完全订立合同的可能性的情况下，股利政策可以帮助确保经理人为股东利益行事。高的支付比率可能会导致管理层在使用公司资源方面更加严格，从而增加了公司的价值。

关于交易成本的第四个假设影响了 Miller 和 Modigliani（1961）的股利不相关性主张，原因至少有两个。其一，当交易成本较高时，投资者可能会偏好特定的现金流。在存在交易成本的情况下，符合需求的股利政策比不符合需求的股利政策产生更高的估值。其二，发行成本在派息政策和净派息政策之间造了一个楔子。例如，与 Miller 和 Modigliani 的框架不同的是，现实世界中的企业不能在无成本地支付股息的同时，通过发行股票来无成本地调整资本。违反这一假设可能会阻碍分红，或者在某些情况下可能会成为分红的部分动机。

第五个假设是完美资本市场范式的重要组成部分。它指出，资本市场和产品市场都是有竞争力的。竞争力可以用来限制经理人消耗的额外津贴。在这种情况下，公司的股利支出也可以作为一种治理手段，可与产品市场竞争的程度相互作用。在一个非竞争性的产品市场中，公司可能出于战略原因而不支付股息以积累现金，例如，为了阻止恶意收购（Bolton and Scharfstein，1990），这些都可能会使股利政策与公司价值相关。

最后一个但同样重要的是所有市场参与者完全理性的假设。在实践中，部分或全部市场参与者并不完全理性。一些投资者可能偏好一些在理性框架下较难理解的股息支付（Shefrin and Statman，1984；Baker and Wurgler，2004），或者经理人可能能够利用投资者的非理性错误估值，在公司被低估时回购股票。

（三）股利税差理论

股利税差理论由 Farrar 和 Selwyn（1967）提出，该理论认为，现实中并不是像股利无关论描述的那样没有税收，现实中存在股息所得税，同时，股息所得税与资本利得税的税率也并不一样，两者存在差异性，这将影响投资者对于公司价值的判断，进而影响公司支付股利的主客观条件。基本经济原则表明，鉴于投资者重视税后现金流，股息税应该是头等重要的。事实上，从经济、金融、会计和税收文献中关于这个问题的大量学术著作来看，人们不得不得出这样的结论：税收是头等重要的。然而，Brav等（2005）的调查结果表明，股息税不是经理人的首要考虑，大多数首席财务官表示，在决定是否支付或增加股息或者在股份回购或股息支付之间做出选择时，税务考虑很重要，但不是主导因素。Brav等（2005）通过对高管的23次面对面采访证实了这一结论。

股利支付理论相关文献的一个重要部分便是研究了股息税对股票价格和回报的影响。两种不同的设定分别被用来测试股息和资本收益的差别税是否影响公司估值：基于资本资产定价模型（Capital Asset Pricing Model，CAPM）的研究和基于除息日的研究。

第一个被广泛应用的是基于资本资产定价模型的研究。在理论方面，Brennan（1970）是第一个开发税后资本资产定价模型的人。Litzenberger和Ramaswamy（1979，1980）扩展了该模型，并纳入了借款和卖空限制。这两种情况下研究的基本结论是，对于给定的风险水平，对较高股息收益率的补偿与股息和资本收益之间的税收差异呈正相关。从经验来看，一些研究人员已经在这种资本资产定价模型环境下测试了股息收益率对回报的影响，包括Black和Scholes（1974）、Miller和Scholes（1982）以及Litzen-berger和Ramaswamy（1979，1980）。不过实证结果喜忧参半，总的来说，股息收益率在资产定价测试中是否重要尚不清楚（Cochrane，2011），也无法确定是否可以将显著的股息收益率解释为税收效应（Chen et al.，1990），特别是考虑到股息收益率与风险因素之间的潜在相关性（Fama and French，1993）。

第二个被广泛用于研究差别税收对资产回报影响的背景是研究除息日前后的价格行为。开创性的研究工作源于 Elton 和 Gruber（1970），在假定风险为中性且无交易成本的简单环境中，Elton 和 Gruber 证明了：

$$P_B - t_g (P_B - P_0) = P_A^* - t_g (P_A^* - P_0) + D (1 - t_d) \qquad (2-1)$$

式（2-1）中，P_B 是附息股价（最后一天的股票交易是附带股息的），P_A^* 是除息日的预期股价（第一天的股票交易不附带股息），P_0 是初始购买日的股价，D 是分红数量，t_g 是资本利得税率，而 t_d 是股息税。

式（2-1）左边表示，如果股东以 P_0 价格购买股票并以 P_B 价格卖出，那么，他所能取得的税后收入。右边代表除息日股票销售的预期净收入。将等式重新排列产生了所谓溢价的表达式，如式（2-2）所示：

$$\frac{P_B - P_A^*}{D} = \frac{1 - t_d}{1 - t_g} \qquad (2-2)$$

因此，在这种情况下，相对于股息支付的股票价格下降直接与股息和资本利得的相对税收有关。股息（相对）税越高，溢价就越低。这一观点也促进了有关税收客户效应的理论研究，其理念是，低税级的投资者应该持有高股息率的股票，而高税级的投资者应该持有低股息率的股票。然后，观察到的股息日溢价水平将反映出这一客户效应。高股息率的股票比低股息率的股票有更高的溢价（在分红日和除息日之间的价格下跌值更接近于公司支付的股息额），这反映了不同客户各自的边际税率。Elton 和 Gruber（1970）发现了这种效应的有力证据。

（四）股利信号理论

股利信号理论建立在信息不对称的基础之上，公司管理者参与公司日常事务的经营管理，相比于外界，他们更加了解公司的内部情况以及有关公司的前景发展状况。股利信号理论认为，股利是管理者向外部传递公司内部信息的一种手段。当公司管理层预计公司发展前景良好、未来营业收入会上升时，便会通过增加股利来向外界传递这一信息，这对股东与潜在投资者来说是一个积极信号。与此相反，如果公司的发展前景不好，盈利下降，利润减少，公司便会维持或降低股利，这对股东与潜在投资者来说是一个负面信号。因此，股利政策的变化会反映公司经营状况的变化，进而会影响公司的股票价格。

在 Bhattacharya（1979）的模型中，关键的假设是，如果未来现金流不足以支付承诺的股息，那么，企业将筹集昂贵的外部融资。在均衡状态下，被市场低估的公司将支付股息。对于一个有着糟糕（估值过高）项目的公司来说，这样做是不值得的，因为它将不得不求助成本高昂的外部融资来支付股息。在 Miller 和 Rock（1985）的模型中，关键的假设是企业会削减投资，以提高股息并显示高盈利状况。因此，耗散成本源自于企业投资决策的扭曲。与 Bhattacharya（1979）一样，在这个模型中，股息与回购两种股利支付方式并没有差别。Allen 等（2000）的研究表明，公司支付股利是因为它们对吸引机构作为股东感兴趣。好的公司喜欢机构持有股票的原因是这些股东更了解情况，在检测公司质量方面有相对优势，而低质量的公司没有模仿的动机，因为它们不希望公司的真实情况被暴露。这些模型（以及此处未介绍的许多其他模型）是提供基本见解的重要贡献，它们也具有重要的经验意义。首先，分红公告中包含的信息与市场对分红的反应呈正相关；其次，股息传达了有关公司前景或质量的好消息（大多数理论和实证研究都假设公司使用股息变动来表示未来收益或现金流量的变动）。

股利信号理论还可以有两点扩展。首先，在信息不对称的世界中，即使分红不是信号，它也可能传达信息。试想，如果我们在窗外看到人们拿着雨伞走路，便可以从此观察中获得有关下雨可能性的有价值的信息，尽管窗外的人们并没有试图暗示下雨的可能性。股利也是如此，定义资金的来源和用途，并假设公司的投资已知，很明显，即使没有任何信号动机，股利公告也可以传达有关当前收益甚至未来收益的信息（如果收益是连续相关的）。在已知投资范围内，分红是剩余的资金。因此，高于预期的分红意味着更高的收益。因为市场不知道当前的收益水平，所以高于预期的收益将导致股票价格上涨。关于股利分配的这种解释并不是什么新鲜事物，它起源于 Miller 和 Modigliani（1961），后来也在 Miller 和 Rock（1985）更正式的论证中被使用。

其次，另一个目前尚未得到充分研究的股利信号说法是，股息变动不仅传递了有关预期现金流的信息，还传递了有关现金流流动性或其风险的信息。这并不是一个全新的想法，可以追溯到 Lintner（1956）的发现，即增加股息的公司不愿削减股息。因此，股息增加意味着公司预期收益波动性较低。根据定义，关于一个公司的基本面必须是关于它的现金流或贴现率（风险特征）。如果股息增加的好消息与未来现金流的增加无关（根据经验证据），那么，它可能与这些现金流（系统性）风险暴露的下降有关。目前的股利信号模型对股利变化与风险变化之间的关系几乎没有说明。尽管如此，Grullon 等（2002）探索了这种替代说法的可能性，他们提出了"企业成熟假说"，发现增加（减少）股息的公司在系统风险上经历了显著的下降（增加），并且他们认为，市场对股息增加的积极反应与随后的系统风险下降有关。DeAngelo 等（2006）进一步探讨了股利政策与企业成熟度之间的关系，认为随着企业成熟度的提升，企业面临的增长机会变少，它们将开始支付更高的股息。

到目前为止，还没有一个正式的信号模型来探讨股利不仅是预期现金流水平的信号，而且是现金流风险的信号。这样的模型可以为企业改变股利政策原因和时间提供新的实证指导。

（五）股利代理成本理论

股利代理成本理论认为，公司内部的许多潜在利益冲突可能与股利政策相互影响，分红作为一种公司治理机制，可以减少管理者的机会主义行为（Jensen and Meckling，1976），比如额外津贴的消费和低效率的投资。股利代理成本模型通过投资决策展示了股利政策和价值创造之间存在的紧密联系。当公司财务松弛时，管理者有能力投资自己喜欢的项目，但这并不一定会提高公司的价值，取走现金可能会迫使公司做出更谨慎的投资决定。事实上，学者们发现，股利支付可以作为公司治理机制的替代品，即通过股利政策来减少经理人投资不足的行为（La Porta et al.，2000）。如果外部公司治理机制允许董事会强制执行能够限制经理人过度投资的股利政策，那么，这两种机制是互补的：强有力的治理可以让股权持有者强制执行降低管理层投资能力的股利政策。然而，如果董事会认为有足够多的其他公司治理机制控制管理层行为，那么，两种机制将互相替代。亦有学者关注了在股利代理成本理论下股利支付形式的问题，从表面上看，它们似乎是完美的替代品。然而，如果假定股息比回购更具黏性（这个假设有很强的经验支持），那么，股息会是一个更好也更可信的监控工具，因为它们不容易逆转。学者们研究发现，股息是控制经营现金流的良好方式，而回购则是支付一次性现金流的良好手段（Jagannathan et al.，2000；Guay and Harford，2000）。

二、股利政策在中国的制度变迁

影响经济发展的关键因素之一是外部制度环境，它也是限制和影响公司经营决策的重要指标。在一个成熟的外部制度环境下，区域资源的配置可以得到有效的保障。Acemoglu 和 Robinson（2004）指出，外部制度环境确定了核心经济发展要素的激励结构，进而影响生产、技术和资本投资决策。许多研究认为，半强制分红政策显著影响了对上市公司的派现政策，并提高了中国资本市场的投资效率。而在中国资本市场成立之初，市场经济的不成熟状态也意味着上市公司的股利制度传递信号的力度极其微弱。1990 年，随着上海证券交易所的成立，中国资本市场从此进入了从无到有、从小到大的转变。伴随着市场规模的逐步扩大以及监管环境的落后，股票市场中存在的种种问题也不断暴露。1993~1995 年，上市公司的股利分配处于雏形阶段，本阶段上市公司数目少，而进行现金股利分配、送股的公司比例较多。1996~1999 年，上市公司的股利政策开始更多地考虑自身利益，尤其是国有企业的资金匮乏使得越来越多的上市公司不分配股利。21 世纪初，政府和监管部门开始对股票市场进行规范管制，即强制分红政策，使得不分配和送股的上市公司比例逐渐下降。中国的强制性分红政策是逐步形成的，中国证监会分别在 2001 年、2004 年、2006 年、2008 年、2012 年、2013 年和 2015 年颁布了有关股利支付的相关政策规定。2001 年，关于现金分红的政策首次出台；2004 年，分红政策与再融资资格挂钩；2006 年，再融资公司的现金股利支付率被定为 20%；2008 年，再融资公司的现金股利支付率被提高到 30%；2011 年，所有拟 IPO 的公司都必须承诺分红；2012 年，颁布的监管政策不再将股息与再融资行为联系起来，但首次要求所有上市公司均需要对分红行为做出承诺；2015 年，监管政策则进一步强调了上市公司要健全分红制度。

中国的资本市场相对国外是较为不成熟的，在国外成熟的资本市场中，上市公司可以根据自身情况或者意愿制定相应的现金股利政策。然而，中国上市公司的现金分红行为则需要一定的引导和制约，所以监管机构才需要制定相关的政策以及法规，从而造就了中国资本市场半强制分红的现状，如表 2-1 所示。通过要求上市公司半强制分红，可以在一定程度上保障中小投资者的权益，使中小投资者的投资有所回馈。此外，半强制分红政策也能适当减轻中小投资者对投机行为的偏好，慢慢引导中小投资者注重价值投资，更正错误的投资理念。

表 2-1　中国资本市场历年分红相关政策法规

颁布时间	文件名	涉及分红政策的主要内容
2013-11-30	《上市公司监管指引第 3 号——上市公司现金分红》	上市公司应当在章程中明确现金分红相对于股票股利在利润分配方式中的优先顺序。具备现金分红条件的，应当采用现金分红进行利润分配。上市公司董事会应当综合考虑所处行业特点、发展阶段、自身经营模式、盈利水平以及是否有重大资金支出安排等因素，区分不同情形，并按照公司章程规定的程序，提出差异化的现金分红政策
2012-11-16	《关于上市公司股息红利差别化个人所得税政策有关问题的通知》	个人从公开发行和转让市场取得的上市公司股票，持股期限在 1 个月以内（含 1 个月）的，其股息红利所得全额计入应纳税所得额；持股期限在 1 个月以上至 1 年（含 1 年）的，暂减按 50% 计入应纳税所得额；持股期限超过 1 年的，暂减按 25% 计入应纳税所得额
2012-05-04	《关于进一步落实上市公司现金分红有关事项的通知》	拟发行证券的上市公司应制定对股东回报的合理规划，对经营利润用于自身发展和回报股东要合理平衡，要重视提高现金分红水平，提升对股东的回报
2008-10-09	《关于修改上市公司现金分红若干规定的决定》	上市公司公开发行证券应符合最近三年以现金方式累计分配的利润不少于最近三年实现的年均可分配利润的百分之三十；对于报告期内盈利但未提出现金利润分配预案的公司，应详细说明未分红的原因、未用于分红的资金留存公司的用途；应披露现金分红政策在报告期的执行情况；应以列表方式明确披露公司前三年现金分红的数额与净利润的比率

续表

颁布时间	文件名	涉及分红政策的主要内容
2006-05-06	《上市公司证券发行管理办法》	上市公司公开发行证券应符合最近三年以现金或股票方式累计分配的利润不少于最近三年实现的年均可分配利润的百分之二十
2005-06-13	《关于股息红利个人所得税有关政策的通知》	对个人投资者的股息红利所得减按50%征收个人所得税，即个人的股息红利收入暂减按10%的税率征收所得税
2004-12-07	《关于加强社会公众股股东权益保护的若干规定》	上市公司董事会未做出现金利润分配预案的，应当在定期报告中披露原因，独立董事应当对此发表独立意见；上市公司最近三年未进行现金利润分配的，不得向社会公众增发新股、发行可转换公司债券或向原有股东配售股份
2001-03-28	《上市公司新股发行管理办法》	对于公司最近三年未有分红派息，董事会对于不分配的理由未做出合理解释的，担任主承销商的证券公司应当重点关注并在尽职调查报告中予以说明

三、股利政策的影响因素

由于中国上市公司处于特殊的制度背景下，市场环境也不够成熟，为了与本书的研究背景紧密匹配，并使研究结论更适合于解释中国资本市场环境中公司的股利支付行为，本书拟从公司内部特征因素和外部制度及环境等方面对影响企业现金股利因素的相关研究进行回顾和梳理。

（一）公司内部特征因素

1. 公司经营效益与股利政策

公司经营效益的好与坏和股利政策有着紧密的联系，当公司运营状况良好、有较大盈利时便可以有更多现金用于分红，当公司运营状况较差、有亏损时则很难再筹集资金以支付股利。因此，盈利能力是公司股息政策的重要决定因素（Fama and French，2001）。郑开放和毕茜（2012）研究发现，上市企业的每股收益与其现金股利支付水平之间存在显著的相关关系。赵瑞杰和吴朝阳（2017）以2011~2015年A股上市公司为样本研究发现，公司在制定股利政策时，会考虑利润状况、规模大小、未来成长能力强弱以及资产质量高低对股利政策产生的影响，同时也会关注公司的筹资能力和公司治理的目标。马慧敏（2016）研究了创业板公司的股利政策，发现创业板公司的盈利能力显著影响了派现水平。Tao等（2016）认为，企业的累积超额收益与企业的额外红利增长存在显著的正相关关系，企业未来收益与预期股利增长之间也存在着显著的正相关关系。Allen和Michaely（2003）指出，企业在盈利的基础之上会采取稳定的股利支付决策，而随着企业未来盈利的预期变化，企业也会相应调整股利政策（Darling，1957）。

同时，根据股利信号理论，公司的股利政策变化也能够反过来体现盈利质量。程帆（2007）发现，投资者更加关注股利的作用，其中现金股利的信号传递更为有效。高克智等（2010）、王静等（2014）指出，股利分配的意愿和股利支付的程度是管理层想要向市场传递的信号，具有很高的信息含量。

2. 股权结构与股利政策

关于公司股权结构对股利政策的影响，主要是指股权集中度与股利政策的关系，中西方学者均对其展开了研究。一般认为，上市公司控股股东的股权集中度对股利政策存在影响（黄国良和陈洪涛，2005；龚珏，2013）。当股东对公司有绝对控制权时，会选择支付数额可观的现金股利（Jensen and Meckling，1976），股权集中度越高，公司越有可能进行股利支付（Shleifer and Vishny，1997；阳闪，2011）。不过也有少数学者研究发现，现金股利政策与股权集中度呈负相关关系，现金股利支付水平越高，股权集中度越低。就股利分配的形式来说，赵春光等（2001）研究发现，股权集中度高的企业更喜欢现金股利。

在中国股权分置改革之前，存在着"一股独大"的现象，股权越集中的企业越热衷于发放现金股利以获得更多利益（黄娟娟和沈艺峰，2007）。这是因为，对于高股权集中度的企业来说，管理层制定股利政策会倾向于大股东的需求，而忽略中小股东的利益。原红旗（2001）指出，西方国家与中国股利政策发挥的作用有明显的不同：西方国家的股利政策是为解决控股股东与经理人之间的代理成本而产生的；而中国的股利政策是控股股东达到转移企业现金目的的工具。罗琦等（2017）对股改后的上市公司样本进行了经验研究，发现在非国有上市公司或者在两权分离的上市公司中，现金股利的支付可以大大降低股权成本，从而合理化上市公司的股权结构，这可能是保护中小投资者利益的重要途径。

学者们也研究了一些特殊的股权结构情形对股利支付决策的影响。就家族企业控股与股利政策之间的关系而言，Andres（2019）以德国公司为样本，研究发现家族控制与股利支付之间存在着负向联系，而杨超和山立威（2018）则以中国上市的家族企业为样本，得出家族企业非流通股的持有比例与现金股利分配的水平和意愿呈正相关的研究结论。就第一大股东持股与股利分配的关系而言，不同上市公司第一大股东持股比例及持股类型的不同会影响公司的股利支付率（朱德胜，2010），而随着第一大股东持股比例的增加，现金股利支付率也会增加（罗党论和唐清泉，2006）。就管理层持股与股利分配的关系而言，La Portal 等（2000）提出了"结果假说"和"替代假说"。前者认为,管理层持股与股利分配可以减少代理成本,两者之间存在正相关关系;后者认为,两者在缓解代理冲突上互相替代,两者存在负相关关系。两种假说都得到了经验证据的支持。Fenn 和 Liang(2001)、董艳和李凤(2013)研究发现,管理层持股能够增强现金股利支付,而 Rozeff(1982)、Kouki(2009)的研究则认为,管理层所占股份的比例与股利支付水平是负相关关系。

3. 公司现金流、融资约束与股利政策

公司的股利分配是以现金回报股东,不论是股息支付方式还是股票回购方式都需要资金,因此,企业股利支付决策与企业的内部资金使用及其面临的融资约束有关。Megginson 和 Eige(2008)研究了 15 个欧盟国家的现金股利政策相关数据,并进行归纳总结,认为公司现金流短缺会影响公司现金股利政策的制定;相反,如果现金流充裕,公司则倾向于支付更多的现金股利。Chay 和 Suh(2008)认为,公司在拟定股利政策时会考虑公司现金流的状况。如果公司持有的现金流并不是很稳定,其选择低派现股利政策的概率比较大;如果公司有稳定的现金流,那么,其更愿意选择派发较高额度的现金股利。邓路等(2011)以现金流量为研究切入点,分析中国上市公司现金分红制度所形成的信号传递效应,研究发现公司现金流量波动性越明显,则信号传递效应也越强。对于现金流量剧烈波动且盈利能力较弱的公司,宣布增多股息往往会被市场视为负面信号。

由于资本市场存在信息不对称,企业外源融资的成本高于内源融资,所以,企业融资的顺序往往是先内源融资再外源融资。当企业的外部融资约束程度较高时,理性的选择应当是不分红或者少分红,以优先保证内部资金可以满足企业生存发展的需要,当内部资金较难满足需求时,企业才会再进行外部融资(全怡等,2016)。余亮和梁彤缨(2013)从公司融资约束和代理成本的角度研究了公司的股利政策,发现在中国的资本市场中,上市公司面临的融资约束导致其股利支付率偏低,而降低代理成本的动机又会促使企业支付更高的股息。在两者的双重影响下，股息支付率总体通常较低，并且融资约束的作用占主导地位。实际上，公司融资约束，特别是外部融资约束，使得中国上市公司倾向于进行预防性储备，持有高额现金留存在企业之中。如果企业的外部融资约束可以得以缓解，则企业很可能会提高股利支付的水平（张纯和吕伟，2009）。郭牧炫和魏诗博（2011）考察了半强制分红政策颁布前后不同融资约束情况公司现金分红的变化，研究发现政策颁布前高融资约束公司的现金分红低于无融资约束公司。此外，在半强制分红政策颁布后，高融资约束公司的现金分红显著增加。从另一种视角看，公司选择分红而非进行内源融资也可能是逆向选择的结果，因为这样可以吸引投资者，同时降低融资约束程度。

4. 企业的生命周期特征

在公司财务研究中引入生命周期划分模型，Black（1976）逐渐将生命周期理论运用到财务领域的研究中。Fama 和 French（2001）、Grullon 等（2002）以及 DeAngelo（2006）提出了股利政策的生命周期理论，该理论认为，当企业处于发展期时会较多地保留利润，这样可以帮助企业节省债务发行费用和降低融资成本。而随着企业的发展成熟，企业规模变大、盈利能力增强，便可以更多地将留存收益分红回报给投资者。Denis 和 Osobov（2008）认为，留存收益—投入资本组合与股利支付倾向存在显著的正相关关系，股利支付主要集中于留存收益较多的企业，这也证明了股利政策的生命周期理论。

唐小英（2003）、林顺昌（2013）在现有研究的基础上建立了中国上市公司的生命周期股利支付决策模型，发现中国上市公司现金股利水平与当期收益同向变动。罗琦和李辉（2015）、谢慕廷（2014）的实证结果表明，股利生命周期理论同样适用于中国资本市场，成熟型公司相较于成长型公司更倾向于支付现金股利，成长型公司不发放现金股利而会将盈余留存在企业以扩大企业现有规模。

（二）外部制度及环境

影响企业股利政策的外部因素主要有宏观环境、地理位置、行业特征以及制度（法律）环境等。

1. 宏观环境因素

宏观方面的公司治理因素会对公司的股利支付决策产生重要影响，其影响因素主要有宏观经济环境、政府监管等。

Shiller 等（1984）研究发现，公司股利支付决策会受到宏观环境和相关方行为特征的影响，但是大多数学者在研究公司现金股利政策模型时都没有考虑宏观环境因素的影响。自 Shiller 之后，学者们开始广泛关注宏观环境对公司现金股利政策的影响，有关这方面的文献逐渐增多。例如，Bernanke 和 Gertler（1989）研究发现，在经济开始呈现衰退趋势时，为防止公司未来出现现金流短缺而陷入财务危机，公司会减少现金股利的发放以保留更多的留存收益应对经济危机。祝继高和王春飞（2013）的研究也支持这一观点，在发生经济危机时，上市公司会减少现金股利支付从而保留资金以应对未来的不确定性。

此外，公司股利政策还会受到政府监管的影响。徐军辉和王华（2009）将配股过程中政府的监管措施分为五个方面，即大股东认购比例、配股比例、治理结构、股利支付决策、投资决策，并认为政府监管对企业的经营绩效有显著的促进作用。傅文玥（2015）研究发现，在政府半强制分红监管政策下，企业股利支付率、企业分红次数都与企业过度投资呈负相关关系。还有学者研究发现，政府的半强制股利政策会影响企业的股利分配行为，他们认为，上市公司会为了满足再融资的需求刻意迎合政府政策，即提高其股利支付率却不顾其自身盈利水平是否可以支付较高的现金股利。杨宝和袁天荣（2013）认为，政府为提高中国上市公司的股利分配，而出台的将公司的股利分配与再融资需求挂钩的半强制分红政策，对企业内部资金充足无须再融资的企业并没有约束力。而且他们还认为，在此政策下，企业虽然提高了股利分配，但是一旦再融资完成，企业的股利分配依然较低，这也从侧面说明了中国的半强制股利政策并未从根本上解决中国资本市场低股利分配的现状。陈云玲（2014）通过研究中国实施半强制分红政策后的效果，发现上市公司的现金股利支付水平和派现意愿会在政府政策出台后有显著的提高，但是政府对企业分红程度进行量化的政策出台后，企业现金股利分配的比例却未相应提高；其研究还发现，半强制分红政策对提高股东现金回报率以及改善中国股利分配行为的作用并不显著。姜琪和宋逢明（2012）认为，中国证监会再融资政策的调整，显著提高了上市公司现金分红的意愿，现金股利成为中国上市公司利润分配的主要形式。

2. 地理位置因素

地理位置与市场参与主体是否具有信息优势相关，具有信息优势的经济参与者能够以较少的成本获得私有信息（John et al., 2008）。基于此，对于投资者而言，他们往往会选择本地的股票；对于基金经理和分析师而言，他们能够获得更多本地股票的信息，所以更倾向于投资本地股票和大城市的股票（Loughran and Schultz, 2004）；对于收购公司而言，为获得更高的收益他们更喜欢并购当地的公司（Kedia and Rajgopal, 2011），而且公司与银行的距离越近，越容易获得银行贷款。相反，对于地理位置较远的公司而言，一方面，距离的提高会增加总公司对其子公司和交易合作公司的监督成本（Anderson and Wincoop, 2001）；另一方面，子公司与总公司地理位置相隔较远也会增加代理成本，提高两者之间的信息不对称程度，从而导致子公司业绩的下降（Kalnins and Lafontaine, 2004）。因此，John等（2008）认为，为了弥补因地理位置带来的信息不对称，上市公司会提高其股利支付水平，从而减轻股东的代理成本。Faccio等（2001）通过深入研究地理位置对公司股利行为的影响，认为缺乏地理区位优势的公司更倾向于降低现金股利分配率,以确保在融资环境恶化或经济危机情况下可以保持财务灵活性。蔡庆丰和江逸舟(2013)研究发现,地理位置处于中心城市和城市中心地段的上市公司更倾向于分配更多的现金股利。而且,他们还认为,股东和管理层之间的代理问题并不是影响公司现金股利政策的主导因素,反而是地理因素及其导致的商务环境、金融基础、人力资源和融资渠道等因素对公司股利政策的影响更为明显。同时,在自由现金流冲突的影响下,地处中心城市的上市公司更多地发放股利的效应会在一定程度上减弱。此外,他们通过对中国中心城市的研究发现,中心城市中深圳市的地理因素作用最为明显,其上市公司分红水平最高,这可能与区内企业更容易形成规范的公司治理机制和较强的股东回报意识有关。另外,处于东部和南部沿海区域的上市公司具有相对较高的现金红利水平,表明该区域内中心城市积聚效应更强且辐射范围更大。

3. 行业特征因素

公司现金股利水平也会受到行业因素的影响,主要有行业间差异、产品市场竞争等因素。

Lintner(1962)首先对行业因素是否影响公司股利政策进行研究。Dhrymes和Kurz(1967)研究发现,不同行业之间的差异会对公司现金股利支付水平产生影响,对于起步较早、发展较为成熟的行业,其行业内公司的现金股利支付水平较高。而对于起步较晚、发展较为不成熟的行业,其行业内公司的现金股利支付水平较低。李秉祥(1998)认为,影响不同行业公司现金股利支付水平的因素是不同行业对现金的需求不同,现金相对充足的行业更愿意发放现金股利,现金相对紧缺的行业不愿意支付较高的现金股利。李光贵(2009)的研究也证实了这一观点。张跃文(2012)研究发现,行业内公司股利支付决策趋同,即同一行业上市公司的股利政策具有相似性,而不同行业上市公司的股利政策存在明显的差异。卓德保等(2014)的研究支持了张跃文(2012)的观点,他们也认为不同行业之间股利政策不同。

Grullon 和 Michaely（2002）首先研究了产品市场竞争对公司股利政策的影响。他们认为产品市场竞争越激励的行业，行业内公司的股利支付水平越高。刘运和叶德磊（2018）认为，产品市场竞争程度与公司现金股利支付水平呈显著的正相关关系，产品竞争程度越激烈，公司现金股利支付水平越高，从而越有利于吸引潜在投资者，并进一步巩固公司的产品竞争优势。但是，王毅辉和李常青（2010）的研究却有着不同的结论，他们认为产品市场竞争程度的确与公司股利支付水平有着显著的正相关关系，并且产品市场集中度越高，越多的公司倾向于分配更高的股利；与前述学者不同的观点是，他们认为在产品市场竞争激烈的行业，公司会选择不分配或少分配股利，从而持有更多资金以满足公司的潜在发展需求。当然还有其他行业因素影响公司的股利政策，例如，付玉梅和张丽平（2018）在融资约束和代理冲突两大视角基础上研究公司经营战略对公司现金股利政策的影响，他们认为在治理环境相对完善的情况下，公司多元化经营战略有利于提高其现金股利支付水平。

4. 制度（法律）环境因素

公司的股利支付决策也会受到制度环境的影响，即法律保护制度。La Porta 等（2000）通过研究分析全球 4000 多家企业的 33 种股息政策后，认为股息政策是市场投资方受国家司法保护的结果体现。因此，法律制度环境也会对公司股利分配产生一定影响，这为探索现金股利的相关研究带来了新的方向。一般而言，投资者权益保护越到位的国家，公司的现金股利支付率就越高；而且在普通法系国家，公司成长速度越快，公司股利支付率越低。也就是说，在法律保护制度健全的情况下，股东愿意推迟获取股利，将更多收益留在快速成长的公司内部以获取更多的投资机会。反之，如果相关法律保护不健全，那么，股东宁愿尽早获取股利而牺牲留存收益带来的潜在投资机会。

　　La Porta 等（2000）研究发现，投资者受法律保护程度越高的国家，其公司的股利支付水平就会越高，两者之间有显著正相关关系；并且他们还认为，法律制度保障了公司现金股利政策的制定与实施，并且能够有效维护广大中小股东的权益。Faccio 等（2001）研究发现，投资者保护制度较健全的国家与投资者保护制度较宽松的国家相比，其公司的股利支付率往往较高，也就是说，投资者法律保护程度与股利支付率之间有正相关关系，对于东南亚等投资者法律保护程度较低的国家而言，其公司股利支付率明显低于投资者法律保护程度较高的国家。并且，还有学者研究发现，法律体系（普通法和大陆法）的不同也会影响公司的股利支付决策，普通法系国家更倾向于支付股利。

　　中国的相关学者也对制度环境与公司的股利支付决策进行了研究。例如，李常青等（2010）、魏志华等（2014）通过实证研究中国独特的宏观制度环境与公司的股利支付决策后发现，股利控制政策大幅提高了公司发放股利的倾向。王国俊等（2015）认为，现金股利承担制度能够影响公司的股利行为，而且中国证监会、市场投资者都会更认同股利支付水平较高的上市公司。袁振兴和杨淑娥（2006）研究发现，公司交叉上市也会对公司现金股利支付水平产生明显的影响。与一般上市公司相比，交叉上市的公司现金股利支付水平较高，而且交叉上市的公司的中小股东会因受到更多的法律保护而享有更多的现金股利，中小股东的权益会更加有保证，这也从侧面说明了中国针对中小股东的有关法律法规制度还存在不足之处。袁振兴和杨淑娥（2006）还发现，不同投资者法律保护层次对应的股利政策模型不同，随着投资者法律保护水平的提升，关系模型也由"替代模型"向"结果模型"转变。徐寿福和李志军（2013）发现，投资者法律保护水平越高且大股东持股比例越高，企业就越有支付现金股利的倾向，即在投资者法律保护水平较高的企业中，股权集中度与现金股利支付两者之间呈显著的正相关关系。张俭和石本仁（2014）发现，家族企业中所有权和经营权分离的程度与现金股利支付水平之间存在负相关关系，并且企业所在地的法律环境能够抑制家族企业中两权分离程度对现金股利支付水平的影响。洪洁和陈少华（2016）认为，投资者法律保护程度的提高对公司的股利支付水平有明显的促进作用。陈克兢和李延喜（2016）从媒体监督和法治环境角度出发研究发现，媒体监督和法治环境的关系表现为替代关系，并且当国家法治建设不完善时，强有力的媒体监督会影响公司的股利支付水平，尤其是在经济转型的国家中，媒体监督可作为法律制度的有效补充。而程敏（2009）通过对比国内外上市公司的现金股利政策后发现，市场环境对投资者法律保护制度和监管体制严格程度的不同会对上市公司发放现金股利的动机产生影响，具体而言，国外上市公司会为了减少代理成本而发放更多的现金股利，而中国上市公司发放现金股利是为了向大股东进行利益输送，而不是为了减轻公司与中小股东之间的代理成本。

基于中国的特殊国情，许多学者还对 2008 年中国证监会颁布《关于修改上市公司现金分红若干规定的决定》（以下简称《决定》）后公司股利支付决策的变化进行了深入研究。例如，李常青等（2010）研究发现，在《决定》颁布期间，资本市场整体呈倒"U"形走势，这显示了投资者对于半强制分红政策呈现出"预期—失望"的反应过程，也从侧面说明了这一政策的出台并没有达到投资者预期的效果。随后，魏志华等（2014）又在此基础上研究发现，半强制分红政策会提高理应分红的非竞争性行业和高盈利公司的股利支付水平，但是《决定》中所提出的一些再融资资格的条件也会导致一些不该分红的公司进行现金分红，这不利于此类公司今后的长远发展。

5. 其他因素

此外，还有学者研究发现，不只上述因素会影响公司的股利政策，还有其他因素也会影响公司的股利政策。比如通货膨胀、企业偿债状况、企业规模、投资机会、投资者或股东对股利分配的态度以及证券市场参与者的行为特征等。

　　一般而言，当发生通货膨胀时，企业为了维持自身的发展，会从留存收益中补足资金，在这种情况下，企业的股利支付水平有所下降。股利政策在一定程度上也会受到投资机会的制约，具体地，当一个企业面临的投资机会较多时，企业需要大量的资金来满足投资需求，这时，企业往往会采用低股利、高留存的政策；反之，若投资机会较少，资金需求量少，可能会采取高股利政策。投资者对投资的目的以及对股利分配的态度也与股利政策相关，如果投资者关注的是公司的长期发展，那么，他们往往希望暂时少发股利以进一步促进企业的发展，而如果投资者投资是为了获取高额股利，那么，他们更加希望公司多派发股利。因此，公司在制定股利政策时，要考虑到这方面的因素。

　　邵军（2004）研究发现，上市公司的现金股利政策不仅会受到公司盈利能力的影响，而且公司的偿债状况也会对股利政策产生很大的影响。陶竞强和胡国柳（2010）研究发现，上市公司的盈利能力、企业规模和负债状况都会对其现金股利政策产生影响。邢天才和黄阳洋（2018）认为，企业股利政策的制定要考虑财务杠杆的作用，利用好财务杠杆的调节效应可以更好地减少财务风险，提高企业盈利能力，进而提高企业的股利支付水平。

　　证券市场参与者的行为特征这一因素也会对公司的股利政策产生重要影响。Baker 和 Wurgler（2004）认为，在投资者投机性需求的影响下，上市公司的价值会随股利支付率的提高而上升，即会产生股利溢价，如果公司管理层以追求这种短期公司价值最大化为目标，那么，就会提高公司的股利支付水平以迎合投资者这一需求动机。但是饶育蕾等（2008）则认为，如果投资者对股利的需求表现为折价，投资者则更愿意购买少支付甚至是不支付现金股利的上市公司的股票，这将诱使公司管理层做出少发放股利甚至是不发放股利的决策；他们的研究进一步发现，造成上市公司股利折价的主要原因是制度缺陷以及投资者对股利的心理预期,从而导致上市公司制定不同的股利支付决策。

企业股利政策受到多方面因素的影响,既有公司内部特征因素,也有外部环境因素。一个企业的股利政策如果合理且具有灵活性,那么,公司价值可能会随之提高,也会吸引更多的投资者,进而促进企业的长久发展。

四、股利政策所产生的经济后果

有的研究学者认为,股利政策对公司价值有正面影响,也就是说,公司高派现行为所带来的经济后果是积极的。但是有的学者持相反的观点,他们认为股利政策对公司价值有负面影响,即公司高派现行为后的市场表现行为是消极的。

(一) 正面影响

研究学者认为,上市公司提高现金分红行为带来的经济后果显著为正,即高派现行为是积极的,也就是说,股利政策对企业价值具有积极且显著的正面影响(Chae et al.,2009)。学者们研究认为,提高现金分红产生的正面影响主要有三点。

一是减少代理成本,抑制管理层的过度投资行为。Easterbrook(1984)认为,合理的股利政策可以减少代理成本,提高公司的价值。Jensen(1986)提出的"自由现金假说"认为,现金股利的发放会减少管理层可以支配的现金额度,从而减少代理成本和过度投资行为。Arnott 和 Asness(2002)认为,高派现可以抑制管理层的过度投资行为,因为提高现金分红能够减少企业的自由现金流量,从而提升企业整体的价值和盈利能力。Zhou 和 Ruland(2006)的研究也证实了这一观点,提高现金股利可以减少企业代理问题，并减少管理层过度投资现象，进而提升公司的整体价值，使企业获得更大的盈利空间。La Porta 等（2000）认为，股利支付与代理成本的关系还会受到法律制度的影响，具体来说，当法律制度较为完善时，企业会通过提高现金分红的方式降低代理成本；当法律制度不完善时，企业往往会因为自身利益而少支付股利甚至是不支付股利。

二是有利于降低投资者的监督成本，保护投资者的权益。现金股利的支付使得企业的现金流减少，企业为满足投资需求，会寻求外部融资方式，这意味着企业要接受更多、更严格的外部监督，从而使得企业投资者的监督成本下降，有利于保护投资者的利益。

三是向市场传递积极信号。Bhattacharya（1979）借助两阶段模型说明高股利政策是企业经营者向市场和投资者传达积极信号的表现。并且该研究发现，高派现可以向市场传递企业运行平稳、经营业绩良好的积极信号，对企业未来发展具有正面影响，所以它是一种理性的股利政策。

总之，许多学者认为，企业股利政策具有抑制过度投资、减少代理成本、增加企业价值的功能，并且他们还认为股利政策可以减少监督、约束、交易带来的额外成本（余亮和梁彤缨，2013）。

（二）负面影响

有些学者的研究与上述不同，他们认为股利政策对公司价值没有显著影响，甚至对公司价值有负面影响。大部分学者认为股利政策对公司价值的负面影响主要有四点。

第一，现金股利政策是侵害利益的一种手段。不少学者认为，现金股利政策是一条侵占利益的隧道。也就是说，公司经理人通过现金股利政策损害股东的利益，公司控股股东通过现金股利政策损害中小股东的利益，公司所有者通过现金股利政策损害债权人的利益。陈信元等（2003）认为，现金股利政策对大股东而言是有利的，公司的股利支付水平越高，公司控股股东所拥有的现金流就越多,他们更指出,现金股利政策实质上是大股东用来圈钱的一种手段。马静和古志辉(2009)通过研究股利支付水平的影响因素后发现,如果第一大股东持股超过总股本的30%,那么,公司可能会存在现金股利的超额支付问题,也就意味着存在利益输送的可能性。张孝梅和王勇(2011)指出,中国上市公司不进行股利分红或只进行少量股利分红是一种常见现象。股利政策从某种角度来说主要服务于大股东,它是根据大股东的意志来制定的。

第二,许多公司采取激进的股利政策,如公司的高派现和超额派现行为,会对公司价值和公司未来发展产生负面影响。一是资本市场对该行为的表现大多是消极的,即市场不看好这种行为。王征(2016)通过研究市场对异常高派现的反应发现,资本市场对高派现反应表现欠佳,十分平淡,甚至有些消极。顾小龙等(2015)认为,上市公司支付过多的现金股利会增加股价大幅下跌的风险。陈信元等(2003)通过研究佛山照明连续九年的高派现行为发现,公司的高派现并没有提高公司的价值。衣龙新和薛里梅(2017)研究发现,高派现行为会对企业的经营状况产生不良影响,企业绩效和企业持续发展都会因高派现行为而受到损害。李常青等(2010)研究发现,半强制分红政策出台后资本市场的反应是先上升后下降,这说明投资者对于该政策的反应是消极的。张菊如(2011)、曾爱军和温海星(2011)以及张华(2015)都认为,公司进行超额派现后,并没有达到公司预期的效果,资本市场没有积极的反应,投资者的态度也十分冷淡。二是高派现行为并未向市场和投资者传递利好的信号。陈信元等(2003)通过对佛山照明高派现股利政策进行研究后发现,公司高现金分红行为并没有向市场和投资者传递公司经营良好的利好信号,反而使人们更加关注公司的高派现行为是否在向大股东输送利益。因此,雷光勇等(2015)认为,国有企业相比于民营企业更可能会采取稳健而非激进的股利政策,以此向外界市场传递积极的信号。三是高派现行为对公司股价的稳定和提高没有积极作用，反而会带来负面影响（梁莱歆和王文芝，2007）。四是公司超额派现行为会占用公司大量资金，造成公司现金流短缺，从而会对公司当期和未来的经营状况以及企业价值产生不利影响。闫希和汤谷良（2010）认为，超额派现目前已经成为上市公司比较常见的行为，部分公司甚至即使经营状况不好也要进行巨额现金分红，并且存在利用借款支付现金股利的行为，这种恶性分红严重阻碍了公司长远稳定的发展。张菊如（2011）研究发现，超额派现会造成企业流动性资金的紧缺，从而对企业未来的经营状况产生严重的不利影响。邹若然（2014）还指出，超额派现造成的现金流短缺既增加了公司的财务风险，还降低了公司的偿债能力，同时增加了公司错过良好投资和获利的可能性，从长远来看，严重影响公司的健康发展。杨汉明和龚承刚（2008）认为，目前中国上市企业基本上处于初创或成长阶段，在这个阶段中，高水平的现金股利政策使得现金流出企业的投资额受到影响，进而会降低企业价值。刘孟晖和高友才（2015）研究发现，超额派现会增加代理成本，从而降低公司价值。五是激进的股利政策会增加企业内部的债务成本，并且高派现这种激进的股利政策还没有得到市场的广泛认可（陆正飞等，2010）。六是超额派现行为会增加公司的代理成本进而降低公司的价值（刘孟晖和高友才，2015）。

第三，不分配股利或是频繁变动股利政策会给企业带来财务风险。石绍宾（2003）研究认为，企业不分配股利说明企业存在财务风险，过多采用股票股利也会给企业带来一定的财务风险，并且频繁变动股利政策也会增加企业的财务风险。

第四，上市公司偏好不同的股利支付决策，从而会对公司价值产生不同的影响。魏刚（1998）通过对上市公司股利分配预案进行分析得出，资本市场对分红的股票有一定程度上的偏好。李长青（1999）通过研究比较在不同的股利政策下股利公告日前后的累计超额收益率，来帮助上市公司对股利政策行为进行了解，进而了解不同股利支付决策对市场的影响。程燕（2002）研究发现，在不同的股利分配方案下，市场的反应是截然不同的，具体来说，现金股利分配与股票股利和送股相比不受市场待见，市场对现金股利的反应比较消极，并且现金股利产生的超额收益为负数，但是股票股利和送股两种股利行为却受市场待见。李常青等（2010）通过研究中国半强制分红政策下市场的反应发现，公司的股利支付水平和市场产生的反应是正相关的，而且对于股利支付水平较低的公司，投资者会给予较为负向的评价。俞乔和程滢（2001）研究发现，相比于现金股利支付，投资者更偏好于股票股利支付。李加棋等（2012）以《上市公司分红政策与股价波动实证分析》中上海证券交易所（以下简称上交所）上市公司数据为样本，通过研究相同时间内分红的股票和不分红的股票价格波动的差异，深入探索分红对股价波动是否存在影响。他们的研究结果表明，公司的股利支付决策对股价波动的影响十分显著，并且合理的股利支付决策对股价有稳定作用，进而会提升公司的价值。

总之，公司的股利政策会受到多方面因素的影响，并且不同的股利政策带来的经济后果不同。因此，公司的股利政策是公司财务决策中尤为重要的一个部分，合理的股利政策会稳定股价、吸引投资者、提高公司价值并促进公司的长远发展。因此，对于公司而言，合理股利政策的制定是关键环节，要综合考虑多方面因素，不能太激进也不能太保守，否则都会对公司价值产生不利影响。

第三节　财务决策关联性综述

过去，很多关于企业财务决策的研究是比较机械的，认为企业最优财务决策仅仅是企业自身特征的函数。例如，在研究企业股利支付行为时，在不明确考虑支出政策与其他公司决策之间的相互依赖性的情况下，对各种财务变量的支出指标进行回归。类似的方法也用于研究资本结构、管理层薪酬以及其他各种融资和投资决策上，这样的研究比较局限，事实上，不论投资决策还是融资决策都与会计恒等式相联系。在调整任何一个决策变量时，公司都受到以下事实的约束：现金来源必须等于现金使用量，这意味着其他决策变量也必须进行调整。公司是将投资、股息支付以及其他分配现金流量的方法联系在一起做决定的。因此，学者们应该根据相同的解释变量对投资和股息进行建模。换句话说，公司的投资、融资和股利分配决策必定是相互关联的，即现金来源等于现金用途。一家公司的经营现金流增加了1元，可以使资本支出增加1元。但是，它也可以使用增量现金流来偿还债务、增加股东分配或做出投资和融资决策的任意组合，最终这些组合的净支出同为1元。此外，由于现金来源等于使用的同一性，公司任何决策变量中的调整摩擦都可能影响系统中的其他决策变量。

就关于财务决策的实证分析方法而言，孤立而不是在受约束的多元环境中研究公司决策可能会导致模型设定错误和系数估计效率低下。由于文献中常用的单方程模型无法捕捉到一个决策可能同时对另一个决策产生的抵销作用，所以无法全面地了解企业的财务行为（Gatchev et al.，2010），结果可能会造成单方程模型回归的结果难以从经济学的角度解释。除了忽略财务决策的相互依赖性之外，早期的研究还依赖于静态模型而不是动态模型，所以忽略了变量之间的时间依赖性。例如，即使企业通常从事年度固定资产置换计划，并且新项目可能需要一年以上才能完成，但在对现金流资本支出进行回归分析的研究中，通常会忽略滞后的资本支出这一解释变量。如果不包括滞后的解释变量，则资本支出和现金流量之间关系的估计可能会受到遗漏变量偏差的影响。

近年来，已经不断有学者观察到了企业内部各财务决策之间存在相互联系、相互依赖的关系。而且，这种财务决策之间的关联不局限于"单一企业"内部，企业与企业之间的财务决策也会相互作用。大量的实证研究结果也验证了企业的财务决策并不是孤立的，要力图站在整个企业财务生态系统的视角看待。本书观察到了学术界关于企业财务决策研究的趋势转向，故而提出了财务决策关联性这个名词，作为企业财务决策之间互相联系、互相作用特征的总结概括。本书认为，财务决策关联性包含两个方面，一是企业内部各项财务决策之间的联系，二是企业与企业之间财务决策的联系，后者也被称为"同伴效应"。值得注意的是，财务决策关联性考察的主体是财务决策，包括企业融资决策、投资决策、股利支付决策等，很多文献研究了经济状况、信贷情况等企业外部环境对企业财务决策的影响，这些外部因素不是财务决策，不属于财务决策关联性的研究。目前，关于财务决策关联性的研究不论是国外研究还是国内研究，都较多关注了投资与融资之间的关系，而较少关注股利政策与投资及融资等决策的联系。不过，可以预见的是，未来一定会有更多的研究涌现，以完善整个财务决策关联性的研究体系。本节将分别就企业内部和外部财务决策之间的关联性，梳理国内外已经取得的研究成果。

一、融资决策与投资决策之间的决策关联性

投资活动是帮助企业发展壮大的核心，资金是保障投资活动顺利进行的前提条件。融资与投资作为企业的两项基本财务活动天然存在着紧密的联系。大部分关于融资的讨论都会涉及企业投资决策问题，同样，对企业投资行为的研究也往往从融资角度入手。关于投融资关系的讨论构成了整个财务理论的重要部分，企业合理科学地搭配好融资活动与投资活动，有助于提高企业价值。企业的融资行为可分为内源融资和外源融资两种方式。内源融资是指公司经营活动结果产生的资金，即公司内部融通的资金，是企业不断将自己的储蓄转化为投资的过程。外源融资是指企业通过

外部渠道筹集资金，外部筹资方式分为两类：一类是债务筹资，主要包括银行借款、企业债券等；另一类是权益筹资，主要包括发行优先股和普通股等。企业的投资行为也存在多种形式，比如固定资产投资、研发支出等。就投资决策的效率而言，有投资过度和投资不足两种类别，投资过度是低效投资的一种表现方式，是指企业投资净现值小于零（NPV<0）的项目，造成资金浪费；而投资不足是指企业放弃净现值大于零（NPV>0）的项目，从而造成债权人和企业价值受损，两者都是低效的资金配置方式。

Modigliani 和 Miller（1959）发表的 MM 理论为现代企业财务研究奠定了理论基础，根据 MM 理论，企业融资的来源类型（无论是债务融资还是股权融资）并不影响企业的投资行为。因此，企业投资活动与融资活动相互独立，互不相关。然而，MM 理论的成立需要许多严苛的条件，包括完全竞争市场、信息充分和经济个体理性等，现实的资本市场存在着众多摩擦因素，使得 MM 理论的结论无法在现实中成立。众多学者从不同方向突破这些假设，形成了基于委托代理理论的企业投资理论、基于信息不对称理论的企业投资理论、基于风险和收益权衡的证券投资理论等不同流派的投资理论，这些理论发现了投资与融资决策之间的相关性。

（一）负债融资与企业投资之间的关系

关于负债融资与企业投资活动之间的关系，学术界已经产生了广泛而深入的研究成果，所以在研究融资与投资的关系时，可以单独考察负债融资与投资活动之间的联系。参考童盼和陆正飞（2005）的研究，关于负债融资与企业投资之间关系的文献可以总结为三类：一是研究企业股东与债权人的矛盾给企业投资行为带来的影响；二是分析负债的相机治理作用，通过负债来减少股东与经理人冲突所带来的过度投资行为；三是探析债务异质性对企业投资行为产生的影响。

首先，考虑企业股东与债权人的矛盾给企业投资行为带来的影响。

股东与债权人的矛盾之所以会给企业投资行为带来影响，是因为股东与企业债权人在企业投资决策上的看法并不是一致的。虽然同为企业的控制人，投资决策并不能同时实现股东财富的最大化与债权人财富的最大化。债权人与股东的偏好不同，债权人偏向收益不确定性较小的项目，股东则偏好收益不确定性较大的项目（Arditti et al.，1974）。项目风险对于企业价值的影响可以从期权的角度来理解（Black and Schoks，1973），如果把杠杆企业的股东看作是欧式看涨期权的持有者，而相应地，债权人是向股东出售看涨期权企业的拥有者。那么，当其他条件不变时，投资项目风险的增加也提升了看涨期权的价值，即股权价值。风险债券的价值等于企业价值与看涨期权价值之差，企业风险的增加与减少也同时反映了债券价值的涨跌，所以当投资项目（企业）风险增加时，债权价值减少。

学术界关于股东与债权人的矛盾对企业投资决策影响重要性的认识有一个变化的过程。一开始，尽管学者们注意到了股东和债权人对企业投资决策的看法差异，但普遍认为这种潜在冲突不重要。毕竟，如果企业的投资是正确的便可以提升企业价值，那么，股东价值增加了，企业的偿债能力也上升了。然而，后来股东与债权人的矛盾变得不可调和，或者说产生了对企业投资的负面影响，使得企业投资变得低效率。究其原因是信息不对称，简单来说，在信息完全的条件下，股东和债权人都能清晰明了地判断企业投资决策所带来的影响，如果该投资决策能够实现企业价值最大化，那股东和债权人的看法会一致、不会冲突。但是，现实世界往往是信息不对称的，不论是股东还是债权人都会更加看重自身的利益，企业价值最大化的问题成为了次级问题，这便会使得企业的投资决策变得复杂（Fama and Miller，1972）。可以想见，如果将股东与债权人的矛盾冲突无限扩大，企业将极有可能不再进行负债融资（Myers，1977）。

随后，Jensen 和 Meckling（1976）、Myers（1977）将债权与股权的矛盾与代理成本联系起来，拓展了该问题。Jensen 和 Meckling（1976）的研究发现，股东与经理人在进行投资决策时可能会进行资产替代，伤害债权人的利益。企业在进行投资活动前往往是需要融资的，如向银行借款或发行债券。面对期望总收益相同但具备不同风险的两个投资项目时，股东和经理人可以先借着低风险投资项目进行负债融资，而后选择高风险项目投资，通过这种方式将债权人的财务转移到自己手里。换句话说，在能够进行大额筹资的条件下，股东与经理人有着强烈的动机从事一些高风险、高收益的投资活动。如果投资成功，则赚取了大量利润而且好处几乎为股东所有（债权人只需偿债即可），而一旦投资失败，则由债权人的钱"兜底"。除了资产替代，另一种股东与债权人冲突对投资决策的影响是投资不足。Myers（1977）的研究发现，负债融资可能会促使企业采取次优的投资决策。股东与债权人的利益存在差异，能实现股权价值最大化的投资不一定能实现债权价值最大化，反之也是一样。如果公司经理人选择站在股东这一边，采取债务融资的股东与经理人将拒绝那些可以增加企业价值但是预期收益大部分属于债权人的投资，即使这些投资项目的净现值是大于零（NPV>0）的。显然，负债削弱了企业对优质项目进行投资的积极性，这种影响最终也将降低公司的现有市场价值。债权人倾向于低风险的投资项目，资产替代效应可以简单理解为投资于减少债权人收益的高风险项目，而投资不足则是不投资有利于债权人利益的低风险项目。不论是哪一种情况，最终都会降低负债融资的价值。

其次，考虑负债的相机治理作用。

除了股东与债权人的利益存在冲突，作为受托方的经理人与作为委托方的股东也会存在利益不一致，从而产生新的代理成本问题。与股东期望价值最大化不同，经理人的利益主要在于自身的职位晋升、薪酬以及名誉等。为了实现自身利益，经理人倾向于扩张企业规模，一方面，在高速增长的企业中经理人能够获得更多的升迁机会，另一方面，大公司的经理人，不论是社会地位还是各种货币、非货币收入都要高于中小型企业。在实际中，经理人可能会不顾企业是否适合扩张，直接将企业的闲置资金用于投资各种能够扩张企业规模的项目，即便是净现值并非为正（NPV≤0）的投资项目（Jensen，1986），这种做法虽然有利于经理人自身目标的实现，但是极大地损害了股东利益，降低了企业价值。这种由于股东与经理人利益冲突而产生的影响，称为投资过度。尽管可以通过薪酬计划、股票期权等方式约束和引导经理人的过度投资行为，但都收效甚微，而且还带来了新的代理成本，如用于监控经理人的成本。学者们发现，这种过度投资行为可以通过负债的方式予以防止，因为负债需要偿还本金和定期偿还利息，便可以减少企业的闲置资金数量，从而抑制经理人的过度投资行为。负债的上述作用被称为负债的相机治理作用。就负债本身的性质来说，债权人不拥有企业的剩余控制权，只获取固定利息收入与契约到期的本金偿还，债权人拥有的是企业的剩余索取权，即当企业破产时拥有优先受偿的权利。因此，负债的相机治理作用体现在两个方面：一方面，负债本金与利息的支付可以减少企业的闲置资金，抑制经理人的过度投资；另一方面，负债融资给企业带来破产风险，如果真的走向破产，企业将由债权人控制，经理人拿不到收益，会由此感到压力以减少那些不必要的投资。就企业融资与投资之间的关系来说，负债相机治理作用体现了负债的治理效应，即尽管负债融资增加了负债的代理成本，但是也降低了由于股东和经理人冲突引起的代理成本。

整体而言，国外学者对债务的相机治理作用展开了较多的实证研究，也取得了较为一致的结论，都证明了债务对过度投资行为的治理作用确实存在。Lang 等（1996）指出，债权人为了保护自身利益，会主动采取行动抑制经营者的机会主义倾向，使企业过度投资行为得以减少。Demirguc-Kunt 和 Maksimovic（1999）的研究表明，企业更易过度投资于固定资产，而债务起到了较好的约束作用。Childs 等（2005）发现，不同期限的债务对过度投资的治理效果存在差异，短期债务要强于长期债务。与国外的研究不同，国内学者对于债务相机治理作用的研究存在较大分歧，一些结论甚至完全相反。汪猛（2013）认为，债务融资对企业过度投资行为确实起到了相机治理作用，但在国有控股公司中，此种效应甚微。傅利福等（2014）以2001~2006年的A股上市公司为样本，证实了中国上市公司过度投资问题的严重性，但未发现债务的治理作用。王建新（2009）也认为，在中国制造业上市公司中，债务对过度投资的约束效应并未发挥出来。

最后，考虑债务异质性与企业投资之间的关系。

事实上，关于企业负债融资决策与投资决策的关系，近年来很多学者从债务异质性的角度出发展开研究，得出了很多新的认识与结论。Williamson（1988）认为，债务具有同质性的传统假设受到了质疑，企业需要具备债务来源异质性，即追求多种负债类型的搭配和组合。债务按来源、期限、风险等标准可划分为不同类型，每种类型的债务变动均属于广义的资本结构调整决策范畴。债务异质性在企业管理实践活动中是普遍存在的，它表现为企业债务具有不同的来源结构和期限结构。从债务类别看，债务可分为银行贷款、商业信用、企业债券和其他类别。从期限结构看，债务有短期、中期和长期之分。

胡建雄等（2015）详细分析了不同债务来源对企业过度投资行为的影响，具体而言，中国情境下金融机构借款在控制代理成本方面存在明显不足：一方面，中国经济处于转轨时期，国有上市公司基本是由国有企业改制而来，上市公司、国有银行及政府具有历史上的同源性，产权关系不清晰使得金融机构对借款的监管效应难以充分发挥；另一方面，权责不清使得政府对金融机构借款干预过多，而这种干预是缺乏效率的，当前的破产机制不够完善，由于受到政府的保护，企业经营层过度投资的破产惩罚较轻，从而加剧了借款企业使用资金从事过度投资行为的道德风险。因此，金融机构借款不能约束企业的过度投资行为。在中国，由于市场机制不够成熟，商业信用债权人为了防范违约风险，会在借款合同中增添约束性契约条款，从而提高商业信用的再融资约束，使企业经营者不能滥用资金进行过度投资。商业信用期限较短，一般小于一年，对借款企业具有较强的再融资约束效应。此外，上下游企业作为企业商业信用的资金提供方，对借款企业日常经营状况具有较高程度的了解，更能准确地评估企业资产的实际价值。因此，商业信用能够约束企业的过度投资行为。由于债券会在未到期之前频繁在不同的债权人之间转移，而企业发行的债券总量并未改变，这种转移行为不会威胁到企业。此外，企业债券一般具有较长的期限，发债企业短期内面临的还本付息压力较小，其滥用自由现金流从事过度投资行为的动机较强。因此，在市场监管机制较弱的环境下，大量发行债券在一定程度上会加剧企业的过度投资行为。

债务来源异质性体现了企业各种负债来源的相对比重，其值越大，表明各类负债的持有量越平均，即债务来源的多元化程度越高。债务来源异质性程度的差异体现了债务对投资扭曲的相机治理作用的不同，胡建雄和茅宁（2015）参考 Choi 等（2013）关于赫芬达尔指数的研究，构建了债务异质性程度指数，将这种不同债务类别占总负债比重的情况联系在了一起，探讨了债务来源异质性对企业投资扭曲行为的影响，研究发现，债务来源异质性程度与企业投资扭曲程度呈显著负相关的关系。企业的债务来源越多元，受到不同债权人的监督就越多，企业日常经营活动状况就越透明，就会被要求在公开市场上披露越多的信息，市场对于企业的价值评估就会越准确。债务来源异质性程度较高不仅有利于抑制其投资扭曲行为的发生，还有利于更好地发挥债务的相机治理作用。同时，债务来源多元化的企业享有一种声誉（靳曙畅，2019；胡文卿和左拙人，2019），即较高的市场认可度、较好的发展前景和较完善的公司治理机制。管理者为了维护企业的这种声誉，会慎重选择其投资行为，投资扭曲行为自然便会减少，即投资过度和投资不足行为会减少。

就债务期限异质性与企业投资之间的关系来说。黄乾富和沈红波（2009）的实证结果表明，缩短债务期限能对投资过度行为产生更强的约束作用。Harford 等（2014）的实证结果表明，公司债务期限结构具有缩短的趋势，这意味着再融资风险的增加。为了降低再融资风险，企业倾向于持有更多现金，进而有助于减缓投资不足的问题。债务期限异质性有助于企业把握投资机会。Choi 等（2014）的研究发现，那些规模较大、更成熟、拥有很多投资机会且利用财务杠杆的公司展示出了更加分散的债务期限结构。当企业债务到期日比较集中时，如果企业在某一时期遇上好的投资项目，就有可能出现投资与集中偿债的冲突，而且由于很多债务还没有到期，企业无法再融资，这些影响会使得企业与有价值的投资项目失之交臂。而灵活分散的债务到期结构则可以避免这点，Colla 等（2010）通过观察 2008～2009 年金融危机中的公司行为发现，在金融危机中，企业债务展期风险更大，拥有分散债务期限结构的公司更能抓住危机中有价值的投资机会。

David 等（2008）研究了债务异质性对于公司研发投资以及公司绩效的作用。他们将债务分为两种，以银行贷款为主的关系型债务和以公司债券为主的交易型债务，并从威廉姆森交易成本经济学的视角，比较了关系型债务和交易型债务在解决冲突、适应以及监控三种作用机制上的区别。文章分析认为，关系型借款人在解决冲突上表现为具有更高的容忍度并会帮助公司在整个研发周期中平稳运营，在适应上表现为通过获取董事会席位以及设计严格的契约来增强行政控制，在监控上可以获得比交易型借款人更多的有关公司内部的信息以减少信息不对称，并且由于关系型借款具有隐私性质，能够保护公司的研发机密。通过以日本公司为研究样本的实证分析，也验证了关系型债务与研发投资更加匹配，相对于债务结构与研发投资匹配程度较差的公司而言，能够取得更好的绩效。

可以看出，企业负债融资与投资行为之间存在着密切而丰富的联系，企业如果考虑借助债务融资来进行有效率的投资活动，需要谨慎斟酌债务的来源、规模以及期限等情况。

（二）企业融资与研发支出的决策关联

在企业经营管理活动中，有一类比较特殊又重要的投资活动，即企业的创新研发支出。进入 21 世纪后，技术创新对于企业来说显得格外重要。与一般企业投资不同，企业创新投资具有自身严重的信息不对称性（Myers，1984）、高风险性（Hall，2009）和高沉没成本等特征。研发活动需要大量的资金，并且研发投资的回收周期一般都比较长，需要不断追加资金，这给企业寻找资金带来了沉重的压力。因此，创新投资与合理的筹资决策也是密不可分的。在 Hall（1992）首次分析了创新收入与融资成本的关系之后，内源融资、外源融资与企业创新投资之间存在什么样的联系，债务融资与股权融资对于企业创新投资有什么样的影响等问题受到了国内外学者的关注。

Hall（1992）首先分析了创新投资与融资成本之间的关系，研究发现对于企业创新投资来说，外部资本成本高于内部资本成本。一方面，企业和投资者之间存在着信息不对称，研究与开发（Research and Development，R&D）项目一般周期较长，企业对其自身 R&D 项目的熟悉程度高于外界，能够判断出在长期的高风险 R&D 投资中自身项目的优劣程度以及比较优势，但是外界投资者往往不具备这样的能力。并且，R&D 项目带有极强的机密性质，如果对外披露信息以试图降低信息不对称程度，则有着被竞争对手知晓机密的风险。由于高度的不确定性和研究与开发的无形性质，债务人或投资者经常要求回报率具有一定的风险溢价（Akerlof，1970）。另一方面，企业创新投资活动存在道德风险问题，即股东与经理人之间的代理问题。经理人会倾向用闲置现金流做一些利己的低效率投资，或者由于风险厌恶，经理人往往会回避风险与不确定性极大的创新投资。前一种情况可以通过负债融资减少现金流的方式避免，但是也会使得经理人使用成本高昂的外部资本进行 R&D 投资，后一种情况直接减少了企业进行有价值 R&D 投资的可能性。所以综合来说，企业在进行 R&D 投资的融资决策时，会倾向使用内源融资。国内外相关的实证研究也验证了这点（唐清泉和徐欣，2010；鞠晓生，2013；Himmelberg and Petersen，1994；He and Ciccone，2020）。

就负债融资和股权融资与企业创新投资的关系而言，学者们研究发现，股权融资更有利于企业创新投资。信贷市场融资更多地偏向于有固定资产抵押、稳定的营业收入作为担保的企业，以控制信用风险。大多数从事创新研发的企业都属于技术密集型企业，缺乏足够的固定资产抵押物。同时，R&D 项目也由于较难估值、不易清算等特点难以作为银行的抵押品。此外，创新投资回报期限较长，即便能够取得长期债务融资，也会受到期限结构偏差的限制。综合以上原因，创新投资项目想借助债务方式融资是比较困难的（Himmelberg and Peterson，1994）。相比之下，股权融资方式可能更适合于 R&D 项目。首先，股票市场具有信号效应，成功上市的创新型企业能够证明自己的企业是优质的，这时便可以较容易地从银行等外部渠道借款，减少了融资约束。其次，通过权益融资方式取得的资金具有不可收回的特点，而且可以由企业自由配置与使用，为企业的研发活动提供了长期而稳定的保障。此外，就股权融资的形式而言，风险投资也是重要的股权融资渠道，而且风险投资机构具有庞大的资金、专业的团队、广泛的网络关系以及成熟的投资经验等，既有更高的投资 R&D 项目的可能性，也有利于推动企业开放投资获得成功。

可以看出，企业融资与研发支出之间也存在着很强的决策关联性，企业想要自身 R&D 项目顺利推进，也需要合适的融资来源与结构。

二、股利分配与投资决策之间的决策关联性

(一) 股利分配与投资决策是否存在关联

投资和股利政策是财务经济学两大经久不衰的研究主题,投资与股利分配的关系一直备受财务学研究者的关注。相关研究文献大致可以分为两类:一类文献认为投资与股利分配没有关系,即"股利无关论";另一类文献则证实投资会抑制股利分配,即"剩余股利论"。

第一类文献主要是基于完美资本市场的假定,认为投资与股利政策不存在联系。在 Modigliani 和 Miller (1961) 的"股利无关论"中,公司的投资决策只与投资机会的盈利能力相关,且给定公司的投资决策、公司价值与其股利政策无关。换言之,在完美市场中,公司的投资活动与内部现金流无关,现金股利不影响公司价值,投资项目的边际 Q 值是投资决策的唯一驱动因素 (Hayashi, 1982)。但是,"股利无关论"有着诸多严苛的假设条件,这些条件在现实中往往并不能成立,导致其适用性仅存在于理论层面。现实中,完美资本市场的假定是不成立的,此时投资决策与股利分配则是相关的。当管理者比外部投资者更了解公司资产和投资项目的价值时,逆向选择和道德风险问题会限制公司获得外部资金的途径,造成外部融资约束,而作为外部融资方式的债务融资和股权融资一般又具有更高的资本成本,使得外部融资的便利性天然地弱于内源性融资(利润留存)。内部现金流的稀缺导致投资与股利分配两者此消彼长,企业必须在投资与股利分配之间做出抉择。

第二类文献则认为,现实条件下投资与股利分配相互影响,并且股利分配往往被放在次要的位置,这在一定程度上支持了"剩余股利论"的观点 (Bhaduri and Durai, 2006)。Higgins (1972) 发现,盈利能力以及投资

对现金流的需求是影响股利支付决策的重要因素，管理层会基于对未来投资的预期确定股利支付决策。由于外部融资成本较高，当公司处于营业收入增长期或预期即将进入收入增长期时，高水平的投资需求会迫使公司减少现金分红，过去及预期的收入增长率对现金股利支付决策具有显著的负向影响（Rozeff，1982）。由股利分配的寿命周期理论可知，成长期企业拥有较多的投资机会，需要更多的研发投资，但其较少实施分红，而成熟期企业盈利能力较强，但投资机会较少，其会采取高现金股利的支付决策。DeAngelo 等（2006）分别以留存收益占总资产的比例（RE/TA）、留存收益占净资产的比例（RE/TE）作为企业生命周期的代理变量，检验了股利分配的寿命周期理论，发现留存收益比例高的上市公司更倾向于制定现金股利政策，且现金分红水平更高，这支持了股利寿命周期理论。这一发现同样证实，投资对股利支付决策具有抑制效应。

从投资—分红的财务决策机理来看，Brav 等（2005）调查了 384 位财务经理，发现股利支付决策与投资决策往往同时进行，但投资决策会被优先考虑，股利支付决策则被放在次要位置。投资会增加股利支付决策的不稳定性，只有投资和流动性得到满足之后，经理人才会决定增加现金股利支付，有接近一半的财务经理认为投资对现金分红有影响或者有重要影响。不过，Denis 等（2009）的经验研究证实，公司在面临现金持有量不足时，通常会减少投资支出，以保持或提高现金分红水平。

可以看出，企业现金分红与投资决策是紧密联系的，而且更多地表现出互相制约的特征，本节将着重梳理现金分红对投资扭曲行为的抑制作用以及现金分红与研发支出决策之间的矛盾。

（二）股利分配对投资行为的治理效应

由于市场摩擦的存在，资本配置会出现非效率，企业可能面临过度投资或投资不足的风险，现金股利直接与企业现金流相联系，能够对投资过度与投资不足起到抑制的作用。

　　企业内部人与外部资本提供者间存在的信息不对称是市场摩擦的主要来源。在委托代理模型中，信息不对称性导致企业投资过度或投资不足的现象均有可能出现。一方面，企业内部人会倾向于在证券价格被高估的情况下进行融资（逆向选择），即柠檬市场问题。当融资规模大于实际投资需求时，会产生企业内部人过度投资的倾向（Baker et al., 2003）。企业内部人和外部资本提供者之间存在着委托代理关系，但企业内部人可能出现背离外部资本提供者的利益最大化（Jensen and Meckling, 1976）目标的行为（道德风险）。当某个投资项目能为其带来的私人利益大于其应为该投资项目对企业价值产生损害而付出的成本时，企业内部人就有以牺牲外部人利益为代价，冒险进行过度投资、建立企业帝国的动机（Shleifer and Vishny, 1989），滥用自由现金流，从而实现利益侵占（Richardson, 2006；赵卿和刘少波，2012）。Renneboog 和 Trojanowski（2007）将自由现金流的过度投资称为"第Ⅰ类错误"（纳伪，对本不应投资的项目进行投资），将现金匮乏公司的投资不足称为"第Ⅱ类错误"（弃真，放弃本应该进行投资的项目）。他们认为，实施高额的现金股利有助于降低第Ⅰ类错误，却会增加第Ⅱ类错误的可能性。因此，代理成本理论认为，现金股利通过减少可供企业内部人运用的自由现金（Jensen, 1986），迫使管理层进入资本市场筹资（Easterbrook, 1984），从而增加资本市场的监督，降低代理成本，抑制企业的过度投资。

　　另一方面，外部资本提供者对企业过度投资倾向存在理性预期，这会使他们在提供资本时要求"柠檬溢价"，从而提高企业的融资成本，导致企业实际投资规模低于最优投资规模，出现投资不足现象。企业的管理层通过现金股利的增减，向市场传递其对公司未来前景预期的私有信息（Lintner, 1956），帮助外部资本提供者判断公司的前景，从而降低信息不对称性。信息不对称性的降低，则有助于企业克服融资约束，缓解投资不足的现象（Biddle et al.，2009；陈蕾，2011），即传统信号传递理论的观点。一系列实证结果发现，股利的派发有助于抑制企业对自由现金流的过度投资现象（俞红海等，2010；肖珉，2010），但对于缓解企业的投资不足现象却未有与理论一致的结论。肖珉（2010）指出，现金股利会加剧现金流短缺公司的投资不足现象。魏志华等（2014）针对中国证监会颁布的半强制分红政策进行了研究，发现再融资资格的规定迫使高成长、有再融资需求的公司不得不进行现金股利发放。Martins 和 Novaes（2012）针对巴西的强制分红政策进行研究发现，企业的投资行为并没有因为强制分红政策而受到阻碍。

承前所述，针对过度投资与投资不足两类非效率问题，现金股利对企业的投资活动存在两种不同的作用机制。其一，代理成本理论认为，可以通过减少可供企业内部人使用的资金，并迫使企业内部人进入资本市场为投资项目进行筹资，从而增加资本市场对企业内部人的监督，降低代理成本（Easterbrook，1984），进而抑制企业的过度投资现象。其二，股利的信号传递理论认为，企业内部人通过股利的增减，向市场传递其对公司未来前景的预测，从而降低信息不对称性，降低企业的外部融资成本，缓解企业融资约束，进而缓解企业的投资不足现象。

廖珂（2015）指出，在考察现金分红对企业投资扭曲的具体影响时，应该具体分析一下企业的分红能力，企业具备较强分红能力和较弱分红能力对于投资扭曲的影响应该是不同的。企业的分红能力主要取决于企业的自由现金流，具体而言，自由现金流是企业价值创造过程的结果，如果企业经营现金流满足了投资所耗现金后的差额，那么，企业的自由现金便是充裕的；如果企业经营活动现金流入并无法满足其投资活动需求，那么，企业的自由现金便是匮乏的。一方面，如果企业的自由现金流比较充沛，内部经理人过度投资的倾向和能力较强，企业内部经理人与外部资本提供者之间存在的信息不对称则主要是内部经理人的道德风险造成的。由于企业的盈利及现金流状况已通过企业的会计信息向外部的资本提供者进行了有效的传递,因而,逆向选择所带来的信息不对称程度则较低。据此,企业自由现金充沛时,现金股利便有助于抑制企业的过度投资。另一方面,如果企业的现金流比较匮乏,公司年报对外呈现的现金流情况不佳。单单依赖会计信息,外部资本提供者无法识别企业的自由现金是属于上述哪一种类型。传统的信号传递理论认为,企业内部经理人通过现金股利的形式向外部传递其对于企业未来盈利前景的乐观预期,从而降低信息不对称性,减轻外部资本提供者对企业未来前景的疑虑。那么,现金股利能有效降低企业内部与外部之间的信息不对称性,从而缓解企业的融资约束,缓解自由现金匮乏企业的投资不足现象。

肖珉(2010)关于现金股利与投资之间的研究同样建立在企业现金流基础之上,并且结合了企业历史年度的派现特征。研究发现,在半强制分红政策的背景下,企业的分红派息行为可能出于自利的动机,目的是取得再融资的资格,所以,以往年度连续派现或累计派现较多并不能弱化其内部现金流缺口与投资不足之间的关系。

事实上,股利分配是公司在特定目标函数下对各种因素进行权衡的结果,关系到公司的长期发展与相关主体之间的利益分配。一方面,现金股利分配受公司留存收益和可支配内部资金的制约,与公司融资约束程度密切相关;另一方面,现金股利分配又通过影响公司的内部资金而影响其他公司行为。如果不考虑公司面临的融资约束,这些政策就达不到应有的效果,甚至可能适得其反。大量研究表明,现金股利政策作为一种重要的公司治理机制,能够通过影响融资约束和代理冲突进而作用于企业的投资——现金流敏感性。国内外学者对两者之间关系的研究主要分为两类:一类是高融资约束的企业支付现金股利会加剧企业投资对内部现金流的依赖(Vogt,1994;王茂林等,2014),另一类是低融资约束的企业通过分配现金股利可以弱化代理冲突进而降低投资——现金流敏感性(Jensen,1986;

魏明海和柳建华，2007）。

（三）股利分配与企业研发支出的决策关联

就具体投资活动形式的研发投资而言，股利分配决策与之也是互相联系的，学术界关于现金股利与研发投资之间的关系也进行了广泛的讨论，不过似乎并没有形成一致的结论。

相当一部分学者认为，现金分红与研发支出是相互约束的关系（Ramalingegowda et al.，2013）。企业的研发活动能够提高企业的创新能力，推动企业的技术进步和工艺革新，进而推动实施成本领先战略和差异化战略，但通过研发活动取得竞争优势需要大量现金资源的投入。研发投资的特征使得该投资受融资约束的影响很大，研发投资对现金流非常敏感（Harhoff，1998）。然而，上市公司现金分红是对税后净利润的分配，会减少内部现金流。由于研发投资与现金股利在资金来源上具有同源性，那么，研发投资决策与现金股利支付决策在现金流上就产生了竞争性。在企业现金持有一定的情况下，研发投资与现金股利分配往往是"鱼与熊掌"不可兼得。此外，依据财务灵活性假说，现金股利分配会导致现金流出企业，使企业不能依据市场环境的变化及时做出相应的投资安排。一些学者的研究表明，企业研发支出与现金分红之间的关系符合财务灵活性假说，为了能够把握良好的投资机会，高研发支出的企业倾向于减少现金分红，以保持其财务柔性（Chay and Suh，2009；Hoberg et al.，2014）。

不过，也有部分理论支持现金分红能够促进研发支出的观点。虽然融资约束使得现金分红和研发支出存在内部现金流竞争，但现金分红本身也是一种信息甄别机制，有助于缓解融资约束。基于"信号理论"，现金分红很大程度上会向公众传递企业经营良好的信号（王国俊和王跃堂，2014；魏志华等，2017）。企业可以通过现金分红增强投资者对企业经营能力及研发能力的信心，降低研发支出面临的融资约束，从而增强企业为研发活动吸纳外部资金的能力（张国令，2016）。结合具体的制度环境，杨宝等（2018）认为，中国上市公司存在"分红—研发"悖论现象，在中国特殊的半强制分红政策的约束下，企业选择通过分红行为达到融资的目的，进而刺激研发投资的增加。俞毛毛和马妍妍（2020）的研究也支持了这一结论，并且比较了股票回购与现金股利在刺激研发上的替代作用，发现现金股利多通过股权融资渠道发挥作用，而股票回购多通过理性迎合渠道发挥作用。

可以看出，企业股利支付决策与投资决策之间存在着密切的决策关联性，现金分红能够缓解企业的代理问题，抑制投资扭曲行为，而管理者往往需要在分红与投资之间做权衡。

三、融资决策与股利分配之间的决策关联性

有关融资决策与股利分配之间关系的研究比较分散，在 Miller 和 Modigliani（1961）提出的股利无关论中，股利分配与融资决策是不相关联的。而后学者们逐步放松假设，研究在非完美市场下股利政策与融资之间的关系。

就股利政策与债券融资的关系而言。Jensen（1986）指出，现金股利和负债在约束管理者过度投资上起着互相替代的作用，首次将公司股利政策与融资及资本结构调整决策结合起来。Farre-Mensa 等（2018）通过对美国近 20 年资本市场上市公司的分红情况进行分析后发现，很多公司内部现金流其实并不足以支持分红所需的资金，它们的分红往往是通过外部债务以及股权融资的方式筹集的，同时起到调节资本结构的作用。吴育辉等（2018）以 2008~2016 年公开发行债券的中国 A 股上市公司作为研究对象，挖掘了上市公司股利支付决策与债券发行之间的联系，研究发现，上市公司往往会在发行债券的前一年提升股利水平，通过这种方式可以显著降低债券的融资成本。这种行为背后的动机来自两个方面：一是提升股利水平

传递了公司质量信息的"股利信号"，降低了信息不对称；二是发放现金股利在一定程度上缓解了代理问题。相比于国有企业，民营企业更有这么做的动机。就股利政策与股权融资的关系而言，张丹妮和周泽将（2020）分析了 A 股上市公司普遍存在的股权再融资后立即现金分红的现象，证实企业股权再融资活动的确存在极高的管理层自利动机，且该行为会给投资者利益造成危害。

以上可以看出，企业的股利支付决策与融资决策有着很强的财务联动性，企业的股利支付决策不仅与投资决策有关，与筹资决策也是紧密联系的。

综合以上文献可以看出，企业三大核心财务活动负债、投资与分配决策之间存在着广泛而密切的关联，彼此之间相互影响、相互作用。关于筹资与投资决策、股利分配与投资决策之间决策关联性的研究较多，涉及融资决策与股利分配之间决策关联性的文献较少，这可能是因为多数股利支付文献都暗含了股利资金来自内部融资的假设。此外，大多数文献研究的都是两个决策之间的关系，将企业投融资、分红等财务决策联系在一起的研究并不多，也没有形成整体的研究体系。Gatchev（2010）将负债、投资与分配决策三者联系起来作为一个整体进行回归，做出了这方面研究的开创性工作，Farre-Mensa 等（2018）以及胡建雄和茅宁（2019）的研究将股利支付决策、现金持有决策以及资本结构调整决策三者联系了起来，但都还没有进行更深入的分析。有关多个财务决策之间的联系还有待未来的研究进一步丰富和完善。

四、薪酬激励与股利政策之间的决策关联性

（一）管理层薪酬激励与股利政策的联系

经理人倾向于一种股利支付形式而不是另一种支付形式的动机可能是

由他们薪酬合同的某个方面所激励的，或者是通过他们的个人股票、期权持有以及个人所得税的激励所隐含的。Cheng 等（2010）研究了这种激励—分红的显性路径，他们分析了提交给美国证监会的 12476 份 DEF 14A 代理声明，并提取了关于每股收益是否是经理人奖金的明确组成部分以及触发奖金支付的每股收益阈值水平的信息。他们发现，当管理奖金与每股收益挂钩时，公司会回购更多的股票，每股收益可以通过回购股票在短期内增加。如果公司没有达到每股收益的门槛，这种关系就特别牢固。Young 和 Yang（2011）通过对英国公司的研究发现了类似的结果。他们从年度报告和财务报表中手工收集关于高管合同的信息，发现高管薪酬合同中有每股收益业绩条件的公司比没有这种条件的公司实施了更频繁的股票回购。这些研究结果支持了明确的管理激励对于股利政策至关重要的观点。

Hsieh 和 Wang（2008）研究了一个较为隐性的途径。他们研究发现，如果公司内部员工持有更多股份，公司更有可能回购股份，而不是支付股息。这种关系在他们的样本期间（1991~2001 年）更强——在这一时期，股息在税收上处于更不利的地位。他们得出结论，内部人员的税务考虑会影响公司的股利政策。值得注意的是，这些结果仅适用于那些积极分红的公司样本。

利用 1993~2003 年的样本，Brown 等（2007）没有发现内部人所有权和支付股利方式的偏好之间有任何关系。然而，他们发现，高管持股比例较高的公司更有可能增加股息，这与管理层激励对股利支付方式决策至关重要的观点一致。

然而，即使是看似外源性的税收变化，也不一定能够对从税收变化到股利支付方式变化进行因果解释。Aboody 和 Kasznik（2008）研究了先前假设的反向因果关系，他们发现，薪酬合同因 2003 年股息税削减而改变。Babenko（2009）同样研究了股利政策和薪酬激励之间的因果关系，她发现，股票回购增加了薪酬与绩效的敏感性，并提高了员工的积极性。这些研究表明，企业对税收冲击的反应可能会受到薪酬合同变化的影响。在某种程度上，研究者的兴趣仅仅是研究减税对分红方式决策的影响，这种影响可能被认为是间接的。然而，如果研究者感兴趣的是明确的影响机制，税收变动对薪酬契约的影响将构成以税收冲击为外生变量的论文的实证设计中被忽略的变量。然后，这些研究将夸大税收变化的重要性，以解释股利政策的变化。

上述论文研究了管理层薪酬和股权如何影响公司的分红支付方式决策。公司高管的期权薪酬是另一个潜在的渠道。正如 Lambert 等（1989）所指出的，股息支付降低了高管期权的价值，因为股息降低了公司的每股价值。因此，在其他条件相同的情况下，高管持有更多期权的公司应该不太可能支付股息。与股息不同，回购通常不会稀释股票的每股价值。因此，持有（未受保护的）股票期权的经理人更有动机用回购代替股息。事实上，Jolls（1998）、Fenn 和 Liang（2001）发现，当管理层获得更多的股票期权报酬时，公司支付的股息更少，更有可能采取回购股票的方式。Dittmar（2000）还发现，高管的期权薪酬与回购股票的倾向有关。Cuny 等（2009）使用更新的样本数据证实了这一结果。正如 Fenn 和 Liang（2001）指出的那样，这些横截面结果表明，近年来股票期权薪酬的增长可能有助于解释美国上市公司以放弃股息为代价的股票回购的增加。

上述文献研究了高管薪酬对股利支付方式选择的影响。在评估这些结果时，我们应该考虑到，随着高管的期权薪酬越来越受欢迎，员工的股票期权计划也越来越受欢迎。人们可能还会期望高管和员工的股票期权计划在横截面上存在相关性。因此，当员工期权计划是一个被忽略的变量时，股利支付方式决策和高管薪酬之间的相关性可能会夸大高管期权对股利支付方式决策的因果效应。

下面讨论调查非执行性员工补偿的可能性，特别是员工期权补偿和员工股票购买计划，确实是回购的主要驱动力。

(二) 员工薪酬激励与股利政策的联系

公司普通员工期权薪酬是否会影响公司倾向于股票回购的一个关键点在于,经理人可能会试图消除由于行使股票期权而发行股票造成的每股收益稀释,特别是这种稀释可能对每股收益产生的负面影响。经理人这样做的动机可能来自薪酬合同中明确的每股收益目标,也可能来自市场压力。例如,2000 年,微软将分析师要求的撤销因行使员工股票期权而造成每股稀释的压力作为其股票回购计划的理由 (Clark and Buckman,2000)。与这个例子一致的是,对高管的调查表明,每股收益稀释是更普遍的股票回购的主要动机 (Brav et al.,2005)。

一份快速增长的文献提供了证据,表明经理人对实现每股收益目标的担忧确实是很大一部分回购的动机。如果这种动机足够强烈,即使股价过高,公司也可能回购股票,从而为一些关于管理时机选择能力的研究提供一个解决方案。事实上,当股票价格低时,公司更有可能回购股票:当股票价格低时,更多的期权在金钱中,员工更有可能行使它们 (Huddart and Lang,1996;Heath et al.,1999)。如果企业及时撤销稀释,(一些) 回购活动可能具有顺周期性。

这些文献从研究相关性开始,然后发展到更明确的证据。Dunsby (1993) 记录了员工股票期权计划的存在和公司回购自己股票的倾向之间的相关性。Weisbenner (2000) 和 Dittmar (2000) 利用当时可用的代理人提供的证据表明,一些回购可能是为了抵销期权行权导致的股份数量的增加。后来的论文使用了更直接的方法来衡量向员工发行的股票数量,以调查这种反稀释努力在多大程度上推动了回购。Kahle (2002) 使用手工收集的员工股票期权数据表明,经理人和员工拥有更多期权的公司更有可能宣布回购。过去一年经历期权行权的公司也更有可能回购更多股票。尽管回购决定取决于未行使的高管期权数量,但回购的规模并不取决于此,取而代之的是可行使的总期权。因此，Kahle（2002）认为，随着时间的推移，回购活动的重要性越来越大，这既归因于管理层不支付破坏期权价值的股息的动机，也归因于他们试图消除因行使股票期权而造成的每股稀释。这一区别使她的研究有别于之前 Jolls（1998）、Fenn 和 Liang（2001）的论文，没有区分稀释动机和保留执行期权价值的动机。

Bens 等（2003）表明，回购活动受维持（稀释）每股收益高于分析师预测的目标水平的愿望的影响。避免稀释的动机是如此强烈，以至于实际投资项目由于资金被转移到回购而被挤出（Bens et al.，2002）。Hribar 等（2006）通过普遍关注每股收益管理来扩展以前的结果，研究发现，无论潜在的原因是否是股票期权的行使，在零收益附近股票回购的概率都呈现不连续增加的态势。这促使 Almeida 等（2013）利用回归不连续性框架表明，为对抗稀释而进行的回购对公司投资和就业有负面影响。

总之，越来越多的证据表明，不管每股收益稀释的确切原因是什么，对每股收益稀释的担忧可能是公司将股票回购作为股利支付方式的一个重要动机。这是一个令人兴奋的发现，尤其是这种动机可能有助于解释支出政策的横截面变化、周期性变化和长期趋势。尽管现有证据很有希望，但仍有几个悬而未决的问题：回购的哪一部分是出于避免稀释的愿望？以牺牲股息为代价的回购的时间序列增加能否用这些反稀释努力来定量解释？这些努力在多大程度上依赖于管理层激励（显性或隐性）来实现每股收益目标，或者依赖于经理人获得期权报酬？此外，还需要更多的研究来充分理解企业为避免稀释而愿意承担的成本。

五、企业之间财务决策的关联性

(一) 企业间财务决策互动关系（"同伴效应"）的内涵

过去关于财务决策关联性的相关研究主要聚焦于"一个企业"内部各

项财务决策之间的关联关系，然而，在企业的实际决策中，由于同处于一个行业和产业链之中，加上社会上各类"行业峰会"的存在，企业与企业之间会互相观察、比较以及交流，在制定自身财务决策的时候也会学习、回应、反击其他相关企业的决策行为，即在某参照组内，所有企业决策可视为一个有机整体，决策间相互作用并最终趋向均衡状态。这与社会学领域中的"同伴效应"概念不谋而合。在早期关于同伴关系的文献中，一些学者们观察到了企业之间财务决策的互动关系，但是还没有上升为理论。在 Graham 和 Harvey（2009）的问卷调查中，很多公司 CFO 表示，他们在为企业做融资决策的时候，会参考其他企业的融资行为。Welch（2004）、MacKay 和 Phillips（2005）以及 Frank 和 Goyal（2009）的研究都发现，行业的平均杠杆水平是制定企业资本结构的重要决定因素。近年来，越来越多国内外财务学领域学者将"同伴效应"概念引入财务决策理论框架，展开对企业财务决策间内生互动关系（即"同伴效应"）的相关研究。

Leary 和 Roberts（2014）给出了"同伴效应"对于企业财务决策影响的两种可能性解释。第一种解释是基于企业进入同行群体的内生选择。这种选择的结果是，来自同一类群体的企业面临相似的制度环境，具有类似的特征，如生产技术和投资机会。由于无法准确模拟选择机制，同行企业的举动在企业决定财务政策时发挥了作用。例如，当一家企业初次进入一个行业时，面临很多财务决策的决定，在自身无法确定科学决策的情况下，企业往往会参考借鉴同行业其他企业的做法。第二种解释是企业的财务政策部分是由对同行的回应驱动的。这种反应可以通过两个渠道进行：行动或者特征。第一个渠道出现在企业对同行的财务政策做出回应时。第二个渠道出现在企业对其同行特征的变化（盈利能力、风险等）做出反应时。例如，几家公司同为一个行业的龙头，当一家公司选择发放或者增加股利分红时，会受到市场广大投资者的关注，其他几家往往会选择跟随，调整自身的股利分配以维持自身投资者的信心。

（二）企业融资决策的"同伴效应"

Leary 和 Roberts（2014）关于企业资本结构调整决策是否受到同行业企业影响的研究成为学术界第一篇系统研究"同伴效应"的文献。他们的研究使用了股票收益波动作为工具变量以解决内生性问题，实证结果显示：美国上市企业的融资决策在很大程度上受到同行业企业融资决策的影响。并且，越是规模较小、不大成功的企业，越容易受到规模较大的成功企业的影响；反之则不然。参考 Leary 和 Roberts（2014）的研究方法，Duong（2015）等也采用股票收益波动作为工具变量对研究进行了深化，发现企业的负债期限结构决策同样会受到同行业企业的影响。在股权融资方面，Billet 等（2018）则利用外生事件研究了增发行为的"同伴效应"，他们发现，同伴企业先前的增发行为会加速财务约束企业的增发决策。国内方面，钟田丽和张天宇（2017）则在证实中国上市企业存在融资决策"同伴效应"的基础上，进一步通过检验不对称性特征、乘数属性和构建新工具变量区别关联效应。企业股票分割行为同样被证实受到同伴行为的显著影响（Kaustia and Rantala，2015）。

（三）企业投资决策的"同伴效应"

Foucault 和 Fresard（2014）基于"同伴效应"下的信息互动与学习动机，考察了目标企业投资与同伴企业股价波动的关系，研究发现，同伴企业股价波动会影响目标企业的投资决策，尤其是当同伴企业的股价上升时，这种影响更加明显。国际上一些学者把这种一家公司股价波动引发其他公司投资决策变动的现象称为"涟漪效应"。张晓宇等（2017）选取2007~2014 年中国 A 股上市公司为样本，研究了中国上市公司"涟漪效应"的存在性以及影响。研究发现，在中国资本市场同样存在"涟漪效应"，并且"涟漪效应"的大小与股票价格的信息含量、分析师覆盖、公司所属行业等因素有关。国内有学者研究了企业并购投资的"同伴效应"，万良勇等（2016）研究发现，中国上市公司的并购决策同样具有"同伴效应"，企业的并购决策会借鉴和模仿同行业其他企业的决定。傅超等（2015）则以行业作为参照组，研究发现"同伴效应"是创业板上市企业并购商誉溢价的重要影响因素之一。

(四) 企业分配决策的"同伴效应"

企业分配决策"同伴效应"同样存在。同行业其他企业的股利分配行为会影响目标企业的股利发放（Grennan，2018），既影响分红的时机，也影响分红的规模。当同伴企业改变股息发放日时，目标企业的股息发放日也会相应变化。当同伴企业的股息支付水平改变时，目标企业也会改变自身的股息支付水平。不过，根据 Grennan（2018）的研究，"同伴效应"似乎并不影响股份发放的形式，美国上市企业的股票回购决策不存在"同伴效应"。除了股利分配外，来自同伴企业的压力还会促使企业采取较为激进的避税政策（Li et al.，2014）。张东旭和徐经长（2017）还发现，同行企业会显著影响目标企业的年金缴费。

第四节　小结

融资活动是企业主要的财务活动，它与企业投资活动紧密相连。可以说，如果没有融资活动，企业接下来的活动就无法开展。所以，企业做好融资决策才能更好地开展其他活动。企业融资决策无非是内源融资与外源融资的选择与组合，合理的选择和组合可以给企业带来不同的融资效应。

内源融资作为企业最自然的融资方式，是企业融资方式的首选，尤其是中小企业。但是内源融资涉及留存收益、财务柔性等问题。留存收益筹资作为内源融资的主要手段，存在的问题在于筹资的资金来源与规模受到一定的限制，不能进行大规模筹资，这也是大多数企业采用内源融资时面临的主要难题。而作为企业应对不确定性风险的财务柔性，在一定程度上可以解决这一问题。当企业受到突如其来的冲击或意料之外的风险时，财务柔性可以使企业在融资难的情况下提高投资支出，抓住投资机会，也可以避免企业因现金流短缺而陷入财务危机。虽然在优序融资理论中内源融资是企业的首选融资方式，但是随着企业规模的扩大和发展，仅仅依赖内源融资不能满足企业日益增长的融资需求，因此，在这种情况下，外源融资就显得尤为重要了。与内源融资相比，外源融资的融资成本较高，但是能够满足企业大额的资金需求，提高企业的杠杆效应，因此，大多数企业更加偏好于外源融资。外源融资主要有债务融资和股权融资两种方式，两种融资方式给企业带来的效应是不同的，不同的企业有不同的外源融资偏好，例如，Myers（1984）认为，大多数企业应该更偏好债务融资，但是中国的上市公司却更偏好股权融资。

从本质上讲，外源融资问题就是资本结构问题，对不同外源融资方式的选择就是对企业资本结构的调整。基于中国资本市场的特殊性，债务异质性假说是企业债务融资考虑的重要因素，债务异质性不仅体现了企业之间不同的资本结构状况，还反映了企业资本结构调整的问题。不同性质来源的债务更能有效发挥债务的相机治理作用。在中国上市公司中有一个有趣的现象就是股权融资偏好，基于大多数学者的研究，他们认为，导致上市公司偏好股权融资的直接动因就是股权融资的成本偏低，当然中国的有关政策也会影响公司的偏好。过度偏好债务融资或者过度偏好股权融资都会出现一些问题，如公司管理层的过度投资行为。所以，企业制定合理的融资组合是很有必要的。

企业如何进行融资决策，究竟是选择内源融资还是外源融资，是选择债务融资还是股权融资，需要企业结合自身的实际情况决定，不能一味追求某种融资偏好。企业在做融资决策时,要注意融资的方式与融资的用途,并充分考虑不同融资的正面效应与负面效应,尽量找到目标资本结构下的融资组合,从而更好地实现企业价值最大化的目标。

就有关股利政策的研究而言,现有文献较多关注的是公司股利支付倾向、支付水平的影响因素以及股利政策的经济后果等问题,不论是国外对股利支付的研究还是国内对股利支付的研究,都很少把分红资金的来源当作研究对象。可以看出,在传统的股利支付理论研究框架下,分红是作为一种"剩余资金"的存在,企业的当期盈余扣除掉未来投资所需的各种资金后才会考虑如何分红的问题。也就是说,当前研究均认为,现金股利支付所需的资金来源于企业内部,鲜有文献考察企业内部现金流不足以支付股利时企业的股利支付情况,此时企业会停止支付股利还是会考虑从外部为分红融资?仅有少数学者观察和思考了企业用于分红的资金是否存在来自外源融资的可能性这一问题,西方学者 Farre-Mensa 等(2018)发现,美国资本市场上存在上市公司利用外源融资进行分红的现象,并指出债务融资是这些企业外源融资的主要方式。

事实上,由于中国资本市场特殊的制度背景,针对中国上市公司股利支付行为的研究并不能完全照搬国外学者的研究成果。中国资本市场上市公司股利支付行为的背后有一系列政策推动的作用,因此,针对中国上市公司股利支付行为的研究绕不开中国证监会出台的半强制分红政策,需要在这一系列政策背景下展开研究。在半强制分红政策的相关规定施行以后,不论是分红公司的数量还是公司的股利支付率都有了大幅提升,但在现实中也出现了实施分红的上市公司内部现金流不足以支付现金股利的现象,同时根据观察,这些公司的负债率也在逐年上升。这种现象是个例还是普遍的,这些既分红又融资的公司是否在利用外部融资进行分红,以及这种行为背后的驱动因素等问题,都需要学术界给出答案。同时,也可以从侧面看出,随着当代学者们对股利政策理论研究的不断深入和拓展,传统股利支付理论的很多前提假设与结论都存在着被推翻的可能性，关于股利支付的理论研究也需要不断与时俱进，根据现实情况来调整并完善整个分析体系。

　　财务决策关联性强调的是，企业并不是在孤立地做出财务决策。现有文献就企业投资与融资之间的联系挖掘得最多，也最系统和最全面，而其他财务决策之间的联系或者尚未发现，或者研究得还不够深入。同时，现有研究大多以两个财务决策之间的联系作为研究对象，将三个财务决策之间的联系放在一起的研究很少。整个财务决策关联性的研究还没有形成系统的分析框架与体系，需要学者们长期的努力。而就股利政策而言，现有文献关注的多是股利政策与投资决策、股利政策与薪酬激励之间的联系，对于股利政策与融资决策之间的联系，现有文献关注得较少。多数研究对"融资"和"分红"两个财务问题独立考察较多（吴育辉等，2018），较少涉及"融资分红"行为本身，更未对"融资分红"行为形成成熟的系统性分析框架。事实上，公司的流动性、资本结构以及派息政策是互相关联、紧密联系的，如果公司从财务决策关联性的视角系统地为分红融资，那么，在理论上就可能要重新理解公司股利支付决策、资本结构调整决策等决策背后的驱动因素。

　　总的来说，在企业日常经营管理决策中，越来越注重各个财务决策目标的联合实现。但是，目前在股利政策领域的研究中财务决策关联性这一概念还未得到充分的体现，鲜有文献挖掘股利支付决策与资本结构调整决策、现金持有决策等决策之间的关联性，而财务决策关联性很可能便是中国上市公司"融资分红"行为的背后原因。

第三章　理论分析及假设提出

本章对"融资分红"行为进行了理论分析，并提出了相关的研究假设。首先，详细探讨了半强制分红政策对投资者信心的作用机制，从上市公司股利支付决策变动的前因、股利支付决策变动的影响效应和行为金融学视角下的股利支付决策变动三个方面逐层展开，提出中国证监会颁布的一系列半强制分红政策显著增强了投资者信心。其次，对半强制分红政策背景下的上市公司现金分红问题进行了研究，认为中国上市公司的"融资分红"行为具有普遍性，且增强投资者信心所支付的现金股利主要来自外源融资。最后，对上市公司"融资分红"行为的特征与内在动因进行了论证：一方面，基于传统股利支付理论的视角，"融资分红"行为看似是一场"昂贵的游戏"；另一方面，基于财务决策关联性的视角，企业实施"融资分红"行为却是"理性的选择"，可以在发放股利的同时调节资本结构和稳定现金储备。

第一节　半强制分红政策与投资者信心的关系

由于资本市场不够完善和发达，中国的上市公司往往会忽视投资者的权益，现金股利支付的意愿不够高（陈艳等，2015）。与此同时，近年来，英美及欧盟等发达经济体的现金股利支付率也呈现不断下滑的态势（Denis and Osobov，2008）。针对世界范围内的这种股利支付决策趋势，英美等国主要依靠市场的自发调节机制，使现金股利支付慢慢回归到正常水平，而中国则选择通过中国证监会颁布一系列政策法规来引导及监督上市公司进行分红。具体而言，2006 年中国证监会颁布的《上市公司证券发行管理办法》第八条第五项规定，上市公司公开发行证券的必要条件之一是最近三年以现金或股票方式累计分配的利润不少于最近三年实现的年均可分配利润的 20%。2008 年中国证监会发布的《关于修改上市公司现金分红若干规定的决定》进一步将分红比重提升到 30%。半强制分红政策的相关规定实施以来，对其有效性的争论已成为经济学者关注的热点，并由此产生了一系列基于中国特定政策情境分析的研究成果。经过梳理，有关半强制分红政策背景下的股利支付决策研究可以分为三类。

一、上市公司股利支付决策变动的前因

全怡等（2016）检验了宏观货币政策与微观融资约束对企业股利支付决策变动的影响，认为紧缩性的货币政策不利于现金股利的发放，而较高的融资约束程度会加剧这一约束效应。该研究还指出，在半强制分红政策的相关规定实施以来，企业在货币政策紧缩期内派发了更多的现金股利，较好地体现了政策的导向性作用。魏志华等（2017）的研究发现，在半强制分红政策的背景下，用于论证企业现金股利支付行为成因的信号传递理论和代理理论的解释力均有所削弱，这是具有再融资动机的上市公司分红行为受到明显干预的缘故。此外，梁相和马忠（2017）还证实了企业集团中子公司地域多元化程度的上升会显著提高企业的现金股利支付水平，从而为地域因素如何影响企业股利支付决策的研究提供了新的理论支撑及经验证据。

二、股利支付决策变动的影响效应

李常青等（2010）对半强制分红政策引起的市场反应进行了研究，表

明了在相关政策规定的实施期内，资本市场整体呈现倒"U"形走势，即众多投资者对于半强制分红政策表现出一种由预期变化到失望的反应过程，尤其是对于那些具有再融资需求或潜在再融资需求的成长型企业而言，半强制分红政策对其造成了一定的负面影响。王志强等（2012）将再融资资格看成是企业的期权，通过构建中国上市公司股利迎合策略的分析模型，对半强制分红政策背景下股利支付决策的经济后果进行了探讨，也认为半强制分红政策提高了高成长型公司的融资门槛，可能会造成监管悖论。

魏志华等（2014）基于现金股利支付水平是否达到政策规定的视角，认为半强制分红政策对于改善上市公司的现金股利支付状况是卓有成效的，因为半强制分红政策在其实施的各个阶段都显著提升了中国资本市场的现金分红水平，但其对于高成长型企业的"一刀切"模式、难以降低"铁公鸡"公司所占比重等负面影响效应致使该政策所具有的局限性不容忽视。陈艳等（2015）从半强制分红政策是否有助于保护投资者利益目标实现的角度指出，投资者需要密切关注上市公司现金股利支付能力和资本投资效率能否改善，而不要仅追求现金股利支付数量的增加。该研究在肯定半强制分红政策具有一定积极意义的同时，也认为股利支付决策属于企业的自治范畴，半强制分红政策甚至会带来资本市场的逆向选择问题。刘星等（2016）发现，半强制分红政策相关规定的实施虽然增强了企业的分红意愿，但是上市公司现金股利支付的整体水平却并未提升，甚至有所降低。该研究指出了依靠外部监管制度来实施半强制分红政策的根源在于中国上市公司的公司治理机制不够健全，而完善的公司治理机制有助于保障持续、稳定的现金股利支付决策，进而更好地保护投资者权益。

三、行为金融学视角下的股利支付决策变动

可以看出，如上研究对半强制分红政策背景下股利支付决策的实施效

果褒贬不一，但都较为认同半强制分红政策对具备再融资资格的高成长型企业会产生负面影响的观点，对"一刀切"模式的分红政策提出了质疑。然而，传统金融理论将投资者视为追求自身效用最大化的理性经济人，而投资者在实际投资活动中却只呈现出一定程度的有限理性，这导致了传统金融学无法解释很多发生在金融市场的异象。也就是说，理性经济人假说下企业的众多财务研究结论的可靠性遭到了质疑，急需开发出一些更符合投资者实际心理状态的新理论和新范式。伴随着心理学在经济学研究中的广泛运用，我们需要基于行为金融学的视角，注重对投资者心理问题的探讨（雷光勇等，2012）。尤其对于中国股票市场而言，在经历了 2005～2007 年的巨幅上涨后，短短一年内又大幅下跌 70%，股市的这种大幅度涨跌很难用传统金融学基于宏观经济基本面和企业基本面做出理性解释，而投资者心理因素在股市的非理性繁荣与恐慌式下跌进程中起到了推波助澜的作用（蒋玉梅和王明照，2010）。

当前对投资者心理的研究主要从投资者情绪展开，鲜有文献关注投资者信心。虽然两者都是衡量资本市场中投资者心理变化的重要依据，但投资者情绪包括乐观和悲观两种状态，投资者信心源于投资者乐观的情绪状态，主要表现为信心过度和信心不足（雷光勇等，2012）。从中国证监会颁布一系列半强制分红政策相关规定的出发点而言，半强制分红政策是中国证监会保障投资者权益的一种积极重要举措，对于广大投资者而言，最可能表现出信心过度或信心不足两种状态，而很难产生消极悲观的负面情绪。据此，本书选取投资者信心作为投资者心理研究的切入点，能更好地评估半强制分红政策相关规定实施的有效性。

在半强制分红政策的背景下，广大上市公司不得不提高现金股利支付水平，使股利支付决策必然带有一定的行为特征。Shefrin 和 Statman（1984）从前景理论和自我控制等投资者心理偏差的角度，解释了投资者为何会青睐现金股利。Baker 和 Wurgler（2004）提出的股利迎合理论指出，企业会迎合投资者需求来决定是否支付现金股利，当投资者青睐现金股利时，支付现金股利的上市公司会出现股票溢价，而其他上市公司为了迎合投资者偏好，也紧随其后支付股利。也就是说，上市公司的现金股利支付水平与投资者心理变化具有重要关联。

Braggion 和 Moore（2011）、Michaely 和 Roberts（2011）的研究均指出，美国公众公司宁可放弃有价值的投资机遇，也要集中资金维持相对平滑的股利发放，从而向投资者传递有利信号。国内学者黄祥钟（2012）以2008年底前中国沪深 A 股上市公司为样本，发现股票分红后长期收益率与新股上市后三年内的现金股利支付次数呈正相关，从而支持了现金股利支付对于股票长期表现具有信号效应的观点。但是，Brav 等（2005）的研究却无法印证股利支付决策对企业未来财务状况的预示作用，反而支持Jensen（1986）提出的代理理论作用机制，认为对于内部自由现金流充裕的企业而言，支付现金股利有助于约束公司管理者的过度投资等机会主义行为，从而保障中小投资者的利益。肖珉（2010）以中国沪深股票交易所上市公司为样本进行研究，研究结果不支持股利的信号模型。

综上，尽管不同学者对于股利支付决策具体作用机制的认识存在分歧，但都基本认可股利支付决策会对投资者心理因素产生重要影响的事实。为了在接下来的日子里不丧失再融资的资格，上市公司无论自愿与否，都必须达到2008年10月7日中国证监会颁布的《关于修改上市公司现金分红若干规定的决定》第三条中"最近三年以现金方式累计分配的利润不得少于最近三年实现的年均可分配利润的百分之三十"的要求，其增加现金股利支付的行为都会增强投资者信心。根据此逻辑，本书认为，在半强制分红政策的相关规定实施前，非"铁公鸡"公司一贯保持相对较高的现金股利支付率①，甚至早已超越半强制分红政策规定的最低要求，因而其行为对半强制分红政策的敏感度较低，半强制分红政策的相关规定实施后，非"铁公鸡"公司的实际股利支付率仍将超过达标水平；而"铁公鸡"公司的行为对半强制分红政策的敏感度较高，为实现达标水平不得已调整企业股利支付决策，不得不增加现金股利的支付，故而最多只可能将实际股利支付率维持在达标水平。

这些只将实际股利支付率维持在达标水平的"铁公鸡"公司，存在现金股利支付的机会主义行为，具有"突击"分红的可能性。本书进一步预期，相对于半强制分红政策的相关规定实施后更有可能使实际股利支付率超过达标水平的公司，将实际股利支付率维持在达标水平的公司的投资者信心受到半强制分红政策的相关规定实施的影响更大。这是因为多年来"铁公鸡"公司很少支付现金股利，半强制分红政策的相关规定的实施却迫使这些公司不得不增加现金股利支付，对投资者而言是极其振奋人心的利好消息，投资者信心会显著增强；反观那些非"铁公鸡"公司的投资者，之前就一直享受相对较高的现金股利支付，甚至早已超过了半强制分红政策所规定的达标水平，即便半强制分红政策的相关规定实施后其投资者信心也不会增强多少，其信心增加程度应该逊于前者。这意味着，可以通过比较半强制分红政策相关规定实施后实际股利支付率维持在达标水平的公司和超过达标水平的公司在半强制分红政策的相关规定实施前后的投资者信心的相对变化情况，来识别半强制分红政策对投资者信心的影响或半强制分红政策的相关规定实施的实际效果。综合上述分析，本书提出假

---

① 为了检验半强制分红政策对投资者信心的影响，本书将研究样本分为"铁公鸡"公司和"非铁公鸡"公司两类。"铁公鸡"公司不愿意给广大股东支付现金股利；而"非铁公鸡"公司从始至终都乐意为广大股东支付现金股利。据此可以推断，半强制分红政策的相关规定对"铁公鸡"公司的股利支付决策调整的影响更大，对于"铁公鸡"公司股票投资者的信心的影响也会更强。所以，通过"铁公鸡"公司和"非铁公鸡"公司的对比，特别是"铁公鸡"公司在实施半强制分红政策的相关规定前后股利支付决策的相对变动，能更准确地评价半强制分红政策对投资者信心的影响或半强制分红政策的相关规定实施的实际效果。

设 1。

假设 1：半强制分红政策显著增强了投资者信心。给定其他条件相同，相比于半强制分红政策的相关规定实施后实际股利支付率超过达标水平的公司（对照组公司），实际股利支付率维持在达标水平的公司（处理组公司）的投资者信心受到半强制分红政策的相关规定实施的影响更大，表现为在半强制分红政策的相关规定实施后处理组公司的投资者信心相对于对照组公司显著增强（如图 3-1 所示）。

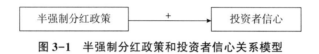

图 3-1　半强制分红政策和投资者信心关系模型

第二节　半强制分红政策背景下的上市公司现金分红

"融资分红"行为是指企业通过外源融资来支付现金股利的行为。传统公司财务观点认为，无论出于代理、信号传递或其他因素的考虑，企业支付的现金股利都来源于内部自由现金流。谢德仁（2013）对企业分红能力进行了系统的理论研究，认为企业在某时点具备分红能力的充要条件是企业留存收益为正并且还具有源于内部自由现金流的自由现金，即企业分红能力同时受制于自由现金和留存收益的双重边界。Grullon 等（2002）、DeAngelo（2006）等提出的股利支付生命周期理论认为，成熟且资金充裕的公司可以将过剩的内部自由现金流以现金股利的形式支付给投资者，但新兴且成长性强的公司由于内部自由现金流的缺乏不应当进行现金分红。

该理论实质上反映了企业需要根据不同生命阶段内部自由现金流的多少而择机分红的思想，也得到了杨汉明（2008）、宋福铁和屈文洲（2010）的实证支持。也就是说，满足了当前及未来投资需求后的剩余内部自由现金流才有可能被用作股利支付给股东（Ross et al.，2013）。与内源融资相比，无论是债务融资还是股权融资的外源融资方式，其成本均更加高昂（Myers，1984），依靠外源融资来支付现金股利的行为简直得不偿失（Miller and Rock，1985）。由于内部自由现金流数额是有限的，所以这些学者呼吁公司需要保持较低的现金股利支付水平，从而节约高昂的外源融资成本（Myers，1984；Miller and Rock，1985；Ross et al.，2013；谢德仁，2013；余琰和王春飞，2014）。

然而实践中，中外资本市场均已发生重大变化。尤其对于中国上市公司而言，长年不分红的"铁公鸡"公司有损于自身股东价值的持续创造（谢德仁，2013），不但引起投资者的强烈不满，而且遭到中国证监会的尖锐批评。自2006年以来，中国证监会出台了一系列半强制分红政策的相关规定，要求提升上市公司现金股利的最低支付水平。即使传统股利支付理论认为"保持低股利支付水平"的学术观点如何正确，而且无法完全适用于中国的政策情境。为了应对中国证监会的监管要求，广大上市公司不得不提高现金股利支付水平，"铁公鸡"公司纷纷通过支付现金股利来避免更大的惩罚。然而，上市公司净利润并不足以支撑如此庞大的现金股利支付。也就是说，仅依靠内源融资来分红的做法并不可行。因此，依靠外源融资进行现金股利支付的"融资分红"行为具备了产生的现实可能性。

Farre-Mensa等（2018）以美国资本市场1989~2012年共10591家上市公司为样本，证实了美国上市公司存在的"融资分红"行为。结果显示，42%的分红公司需要同时通过债务或股权进行融资，而有36%的公司如果缺乏债务或股权融资的支持便不会分红，同年份既分红又通过债务或股权融资的公司比重竟达32%。整体而言，该研究取得了"融资分红"领域的突破性成果，其认为"融资分红"行为可能与企业调整资本结构、监控管理者、市场择机和增加每股收益等动机有关，但却未详加证明。此外，该研究发现，美国资本市场中越来越多的上市公司主要借助市场自发的调节作用机制,依靠外源融资来支付现金股利,"融资分红"行为便应运而生。与之不同,中国资本市场相对不够成熟,市场自发的调节作用机制难以充分施展。但是,在中国证监会颁布的一系列半强制分红政策的相关规定约束下,中国上市公司更具有提高现金股利支付水平的紧迫性和必要性。当内源融资无法提供足够资金支持时,"融资分红"行为更容易出现,而增强投资者信心所支付的现金股利也自然来源于这部分外源融资。可以看出,中国证监会颁布一系列半强制分红政策的相关规定的独特背景反而为中国上市公司催生"融资分红"行为提供了更合适的土壤。虽然中国资本市场的"融资分红"行为与美国资本市场借助市场自发调节作用机制而实施的"融资分红"行为的触发机制和内在动因有所差别,但是殊途同归。

进而,我们从半强制分红政策所具有的"信号效应"和"代理效应"两种机制深入分析"融资分红"行为的作用效果。一方面,从"信号效应"看,上市公司的"融资分红"行为向投资者传递了公司现金流充裕、资金规模庞大的信号。企业积极开拓债务和股权的外源融资渠道为自身实施的"融资分红"行为提供了较强的资金支持,为公司更好地贯彻中国证监会颁布的一系列半强制分红政策的相关规定要求和更好地保护投资者利益起到重要的助推作用,树立了负责任的企业形象,使得广大投资者对公司能正常支付股利更加充满信心,对公司的前景更加看好,从而进一步增强了投资者信心。另一方面,从"代理效应"看,实施"融资分红"行为的公司在现金分红的同时举借了大量的债务或增发了新的股本。当引入多种债权人和股东的监督后,利益相关者异质性的增强会更好地遏制公司管理层可能存在的机会主义行为,降低管理层的代理成本(胡建雄和茅宁,2015)。事实上,企业内单一种类的利益相关者类型(如单一股东、单一债权人等)会显著增强"一家独大"利益相关者的话语权,易于形成"强势股东"或"强势债权人"等,使其对企业的各项财务决策的制定发挥重大影响。这些"一家独大"的利益相关者容易和企业管理层"合谋"而共同侵蚀投资者的利益，或者在显性或隐性契约满足既定利益情况下对管理层的机会主义行为放任不管，反而恶化了管理层的机会主义行为。虽然利益相关者异质性程度的增强未必能有效提升企业经营业绩，但不同利益相关者之间的利益诉求和行为目标不尽相同，很难对企业管理层的机会主义行为达成"共谋"或"集体沉默"，从而在一定程度上能对企业各项财务决策的制定发挥更好的监督效应。例如，管理层和股东之间的第一类代理问题、大股东和中小股东之间的第二类代理问题，以及股东和债权人之间的代理问题等，都是困扰中国上市公司的各项公司治理难题。不同利益相关者之间的矛盾和冲突日渐激化的结果就是其纷纷要求企业各项财务决策的制定过程变得更加透明，不断提高企业的信息披露程度和减少损害广大投资者机会主义行为的发生。所以，通过实施"融资分红"行为，企业引入更多债权人和股东的监督后，利益相关者异质性程度的增强更能保障广大投资者的利益，有助于增强投资者信心。综合上述分析，本书提出假设2。

假设2：半强制分红政策的背景下，中国上市公司的"融资分红"行为具有普遍性，且增强投资者信心所支付的现金股利主要来自外源融资（见图3-2）。

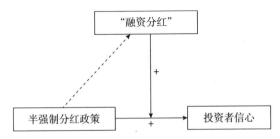

图3-2　半强制分红政策背景下"融资分红"行为的普遍性以及

其对投资者信心的影响模型

第三节　上市公司"融资分红"行为的特征与
内在动因

　　本章第二节内容分析了上市公司"融资分红"行为的存在性与普遍性，并从增强投资者信心的角度论证了"融资分红"行为的外部合理性。但是，对于企业而言，难道采取成本高昂的"融资分红"行为仅仅是为了满足监管部门的要求吗？"融资分红"行为对于企业来说有没有一些特殊的好处？在上文的分析中，我们已经打破了分红现金流来自企业内部的传统观点。但是为了系统地解释"融资分红"行为，本节分别从传统股利支付理论的视角与财务决策关联性的视角，来详细分析"融资分红"行为对于企业自身而言的意义。

一、基于传统股利支付理论的视角："昂贵的游戏"

　　关于股利支付问题的研究最早可以追溯到 Miller 和 Modigliani（1961）提出的"股利无关论"。他们认为，在完全无摩擦的资本市场环境下，企业股利支付决策不会影响企业价值。也就是说，企业分红与否、分红多少是无关紧要的，企业融资状况更是无法影响现金股利支付决策的。然而，"股利无关论"严苛的假设条件在现实资本市场中是很难满足的。众多学者从不同角度放松了这些假设，例如，Jensen 和 Meckling（1976）、肖珉（2010）主张通过分红来减少管理者的机会主义行为，而 Myers（1984）、陈信元等（2003）却认为，分红会使企业承担较高的外部融资风险。Grullon 等（2002）、DeAngelo 等（2006）提出的股利支付的生命周期模型体现了企业应该根据不同生命阶段而择机分红的思想。为了调和企业是否应当进行现金股利支付的争端，Ross（2013）提出，只有当企业创造了充足的内部自由现金流，能为当前及可预期的未来投资项目提供足够资金支持后，才可以进行现金股利支付。

从现有股利支付问题的研究可以看出，对企业分红与否、分红多少等问题的探讨并未取得一致性的结论（吕长江和王克敏，1999）。众多理论从不同角度对这些问题做了回答，但每种理论的解释力度都较为有限（董理和茅宁，2013）。不过这些具有分歧的理论都建立在一个共识的基础上，即现金股利应当来源于满足当前及未来投资活动后的剩余现金流，属于企业内部资金来源（Ross et al.，2013）。这是因为，与内部融资相比，企业的外部融资成本更高。首先，外部融资会带来直接的交易成本（Kaplan and Zingales，1997），包括承销差价（在发行债券或股票时）、贷款费用（在申请银行贷款和信贷额度时）和其他的直接发行费用（如注册费和律师费等）。其次，对许多企业而言，除了这些直接交易成本外，外部融资还隐含了信息不对称（Myers，1984）、税费和破产成本。Fazzari 等（1988）也指出，发行新债和新股的外部融资成本显著高于用内部自由现金流融资所产生的机会成本。因此，仅仅从股利支付决策的角度看，通过外部融资来支付现金股利的"融资分红"行为，不但成本高昂，而且毫无意义（Miller and Rock，1985），这也解释了为何该行为目前很少受到学者们的关注（Farre-Mensa et al.，2014）。

可以看出，传统股利支付理论暗含了企业现金分红来自内部现金流的假设，并且出于融资成本的大小比较，传统股利支付理论否认了"融资分红"行为的存在性和必要性。不可否认的是，外部融资的成本相比内部融资来说的确更高，从传统股利支付理论的视角，似乎难以为"融资分红"行为找到合理的解释。

二、基于财务决策关联性的视角:"理性的选择"

为了探寻"融资分红"行为对于企业自身发展而言的意义,本书从公司融资这一行为本身的特点以及融资决策和其他财务决策的广泛联系出发,引入了财务决策关联性视角,作为分析"融资分红"行为的突破口。

如前所述,企业三大财务决策(投资决策、融资决策和股利支付决策)之间存在着广泛而密切的联系。就股利支付决策而言,Jensen(1986)指出,现金股利和负债融资在约束管理者实施过度投资的机会主义动机中起着互相替代的作用,这是首次将公司股利支付决策与资本结构调整决策结合起来。随后,众多学者从代理问题、预算约束、再融资需求等角度研究了股利支付和资本结构的关系(Gatchev et al.,2010;Belo et al.,2015)。此外,Balachandran 等(2017)的研究认为,当企业提升资产负债率时,会引起流动性约束,并且可能会招致外部信贷歧视,最终导致现金分红金额的减少。在过往,一些学者也观察到美国上市公司会通过发行债务的方式融资支付股息或者进行股票回购(Vermaelen,1981;Denis et al.,1993;Wruck,1994)。Farre-Mensa 等(2014)运用美国资本市场近 20 年的数据研究发现,传统决定股利支付决策的代理成本、信号和税收等因素并不能很好地解释美国上市公司现金分红水平的变化,股利支付决策其实属于公司整体财务生态系统的重要一环。该文暗示了今后的研究需要进一步考察财务决策的关联性,即股利支付决策与其他财务决策之间的关系。

"融资分红"行为中的"分红"一词体现了股利支付决策的实施,而"融资"一词是指企业通过外部融资方式筹集资金的过程。无论是债务融资还是股权融资,都会引起企业资产负债率的变化,属于企业资本结构调整决策的范畴。因此,"融资分红"行为使得企业的各项财务决策之间呈现错综复杂的关联性特征。在"融资分红"行为中，通过债务或股权融资调整资产负债率，是企业主动调节资本结构的重要工具（Farre – Mensa et al.,2018）。尤其在中国当前深化金融改革的大环境中，企业积极通过外部融资调节资本结构，进而满足经营所需的现金流和缓解融资约束（吴育辉等，2018），也为外部融资支付现金股利的"融资分红"行为创造了可能性。众多国外学者指出了高负债可能具有的收益。其中，最经典的当属Ross（1977）提出的信号传递理论。该理论认为，负债率较高的事实向众多投资者传递了公司经营状况"利好"的信号，从而有助于提高公司股票价格，提升企业的市场价值。在 Ross（1977）研究的基础之上，Grossman 和 Hart（1982）也认为，举债融资会提升企业的市场价值：一方面，管理者个人所能获得的收益会随之增加；另一方面，负债率较高的公司可以降低其被接管和被收购的风险。Jensen（1986）从代理成本的角度提出了自由现金流假说，认为高资产负债率使得企业管理者面临还本付息的压力，要求管理者必须维持稳定而充足的现金流，以满足企业及时偿付债务的需要。所以，此举会约束管理者滥用企业现金流而从事有损企业价值的非效率投资行为，进而有效地降低股权代理成本。Bessler 等（2011）还从目标资本结构决定的权衡理论角度，指出债务利息可以税前扣除，具有抵税效应，从而能使公司获得较高的税盾收益。可以看出，该理论与有公司税的 MM 定理的内涵具有一致性。

从财务决策关联性的视角看，资本结构调整决策与现金持有决策、股利支付决策之间的关系密切。就"债务融资分红"行为来说，"融资分红"行为有助于企业在不改变现金储备的情况下提高资产负债率。为了阐释此机制，可进行如下例证：假设某公司已发行了市值为 20 元的债券和 80 元的股票，拥有 15 元现金储备，并创造了 10 元利润。该公司若将全部利润用于再投资的话，资产负债率会下降为 18.2%；若将全部利润用于现金分红且无债务融资的话，资产负债率仍然为 20%，但现金储备减少至 5 元；

若同时进行债务融资和现金股利支付的话，资产负债率和现金储备比率可以继续分别维持在 20% 和 15% 的水平。也就是说，同时进行债务融资和现金股利支付的"融资分红"行为可以使公司同时维持资产负债率和现金储备比率的稳定。就"股权融资分红"行为来说，也能够起到调整资本结构、稳定现金储备的类似作用。不过，股权融资的门槛较高，程序较为烦琐。并且，结合中国半强制分红政策实施的具体情境，企业通过严苛的条件和手续才获批了增发新股的资格，再将增发新股获取的资金用于分红行为的概率比较低。因此，相对而言，通过"债务融资分红"行为要比通过"股权融资分红"行为更加便捷。

各上市公司、各具有主承销商资格的证券公司：

为完善对上市公司增发新股行为的约束机制，现对上市公司增发新股的有关条件作出补充规定。上市公司申请增发新股，除应当符合《上市公司新股发行管理办法》的规定外，还应当符合以下条件：

一、最近三个会计年度加权平均净资产收益率平均不低于 10%，且最近一个会计年度加权平均净资产收益率不低于 10%。扣除非经常性损益后的净利润与扣除前的净利润相比，以低者作为加权平均净资产收益率的计算依据。

二、增发新股募集资金量不超过公司上年度末经审计的净资产值。

三、发行前最近一年及一期财务报表中的资产负债率不低于同行业上市公司的平均水平。

四、前次募集资金投资项目的完工进度不低于 70%。

五、增发新股的股份数量超过公司股份总数 20% 的，其增发提案还须获得出席股东大会的流通股（社会公众股）股东所持表决权的半数以上通过。股份总数以董事会增发提案的决议公告日的股份总数为计算依据。

六、上市公司及其附属公司最近 12 个月内不存在资金、资产被实际控制上市公司的个人、法人或其他组织（以下简称"实际控制人"）及关联人占用的情况。

七、上市公司及其董事在最近 12 个月内未受到中国证监会公开批评或者证券交易所公开谴责。

八、最近一年及一期财务报表不存在会计政策不稳健（如资产减值准备计提比例过低等）、或有负债数额过大、潜在不良资产比例过高等情形。

九、上市公司及其附属公司违规为其实际控制人及关联人提供担保的，整改已满 12 个月。

十、符合《关于上市公司重大购买、出售、置换资产若干问题的通知》（证监公司字〔2001〕105 号）规定的重大资产重组的上市公司，重组完成后首次申请增发新股的，其最近三个会计年度加权平均净资产收益率不低于 6%，且最近一个会计年度加权平均净资产收益率不低于 6%，加权平均净资产收益率按照本通知第一条的有关规定计算；其增发新股募集资金量可不受本通知第二条的限制。

本通知自发布之日起施行。2001 年 3 月 15 日发布的《关于做好上市公司新股发行工作的通知》（证监发〔2001〕43 号）第二条同时废止。

——摘自《中国证监会关于上市公司增发新股有关条件的通知》

（证监发〔2002〕55 号）

稳定的现金储备对企业而言至关重要，而资金的来源与运用过程涉及企业的现金持有决策，是公司治理的重要问题（Jensen，1986），需要管理者进行战略性的统筹（Harford et al.，2008）。因此，外部融资增加的现金储备需要被管理者妥善运用。通过对现有文献的梳理可知，对于公司持有的现金，管理者有三种方案可以选择：第一，将现金用于支持企业的外部投资活动；第二，不采取其他任何行动而继续持有现金；第三，将现金用于股利分配。第一种方案可能为管理者滥用企业现金从事机会主义行为提供便利（Jensen and Meckling，1976）；第二种方案可以看作企业管理者为把握未来投资机遇或抵御未来投资风险，根据 Gamba 和 Triantis（2008）、董理和茅宁（2013）等的研究，在高度不确定的市场环境中，获取并维持一定的财务柔性对于企业的生存及可持续发展而言具有重要意义，财务柔性甚至被 CFO 们视为决定企业财务决策的首要因素；第三种方案便是"融资分红"行为中"分红"一词的内涵，属于企业股利支付决策的范畴。也就是说，企业还可以将外部融资所增加的现金储备用于分红。例如，如果企业通过债务融资的形式提高了自身的资产负债率，增加了现金持有，但同时也面临着代理成本上升的问题，将通过债务筹集到的资金运用于现金股利支付，便可以防止管理者滥用资金。

如果企业只是单纯通过外部融资调节杠杆水平，便无法调节现金持有水平；如果企业只是单纯通过发放股利调节现金持有水平，就无法改变自身的资本结构。也就是说，企业单独实施外部融资或者单独进行分红的效果都不够好，而通过实施"融资分红"行为的方式才能将各项财务决策的目标联系在一起。

从上述基于财务决策关联性视角的理论分析可以看出，同时调节资本结构和稳定现金储备可能是企业从事"融资分红"行为的内在驱动力。综合以上分析，本书提出假设 3。

假设 3：中国上市公司通过"融资分红"行为可以实现在发放股利的同时调节资本结构和稳定现金储备。考虑到融资难易程度与使用效果，当利用外部资金为分红筹资时，较多采用的是债务筹资的方式，而较少采用权益筹资的方式。

第四章 研究设计

本章详细报告了研究设计过程。首先，对股利支付缺口、投资者信心和其他指标进行界定。其次，对检验模型设定和样本数据进行了介绍。为了检验半强制分红政策对投资者信心的影响，本书利用半强制分红政策作为研究投资者信心变化的"自然实验"，选取 2008 年前后对称的平衡面板数据，以 1998~2018 年为事件时间窗口，构建面板双重差分估计模型。验证不同假设对应的样本数据 1 和样本数据 2 的选取方式具有一定差异。最后，对股利支付缺口和其他变量进行了描述性统计检验，发现各变量的描述性统计结果均处于合理区间，符合第三章的理论推演逻辑，可以继续进行后续的回归分析。

第一节 指标构建

一、股利支付缺口

首先，我们需要对"融资分红"行为这一概念进行准确界定。"融资分红"行为中的"分红"一词是指现金股利支付。同时，"融资"一词指的是企业的外部融资行为，包括了债务融资和股权融资两种类型，具体构成如表4-1所示。企业在某年度可能发行新债务，但也有可能偿还旧债务；可能发行新股，也有可能回购已发行的股票。其结果，债务增加和股

权增加的资金可能仅用于偿还旧债和回购股本,并非用于分红。因此,以
债务增加量和股权增加量来衡量用于分红的债务融资和股权融资有失偏
颇。为此,我们定义债务增加与债务减少之间的差额为债务净增加额,用
于度量债务融资;定义股权增加与股权减少之间的差额为股权净增加额,
用于度量股权融资。显然,债务净增加额和股权净增加额才有可能真正被
企业用于股利支付。

表 4-1　外部融资来源的具体构成

外部融资来源	具体类别	定义	项目
债务净增加＝ |债务增加|－ |债务减少|	债务增加	企业新增债务收到的现金	银行借款、发行债券、资本性租赁等
	债务减少	企业偿还债务支出的现金	偿还短期银行借款、赎回债券、支付资本性租赁等
股权净增加＝ |股权增加|－ |股权减少|	股权增加	企业股权增加收到的现金	发行普通股、发行优先股
	股权减少	企业股权减少支出的现金	回购普通股、回购优先股

Chang 等(2014)的研究指出,企业在进行内部现金流配置时,现金
流入数量必然与不同用途的现金流出总额相等。受此思想的启发,并参照
Farre-Mensa 等(2014)的研究,我们构建"股利支付缺口"(Dividend
Payout Gap,DPG)这一指标,用以探析"融资分红"行为,具体构建方
法如式(4-1)、式(4-2)、式(4-3)所示。

$$DPG_{it} = Dividend\ Payout(DP_{it}) - \{Free\ Cash\ Flowin(FCFI_{it}) - Increase\ of\ Cash(IC_{it})\}$$

$$(4-1)$$

$$Increase\ of\ Cash(IC_{it}) = \max\{Change\ of\ Cash(CC_{it}),\ 0\} \quad (4-2)$$

$$Free\ Cash\ Flowin(FCFI_{it}) = \max\{Free\ Cash\ Flow(FCF_{it}),\ 0\} \quad (4-3)$$

式(4-1)中,Dividend Payout(DP$_{it}$)代表现金股利支付程度,用
实际现金股利支付金额来表示,是企业现金的一种运用;Increase of
Cash(IC$_{it}$)表示现金持有的净增加量,是企业现金的另一种运用;

Free Cash Flow in（$FCFI_{it}$）指的是自由现金净流入，即企业内部现金来源。

显然，从现金来源和运用之间的关联来看，如果 DPG<0，表明内部现金来源大于现金运用；如果 DPG＝0，表明内部现金来源和运用是平衡的；如果 DPG>0，表明内部现金来源小于现金运用，此时，DPG 的大小正反映了内部现金来源不足以弥补现金运用的程度。因此，股利支付缺口实质上反映了企业内部自由现金流无法满足现金股利支付的程度，即需要通过外部融资（包括债务融资和股权融资两种形式）填补的金额，其大小反映了企业分红对外部融资的依赖程度。

式（4-2）中，企业现金变化量 Change of Cash（CC_{it}）可以看作是企业为了获取财务柔性以抓住未来投资机遇或应对未来投资不确定性风险而新增的现金储备[①]。但是，此值也有可能为负，则无法衡量企业现金的运用。因此，我们定义现金持有的净增加量 Increase of Cash（IC_{it}）。显然，现金持有的净增加量始终是一个非负数，这样才能准确度量出企业出于储备财务柔性的目的而运用的现金数量究竟有多少。

式（4-3）中，Free Cash Flow（FCF_{it}）代表了企业 i 在 t 年度的内部自由现金流量，即扣除了为满足生产经营和增长所必需的支出后，企业可以自由支配的现金。鉴于自由现金流为企业内部现金的重要来源，我们引入了自由现金净流入（Free Cash Flow in，$FCFI_{it}$）这一概念，它表示了企业内部现金来源究竟有多少，所以也是一个非负数。

可以看出，Free Cash Flow in（$FCFI_{it}$）-Increase of Cash（IC_{it}）为企业内部自由现金流满足了生产经营和增长所必需的支出，以及必要的财务柔性储备用途之后的剩余部分，即企业内部自由现金流可以用于股利支付的部分。传统股利支付理论认为，企业支付的现金股利必然来源于内部自

---

① 根据 Gamba 和 Triantis（2008）、董理和茅宁（2013）等学者的研究，超额现金持有是企业获取财务柔性的重要手段。而此处企业现金变化量 Change of Cash（CC_{it}）这一概念正体现了上述思想。

由现金流，则暗示了 DPG 不可能大于 0。但是，根据上文的分析，中国上市公司中"融资分红"行为是普遍存在的，所以，DPG 为正数，而内部现金来源不足以弥补现金运用的缺口可以由外部融资进行填补。如表 4-1 所示，债务净增加和股权净增加是指外部融资来源中排除了其他所有用途后的剩余部分，能够真正用于企业分红，即填补 DPG。

二、投资者信心

如第三章所述，虽然投资者情绪和投资者信心都是衡量资本市场中投资者心理变化的重要依据，但投资者情绪包括乐观和悲观两种状态，而投资者信心源于投资者乐观的情绪状态，主要表现为信心过度和信心不足（雷光勇等，2012）。从中国证监会颁布一系列半强制分红政策的相关规定的出发点而言，半强制分红政策是中国证监会保障投资者权益的一种积极重要举措。在此政策的指引下，上市公司每年派发数以亿计的现金股利，不可能不对广大投资者的信心产生影响。尤其对于中国等新兴资本市场的投资者而言，现金股利支付水平较高的上市公司则更受投资者青睐。也就是说，无论出于何种动机，上市公司执行中国证监会监管文件而制定的现金股利支付决策都会使投资者做出反应。就政策效应而言，广大投资者不是深切感受到中国证监会对自身权益的维护，就是漠不关心、不以为意，从而最可能表现出信心过度或信心不足两种状态，而很难产生消极悲观的负面情绪。

因此，鉴于投资者情绪与投资者信心的联系和区别，本书在投资者情绪的测量基础上，融入企业特征因素和市场环境因素，并采用主成分分析法来构建投资者信心指标。参考雷光勇等（2012）的做法，选取主营业务收入增长率（Revenue）、机构投资者持股比例（Holding）和市净率（Price-to-Book Ratio，PBR）作为测度投资者信心（Confidence）

的代理变量。可以看出，此处构建的投资者信心指标代表了投资者整体上对于某种股票的内在价值以及对其所代表的上市公司发展前景的肯定程度，如果投资者信心越强，那么，投资者买入和持有该股票的动机也越强烈。

本书按累计方差贡献率至少达到 80% 为标准进行主成分分析。经检验，选取第一和第二主成分的加权平均值来构建投资者信心这一指标，并以主成分的方差贡献率为权重，对该指标在各主成分线性组合中系数的加权平均值进行归一化，最终结果为：

$$Confidence = 1.0943 \times Holding + 0.9303 \times Revenue + 0.8739 \times PBR \quad (4-4)$$

从式（4-4）可以看出，主成分系数都为正，说明主营业务收入增长率、机构投资者持股比例和市净率的上升，均有助于投资者信心的增强，该结论与预期相符。利用标准化数据对投资者信心进行计算，可得投资者信心的观测值。

三、其他指标

此外，本书选取现有文献中已识别的影响投资者信心的其他因素作为控制变量。参考雷光勇等（2012）学者的做法，具体包括企业规模（Size，总资产的自然对数）、资产收益率（ROA，营业利润与总资产的比值）、资产负债率（Leverage，总负债与总资产的比值）、现金持有率（Cash，现金持有量与总资产的比值）和最终控制人性质（Nature，国有企业取 1，否则为 0），作为检验模型的控制变量。且在所有回归模型中，均引入年度和行业哑变量来控制年度与行业的固定效应。

第二节　检验模型设定和样本数据

一、检验模型设定

为了检验半强制分红政策对投资者信心的影响，按照 2008 年 10 月 7 日中国证监会颁布的《关于修改上市公司现金分红若干规定的决定》第三条中"最近三年以现金方式累计分配的利润不得少于最近三年实现的年均可分配利润的百分之三十"的要求，本书借鉴梁权熙和曾海舰（2016）的研究思想，将调整完成后最近三年以现金方式累计分配的利润等于最近三年实现的年均可分配利润 30% 的公司看作"处理组"（Treatment Group），将高于 30% 的公司看作"对照组"（Control Group）。需要指出的是，本书采用 2008 年中国证监会颁布的半强制分红政策而不采用 2006 年中国证监会颁布的半强制分红政策作为冲击事件的原因在于：与 2008 年的修改文件相比，2006 年《上市公司证券发行管理办法》的规定允许公司以股票股利的方式进行分红，且阈值仅设为 20%，所以未能很好地改观"铁公鸡"公司较低的现金股利支付状况。

上市公司的财务状况良好，符合下列规定：

（一）会计基础工作规范，严格遵循国家统一会计制度的规定；

（二）近三年及一期财务报表未被注册会计师出具保留意见、否定意见或无法表示意见的审计报告；被注册会计师出具带强调事项段的无保留意见审计报告的，所涉及的事项对发行人无重大不利影响或者在发行前重大不利影响已经消除；

（三）资产质量良好。不良资产不足以对公司财务状况造成重大不利影响；

（四）经营成果真实，现金流量正常。营业收入和成本费用的确认严格遵循国家有关企业会计准则的规定，近三年资产减值准备计提充分合理，不存在操纵经营业绩的情形；

（五）近三年以现金或股票方式累计分配的利润不少于近三年实现的年均可分配利润的百分之二十。

——摘自中国证券监督管理委员会 2006 年颁布的

《上市公司证券发行管理办法》第八条规定

上市公司现金分红是实现投资者投资回报的重要形式，对于培育资本市场长期投资理念，增强资本市场的吸引力和活力，具有十分重要的作用。为了引导和规范上市公司现金分红，现就有关事项决定如下：

一、在《上市公司章程指引（2006 年修订）》第一百五十五条增加一款，作为第二款："注释：公司应当在章程中明确现金分红政策，利润分配政策应保持连续性和稳定性。"

二、在《关于加强社会公众股股东权益保护的若干规定》第四条第（一）项增加规定："上市公司可以进行中期现金分红。"

三、将《上市公司证券发行管理办法》第八条第（五）项"最近三年以现金或股票方式累计分配的利润不少于最近三年实现的年均可分配利润的百分之二十"修改为："最近三年以现金方式累计分配的利润不少于最近三年实现的年均可分配利润的百分之三十"。

四、将《公开发行证券的公司信息披露内容与格式准则第 2 号——年度报告的内容与格式（2005 年修订）》第三十七条修改为："上市公司应披露本次利润分配预案或资本公积金转增股本预案。对于本报告期内盈利但未提出现金利润分配预案的公司，应详细说明未分红的原因、未用于分红的资金留存公司的用途。公司还应披露现金分红政策在本报告期的执行情况。同时应当以列表方式明确披露公司前三年现金分红的数额、与净利润的比率。"

五、将公开发行证券的公司信息披露内容与格式准则第 3 号——半年度报告的内容与格式（2007 年修订）》第三十七条第一款修改为："公司应当披露以前期间拟定、在报告期实施的利润分配方案、公积金转增股本方案或发行新股方案的执行情况。同时，披露现金分红政策的执行情况，并说明董事会是否制定现金分红预案。"

六、在《公开发行证券的公司信息披露编报规则第 13 号——季度报告的内容与格式特别规定（2007 年修订）》第十三条后增加一条，作为第十四条："公司应当说明本报告期内现金分红政策的执行情况。"

七、中国证监会派出机构、上海证券交易所、深圳证券交易所和中国证券登记结算有限责任公司应当督促上市公司按照本决定修改公司章程、履行信息披露义务，做好监管和服务工作。

八、本决定自 2008 年 10 月 9 日起施行。《关于规范上市公司行为若干问题的通知》（证监上字（1996）7 号）同时废止。

——摘自《关于修改上市公司现金分红若干规定的决定》

（证监发〔2008〕57 号）

本书选取 2008 年前后对称的平衡面板数据，以 1998~2018 年为事件时间窗口，构建如下面板双重差分（Difference-In-Difference）估计模型：

$$Confidence = \gamma_0 + \gamma_1 Treat + \gamma_2 Policy + \gamma_3 Treat \times Policy +$$

$$\sum_k \varphi_k CONTROL^{(k)} + Year + Industry + \mu$$

（4-5）

如式（4-5）所示，采用普通最小二乘法（Ordinary Least Square，OLS）对投资者信心（Confidence）进行估计。Treat 为组别哑变量，若样本属于处理组，Treat 取值为 1，否则为 0；Treat 的系数 γ_1 用于捕捉政策年度之前处理组与对照组的投资者信心差异。Policy 为政策哑变量，在

1998~2007 年取值为 0，在 2009~2018 年取值为 1；Policy 的系数 γ_2 捕捉的是对照组公司在政策实施前后的投资者信心差异。CONTROL$^{(k)}$ 为第 k 个控制变量，γ_0 为截距项，μ 为随机扰动项。本书关注的重点在于交互项 Treat×Policy（也称双重差分项）的系数 γ_3，该系数可以表示为：

$$\gamma_3 = \{ E \left[Confidence \mid Treat = 1,\ Policy = 1,\ C \right] -$$
$$E \left[Confidence \mid Treat = 0,\ Policy = 1,\ C \right] \} - \tag{4-6}$$
$$\{ E \left[Confidence \mid Treat = 1,\ Policy = 0,\ C \right] -$$
$$E \left[Confidence \mid Treat = 0,\ Policy = 0,\ C \right] \}$$

如式（4-6）所示，C 为控制变量集，γ_3 实际上代表了通过对比处理组和对照组公司在半强制分红政策的相关规定实施前后的相对距离，来将无法观测的干扰因素排除后进而分离出半强制分红政策外生冲击的净效应。若研究假设 1 成立，则意味着 $\gamma_3 > 0$。

二、样本数据

（一）样本 1 的选取

由于双重差分模型要求研究样本的时间区间围绕事件年度而相互对称，冲击事件为中国证监会在 2008 年要求提升公司现金股利支付水平的半强制分红政策，所以，本书以中国 1998~2018 年沪、深 A 股非金融类上市公司为研究对象，作为样本 1，原始数据均来自 WIND 数据库和 CSMAR 数据库。

根据学术惯例和研究特点，本书对样本 1 执行如下筛选程序：剔除 1998 年后上市的公司；剔除样本期内观测值缺失的公司；剔除 ST、＊ST 和 PT 类公司；剔除采用股票股利分配利润而不进行现金分红的公司；剔除在 2008 年后现金分红比例仍不达标的公司。最终，得到包含 695 家公司在 1998~2007 年、2009~2018 年共 20 年的 13900 个公司年度观测值的平衡面板数据。

此外，为了消除异常值对估计结果的干扰，本书对两组样本中除了投资者信心之外的其他连续变量进行了1%的缩尾处理。

（二）样本2的选取

为了证实中国上市公司"融资分红"行为是否具有普遍性，我们进一步选取了2000~2016年连续17年沪深A股上市公司的数据作为初始研究样本，并通过收集企业年报补充选取部分指标①。按照学术研究的惯例，剔除ST类、*ST类、PT类的企业样本，并删除了财务数据缺失严重或存在异常值的样本。由于各年度上市公司的数目均有所不同，为了准确探究各年度上市公司"融资分红"行为的状况，我们分别对各年度新上市及退市的企业样本做了特别标注，最终得到研究样本2。数据主要来源于WIND数据库和CSMAR数据库，分析工具以Stata 14.0为主。

第三节　描述性统计

一、股利支付缺口的描述性统计

表4-2对样本2的股利支付缺口DPG进行了描述性统计分析。从数量上看，2000~2006年具有股利支付缺口的公司数量和股利支付缺口总额均大体较为稳定，增长缓慢。但自2007年开始，各年份具有股利支付缺口的上市公司数量迅速增多，2010年及之后每年具有股利支付缺口的上市公司

---

① 之所以不能直接套用样本1进行后续回归分析，是因为本书假设1、假设2和假设3的研究设计具有显著差别，双重差分模型对样本数据特征具有独特要求。

数量稳步保持在 1200 家以上，占样本公司的比重均超过了 60%。从金额上看，2006 年之前，股利支付缺口总额始终位于 1600 亿元以下；2006 年股利支付缺口总额大幅跃升至 6905.41 亿元，比 2005 年增长了 5.55 倍；尤为显著的是，2008 年股利支付缺口总额更进一步跃升至 17029.66 亿元，是 2006 年数值的 2.47 倍；之后各年股利支付缺口总额虽然大小不同，但都处于较高的水平，2015 年更是攀升到 26117.07 亿元。这充分说明，近年来，在越来越多的上市公司中，内部自由现金流难以为企业现金股利支付提供足够的资金支持，而股利支付缺口迅猛增加的时间与该年份中国证监会颁布的半强制分红政策的相关规定可能具有重要关联。因此，用股利支付缺口 DPG 这一指标来反映企业现金股利支付对外部融资的依赖程度是比较合理的。

表 4-2 各年份 DPG (>0) 状况

年份	DPG 公司数量（个）	DPG 总额（亿元）	年份	DPG 公司数量（个）	DPG 总额（亿元）
2000	536	1196.03	2009	952	9909.09
2001	523	1031.09	2010	1296	13502.28
2002	459	1300.74	2011	1604	25813.03
2003	631	1348.63	2012	1561	20717.13
2004	630	1583.15	2013	1626	7129.47
2005	510	1054.05	2014	1543	13442.70
2006	640	6905.41	2015	1752	26117.07
2007	841	8480.30	2016	1924	21331.13
2008	777	17029.66			

图 4-1 报告了样本 1 中股利支付缺口（DPG，DPG>0）和融资且分红公司比重（Ratio）[①] 的描述性统计结果。可以看出，尽管样本选择标准有

---

① Ratio 为当年既进行现金分红又通过债务或股权净融资的公司占当年所有上市公司的比重，即为"融资分红"公司的比例。

所不同，但 DPG 的描述性统计结果与样本 2 对应的 DPG 描述性统计结果（见表 4-2）保持了高度一致，特别是 2008 年开始的 DPG 大幅跃升现象尤为突出，从而更加充分地证实了选用 DPG 指标的科学性和稳健性。此外，Ratio 在 1998~2007 年始终位于极低水平，但 2008 年也迅速飙升到 24.029%，之后始终处于稳中有升的高水平。从整体看，DPG 和 Ratio 的长期变动趋势大体吻合，充分说明了自 2008 年以来，越来越多的中国上市公司摆脱了内源融资的束缚，积极采用外源融资（净债务或净股权融资）来为公司分红行为提供外部资金支持。由此可见，本书探讨中国证监会在 2008 年要求提升公司现金股利支付水平的半强制分红政策的外生冲击时，用股利支付缺口 DPG 这一指标来反映企业现金股利支付对外部融资的依赖程度是非常合理的。

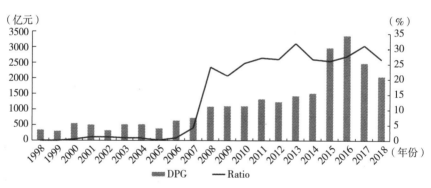

图 4-1　DPG 和 Ratio 统计图

注：DPG 参见左纵轴，Ratio 参见右纵轴。

二、其他变量的描述性统计

表 4-3 报告了样本 1 中其他变量的描述性统计结果。从 20 年间投资者信心的取值看，投资者信心（Confidence）的平均值和中位数分别为 0.471 和 0.443，最小值和最大值分别为 -4.919 和 4.838，说明整体而言，中国资本市场的投资者信心水平不高。这与上文分析的中国股票市场回报率偏

低、股指大幅度震荡、现金股利支付行为较不普遍、"铁公鸡"上市公司引发广大投资者不满和中国证监会重点关注等事实具有重要关联。Treat 的平均值为 0.546，即有 54.6% 的观测值将最近三年以现金方式累计分配的利润维持在最近三年实现的年均可分配利润 30% 的达标水平，被归入处理组；有 45.4% 的观测值超过 30% 的达标水平，被归入对照组。前者的比例更高，说明中国资本市场中存在半数以上的"铁公鸡"公司，且"铁公鸡"公司现金分红的意愿并不强烈，或许只是受制于中国证监会颁布的一系列半强制分红政策的相关规定的约束，才不得已将实际股利支付率勉强维持在政策要求的最低达标水平。Policy 的平均值和中位数均为 0.500，说明半强制分红政策的相关规定实施前后的样本观测数目相同，这与双重差分模型所需的数据要求完全一致。企业资产规模（Size）的平均值和中位数分别为 9.410 和 9.367，最小值和最大值分别为 5.348 和 12.184，说明中国上市公司中不同企业资产规模的差异性较为显著。例如，根据 2018 年福布斯全球企业 2000 强榜单，中国工商银行和中国建设银行连续六年占据榜单前两名，成为全球规模最大的上市公司，远超绝大多数中国上市公司的资产规模水平。资产收益率（ROA）的平均值和中位数分别为 0.026 和 0.032，最小值和最大值分别为 -0.989 和 0.823，即上市公司整体资产收益率偏低，且不同企业资产收益率差异情况也比较明显。资产负债率（Leverage）的平均值和中位数分别为 0.492 和 0.503，这表明上市公司整体资产负债率水平依然偏高，"去杠杆"的供给侧结构性改革仍势在必行。与之相对应的是，现金持有率（Cash）的平均值和中位数分别为 0.152 和 0.128，说明上市公司整体现金持有率偏低，财务柔性储备不充足，从而加剧了企业的财务风险。最终控制人性质（Nature）的平均值为 0.600，说明样本公司中有 60% 的企业属于国有企业。从整体看，这些变量的描述性统计结果比较合理，与雷光勇等（2012）的研究结论保持了一致性。因此，本书各变量的描述性统计结果均处于合理区间，符合第三章的理论推演逻辑，可以继续进行后续的回归分析。

表 4-3 其他变量的描述性统计

变量	平均值	标准差	最小值	中位数	最大值
Confidence	0.471	0.299	-4.919	0.443	4.838
Treat	0.546	0.498	0	1.000	1.000
Policy	0.500	0.500	0	0.500	1.000
Size	9.410	0.615	5.348	9.367	12.184
ROA	0.026	0.093	-0.989	0.032	0.823
Leverage	0.492	0.206	0.002	0.503	0.999
Cash	0.152	0.111	0.010	0.128	0.984
Nature	0.600	0.490	0	1.000	1.000

第五章　实证分析

　　本章进行了实证分析。在第四章研究设计的基础上，本章对所选的样本数据进行实证检验和分析，试图论证本书所提假设的正确性。首先，利用单因素分析、双重差分估计和调节效应检验，验证了半强制分红政策对投资者信心的增强作用。其次，对"融资分红"行为的普遍性进行检验，考察了各年现金股利支付状况、债务净增加和股权净增加状况、"融资公司"和"分红公司"的占比状况。再次，对股利支付缺口展开回归分析，就债务净增加和股权净增加对现金分红的贡献及其影响因素进行探讨。由于本书所需的几个关键变量都没有现成的相关指标可用，为了探析"融资分红"行为，我们要明确这些变量的测度问题，包括作为被解释变量的股利支付缺口、债务净增加贡献的分红和股权净增加贡献的分红等。为了探析公司"融资分红"行为的前因后果，分别从公司内部和外部角度，介绍了超额资产负债率等指标的构建方法。最后，进行多重稳健性检验，证实了研究结论的可靠性。

第一节　半强制分红政策与投资者信心：
单因素分析和双重差分估计

一、单因素分析

　　在样本 1 的基础上，对假设 1 是否成立展开论证。表 5-1 比较了处理组公司和对照组公司在半强制分红政策的相关规定实施前后的平均投资者信心差异及变化情况。结果显示,在半强制分红政策的相关规定实施前(1998~2007年),处理组公司的投资者信心值0.317明显低于对照组公司的投资者信心值0.335,两者差异的t检验统计量-0.018在1%的水平上高度显著。在半强制分红政策的相关规定实施后(2009~2018年),处理组和对照组公司的投资者信心(0.635和0.604)相比于半强制分红政策的相关规定实施前(0.317和0.335)都有明显增强,t检验统计量0.318和0.269在1%的水平上均高度显著。此外,净效应0.049为正,说明处理组公司在半强制分红政策的相关规定实施后新增的平均投资者信心水平竟然还高于对照组样本。可以初步判断,与对照组公司相比,半强制分红政策的相关规定的实施对处理组公司的投资者信心影响程度更大。

表5-1 半强制分红政策与投资者信心:t检验

Confidence	处理组(1)	对照组(2)	Difference (1)-(2)	t-Test (1)-(2)
1998~2007年(a)	0.317	0.335	-0.018	-3.377***
2009~2018年(b)	0.635	0.604	0.031	4.478***
Difference(b)-(a)	0.318	0.269	0.049	
t-Test(b)-(a)	47.918***	46.950***		

注:***、**、*分别代表显著性水平1%、5%和10%(双尾)。

为了防止多重共线性对研究结论的干扰,本书计算了各变量的方差膨胀系数(Variance Inflation Factor,VIF)值,发现各变量的VIF取值都在4以内,说明变量间多重共线性问题并不严重。进而,在描述性统计和单因素分析的基础上,需要进一步控制公司层面的其他因素,利用双重差分模型对假设1进行更严格的检验。

二、双重差分估计

表5-2报告了双重差分模型式（4-5）的回归结果，其中，模型（1）和模型（2）为随机效应模型（Random Effect Model）结果，模型（3）和模型（4）为混合最小二乘模型（Pooled OLS）结果。根据Hausman模型检验结果，不采用固定效应模型。

模型（1）和模型（3）只控制了年度和行业效应，结果和表5-1的分析结论基本一致：Treat的系数（-0.007和-0.011）为负，说明在半强制分红政策的相关规定实施前，处理组公司的平均投资者信心低于对照组公司；Policy的系数（0.242和0.419）在1%的水平上均显著为正，说明对照组公司的平均投资者信心在半强制分红政策的相关规定实施后显著增强；交互项Treat×Policy的系数（0.038和0.046）都在1%的水平上显著为正，表明在半强制分红政策的相关规定实施后处理组公司的投资者信心有了明显增强，且上升幅度显著大于对照组公司。为了测试式（4-5）对控制变量的敏感性，在模型（2）和模型（4）中，进一步控制了公司层面其他因素的影响，结果显示，上述变量的系数值、系数方向和显著性水平并未发生实质改变，且R^2（within）或R^2相对于模型（1）和模型（3）均有所上升。就控制变量而言，投资者信心与资产收益率、资产负债率、现金持有率和最终控制人性质均具有正相关关系，与企业规模具有负相关关系。从整体显著性看，Treat系数的显著性较弱，说明半强制分红政策的相关规定实施前（1999~2007年），中国资本市场里"铁公鸡"公司的不分红行为较为常见，投资者信心普遍低迷，所以处理组和对照组之间的区别不是特别明显。这一发现其实也呼应了陈艳等（2015）的研究结论。此外，除了模型（4）中企业规模的系数不显著外，其他所有变量的系数均在1%的水平上高度显著，不同模型反映的结论保持了一致，且拟合优度均较高。

基于表5-2双重差分估计结果的上述分析充分说明，半强制分红政策显著增强了投资者信心。给定其他条件相同，相比于半强制分红政策的相关规定实施后实际股利支付率超过达标水平公司（对照组公司），实际股利支付率维持在达标水平的公司（处理组公司）的投资者信心受到半强制分红政策的相关规定实施的影响更大，表现为在半强制分红政策的相关规定实施后处理组公司的投资者信心相对于对照组公司显著增强。因此，研究假设1得到进一步验证。

表5-2　半强制分红政策与投资者信心：双重差分估计

变量	Random Effect Model		Pooled OLS	
	模型（1）	模型（2）	模型（3）	模型（4）
Treat	-0.007 (0.006)	-0.007 (0.006)	-0.011* (0.006)	-0.010* (0.006)
Policy	0.242*** (0.013)	0.259*** (0.013)	0.419*** (0.014)	0.202*** (0.015)
Treat×Policy	0.038*** (0.008)	0.034*** (0.008)	0.046*** (0.009)	0.041*** (0.009)
Size	—	-0.029*** (0.006)	—	-0.003 (0.004)
ROA	—	0.218*** (0.023)	—	0.251*** (0.024)
Leverage	—	0.303*** (0.013)	—	0.247*** (0.012)
Cash	—	0.167*** (0.021)	—	0.187*** (0.020)
Nature	—	0.026*** (0.009)	—	0.018*** (0.004)
常数项	0.322*** (0.030)	0.409*** (0.059)	0.144*** (0.017)	0.232*** (0.041)

续表

变量	Random Effect Model		Pooled OLS	
	模型（1）	模型（2）	模型（3）	模型（4）
Year	控制	控制	控制	控制
Industry	控制	控制	控制	控制
R^2（within）or R^2	0.340	0.372	0.293	0.325
观测值	13900	13900	13900	13900

注：＊＊＊、＊＊、＊分别代表显著性水平1%、5%和10%（双尾），括号内为经过了公司层面群聚调整后的稳健标准误。

第二节　"融资分红"行为的后果：调节效应的检验

在主效应成立的基础上，本书继续探讨"融资分红"行为的后果，调节效应的检验结果如表5-3所示。首先，将全部样本分成有股利支付缺口组（DPG>0）和无股利支付缺口组（DPG≤0）两个子样本进行分组检验，回归结果分别如模型（1）和模型（2）所示。可以看出，在有股利支付缺口组，Treat×Policy的系数在1%的水平上显著为正，这说明半强制分红政策的相关规定的实施显著增强了投资者信心水平；而在无股利支付缺口组，Treat×Policy的系数值下滑且不再显著，说明了半强制分红政策对投资者信心的驱动作用需要在有股利支付缺口的公司里才能有效发挥。其次，本书筛选出这部分有股利支付缺口的样本，根据股利支付缺口的中位数将其继续分为两组，回归结果分别如模型（3）和模型（4）所示。结果表明，与低股利支付缺口组相比，高股利支付缺口组中Treat×Policy的系数值更大，显著性水平更高，这充分证明了股利支付缺口越大的公司，半强制分红政策所增强的投资者信心程度也越大。因此，研究假设1得到最终验证。

表 5-3 半强制分红政策与投资者信心：基于"融资分红"行为的分组检验

变量	是否具有股利支付缺口		股利支付缺口高低	
	模型（1）	模型（2）	模型（3）	模型（4）
	有股利支付缺口	无股利支付缺口	高股利支付缺口	低股利支付缺口
Treat	-0.001 （0.008）	-0.020** （0.009）	0.007 （0.012）	-0.012 （0.011）
Policy	0.409*** （0.021）	0.214*** （0.021）	0.338*** （0.032）	0.351*** （0.026）
Treat×Policy	0.032*** （0.011）	0.014 （0.020）	0.048*** （0.018）	0.017 （0.014）
Size	0.028*** （0.006）	-0.036*** （0.007）	-0.059*** （0.011）	0.110*** （0.009）
ROA	0.315*** （0.043）	0.226*** （0.031）	0.130** （0.058）	0.657*** （0.062）
Leverage	0.175*** （0.017）	0.312*** （0.016）	0.283*** （0.024）	0.047** （0.023）
Cash	0.178*** （0.025）	0.191*** （0.033）	0.230*** （0.042）	0.166*** （0.031）
Nature	0.014** （0.006）	0.023*** （0.007）	0.019** （0.009）	0.021*** （0.007）
常数项	-0.219*** （0.058）	0.493*** （0.062）	0.644*** （0.101）	-0.983*** （0.083）
Year	控制	控制	控制	控制
Industry	控制	控制	控制	控制
R^2（within）or R^2	0.351	0.311	0.307	0.449
观测值	6937	6963	3468	3468

注：＊＊＊、＊＊、＊分别代表显著性水平1%、5%和10%（双尾），括号内为经过了公司层面群聚调整后的稳健标准误。

第三节　"融资分红"行为的普遍性检验

在样本 2 的基础上对假设 2 和假设 3 是否成立展开论证，具体步骤可分为三步。

一、各年份现金股利支付状况

如图 5-1 所示，无论从各年份企业支付总股利还是平均支付股利来看，都整体呈现逐年上升的态势。尤其在 2006 年以后，股利支付额度增长较快，各年份企业支付总股利以及平均支付股利都有了较大的提升①。2016 年，企业支付总股利和平均支付股利已分别达到 9620.96 亿元和 3.25 亿元。同时，如图 5-2 所示，各年份现金股利支付的公司数目占当年所有上市公司的比重在 2006 年之前一直稳中有降，然而在 2006 年之后却呈现迅速上升的趋势，2016 年的现金股利支付公司比重达到了 77.69%。这充分说明，中国上市公司现金股利支付行为已越来越普遍。究其原因，与同期中国证监会颁布的一系列半强制分红政策的相关规定有密切关联。

二、债务净增加和股权净增加状况

如图 5-3 和图 5-4 所示，2006 年之前各年度样本公司中债务净增加公司的比重极低，始终位于 1.83% 以下；各年度债务净增加额由负转正，但始终未超过 1000 亿元。2007 年，债务净增加公司的比重大幅跃升至

---

① 2007 年企业支付总股利和企业平均支付股利分别比 2006 年增长了 1.32 倍和 1.12 倍，反映的是图 5-1 中 2006 年后的拐点。

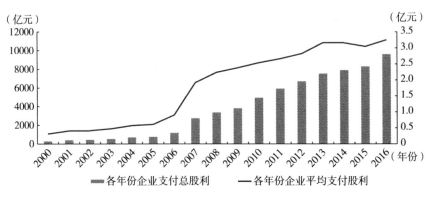

图 5-1　各年份企业支付股利状况

注：各年份企业支付总股利参照左纵轴；各年份企业平均支付股利参照右纵轴。

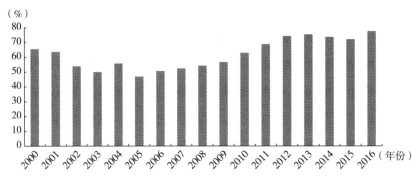

图 5-2　各年份现金股利支付公司比重

52.23%，之后一直保持这一水平；债务净增加额也有了巨大提升，2011年甚至达到1.13万亿元。同时，2006年之前各年度股权净增加公司的比重极低，股权净增加额也极低。2007年，股权净增加公司的比重和股权净增加额均有突破式增长，然而之后始终在动荡徘徊，但数值均大幅落后于债务净增加公司的比重和债务净增加额。

从整体来看，中国上市公司各年份股权净增加状况并不显著，从而导致了图5-3中债务净增加公司的比重与债务净增加和股权净增加公司的比重、图5-4中债务净增加额与债务净增加和股权净增加总额的趋势均大致吻合。究其原因，一方面，这与中国上市公司面临较高的增发新股门槛等因素有关（李康等，2003）①。由于中国证券市场缺乏有效性，为了防止企业恶意增发新股而损害广大中小投资者的利益，中国证监会对上市公司增发新股的请求和用途规定审批严格，因而实施的增发数量要远远小于公布的增发预案。另一方面，近年来中国沪深综合指数大幅震荡，随着股市迅速下挫，众多上市公司加大了对股票回购的力度，使得股权净增加公司的比重和股权净增加额均急剧降低。图5-3和图5-4中，股权净增加迅速下降的时间段与近年来几次"股灾"爆发后的调整期也较为一致。

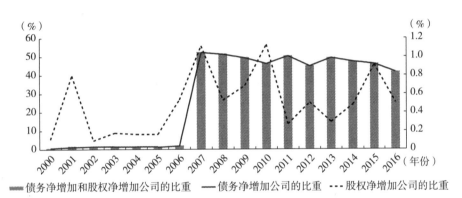

　　■■债务净增加和股权净增加公司的比重　　——债务净增加公司的比重　- - -股权净增加公司的比重

图5-3　各年份债务净增加和股权净增加公司的比重

注：债务净增加和股权净增加公司的比重、债务净增加公司的比重参照左纵轴；股权净增加公司的比重参照右纵轴。

三、"融资公司"和"分红公司"的占比状况

　　结合对图5-1至图5-4的综合分析可以看出，债务净增加与现金股利支付的趋势较为一致。由此可以初步推断，2006年和2008年中国证监会相继颁布了一系列半强制分红政策的相关规定后，企业大幅增加了债务融

---

　　① 如第三章所述，2002年7月24日，中国证监会颁布了关于上市公司增发新股有关条件的通知，规定上市公司增发新股，除符合《上市公司新股发行管理办法》的规定外，还应达到其他十项要求。

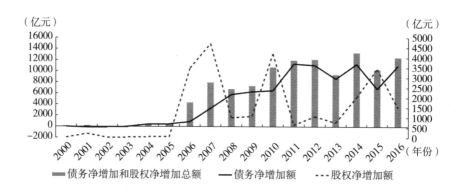

图 5-4　各年份债务净增加额和股权净增加额

注：债务净增加和股权净增加总额、债务净增加额参照左纵轴；股权净增加额参照右纵轴。

资，并将获得的现金用作分红，以弥补内部自由现金流用于分红的不足。

为了验证上述推断，我们分别定义"融资公司"和"分红公司"两个概念。"融资公司"为通过债务融资或股权融资能获得债务净增加或股权净增加的公司，因为这部分融资资金排除了其他用途，能够真正用于分红。"分红公司"为当年度进行现金股利支付的企业。我们分别进一步考察分红公司中融资公司的比重和融资公司中分红公司的比重这两个指标，如图 5-5 所示，可以做出如下判断。

首先，分红且融资公司的比重在 2006～2007 年呈爆发式增长，之后逐年缓慢上升，2013 年已接近 40%。这充分说明，近年来集"融资"和"分红"行为于一体的企业数量不断增长，这为越来越多的上市公司利用融资资金去支付现金股利提供了可能。

其次，分红公司中融资公司的比重在 2006 年之前极低。说明之前年份企业现金股利支付的资金主要来源于内部自由现金流，这与传统理论的预测是一致的。但 2006 年之后，这一比重迅速上升至 62.23%。虽然之后增长较为平稳，但始终保持在 50% 左右的高位。与图 5-3 债务净增加公司的比重趋势结合还可以看出，2006 年之后，分红公司大幅提高了债务融资额。这表明，债务净增加额为一半以上的分红公司提供了资金支持。

再次，融资公司中分红公司的比重在 2007 年后也呈现逐年上升的趋势，2016 年竟达到 77.98%。然而，样本企业各年份的内部自由现金流较为平稳，则不断增加的现金股利支付必然来源于外部融资。这一结果同样为公司将外部融资资金用于企业分红提供了证据。同时，融资公司中分红公司的比重始终高于分红公司中融资公司的比重，即债务净增加中用于分红的占比超过了分红资金对债务净增加的依赖程度。原因在于，越来越多的上市公司倾向于用债务净增加进行分红，但内部自由现金流作为企业现金股利支付的传统来源，虽然其比重在下降，但仍然不能被忽视。

最后，特别需要指出的是，结合对图 5-1 至图 5-5 的分析，各种图形趋势由降转升或由缓慢增长转向迅速增长的拐点大多发生在 2006 年和 2008 年前后，而这正是中国证监会开始颁布一系列半强制分红政策的相关规定对上市公司现金股利支付状况做出规范要求的年份。半强制分红政策的相关规定实施后，当内部自由现金流满足不了不断增长的分红需求时，企业同时加大了外部融资特别是债务融资的力度，用于支付现金股利。

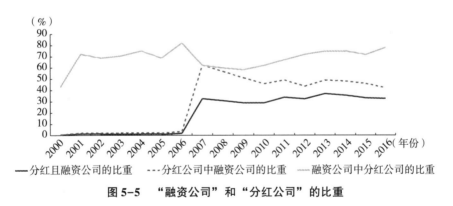

图 5-5　"融资公司"和"分红公司"的比重

所以，证实了在半强制分红政策的背景下，中国上市公司的"融资分红"行为具有普遍性，且增强投资者信心所支付的现金股利主要来自外源融资。因此，研究假设 2 得到最终验证。

第四节　股利支付缺口的回归分析

第三节充分证明了中国上市公司"融资分红"行为的普遍性，但此行为并不是企业为了执行中国证监会颁布的一系列半强制分红政策的相关规定而被迫采取的权宜之计，否则这种具有高额外部融资成本的"融资分红"行为无法持续，其行为背后必然蕴藏着更为深刻的原因。

为了具体探讨债务和股权两种外部融资方式对于填补股利支付缺口的贡献，我们选择股利支付缺口（DPG）为正且现金股利支付程度（DP）也为正的样本公司，以 DPG 为被解释变量，以企业债务净增加额（Net Increase of Debt，NID）、股权净增加额（Net Increase of Equity，NIE）为解释变量。同时，参考 Farre-Mensa 等（2014）的研究，选取企业现金持有水平（Cash，用货币资金持有量表示）、负债水平（Leverage，用总负债和总资产的比值表示）、企业规模（Size，用总资产的自然对数表示）、机构投资者持股比例（The Proportion of Institutional Investors Holding，PIIH）为控制变量，并且控制年度因素和行业因素的影响。回归方程如式（5-1）所示：

$$DPG_{it} = \beta_0 + \beta_1 NID_{it} + \beta_2 NIE_{it} + \beta_3 Cash_{it} + \beta_4 Leverage_{it} + \beta_5 Size_{it} +$$
$$\beta_6 PIIH_{it} + Year_t + Industry_t \qquad (5-1)$$

回归结果如表 5-4 所示，模型的 R^2 和调整后的 R^2 分别为 0.275 和 0.273，整体 p 值为 0.000，所以模型的拟合优度较好。在控制了其他变量之后，债务净增加额和股权净增加额的系数都为正，均高度显著。这表明，债务净增加额和股权净增加额的增加，确实都有利于企业积极填补股利支付缺口，弥补内部现金来源无法完全满足企业股利支付的剩余部分。同时，债务净增加额的系数明显大于股权净增加额的系数，说明对于填补股利支付缺口而言，债务净增加额的贡献程度远远大于股权净增加额。这一结论可以充分解释上文指出的"近年来企业债务净增加额相对于股权净增加额有了巨大提升"的事实。也就是说，当企业利用外部资金为分红筹资时，较多采用的是债务筹资的方式，而较少采用权益筹资的方式。因此，研究假设3得到部分验证。

表 5-4 股利支付缺口 DPG 的回归分析

变量	系数	标准差	t 值	p 值
NID	0.838	0.094	8.900	0.000
NIE	0.102	0.004	28.520	0.000
Cash	−0.050	0.009	−5.440	0.000
Leverage	−0.467	0.059	−7.980	0.000
Size	0.598	0.023	26.220	0.000
PIIH	−0.158	0.043	−3.710	0.000
常数项	−5.466	0.228	−23.930	0.000
Year	控制	控制	控制	控制
Industry	控制	控制	控制	控制
观测值	14292			
Prob>F	0.000			
R^2	0.275			
Adj-R^2	0.273			
Root MSE	104.820			

第五节 债务净增加和股权净增加对现金
分红的贡献及其影响因素分析

在证实了中国上市公司债务净增加和股权净增加确实是填补股利支付

缺口的关键因素后，我们需要进一步区分债务净增加贡献的分红和股权净增加贡献的分红，并从财务决策关联性的视角出发，探讨债务净增加、股权净增加所贡献的分红究竟受哪些因素的影响。如前所述，出于传递"利好信号"、提高管理者个人收益、降低公司被接管的风险、降低股权代理成本及获取较高税盾收益等动机，企业倾向于高负债融资。然而，当资产负债率进一步上升时，债务净增加大幅提高了现金持有水平，会造成企业代理成本上升等问题。可以推断，出于同时调节资本结构和稳定现金储备的考虑，通过债务净增加筹集到的资金需要较多运用于现金股利支付，使得债务净增加贡献的分红增加，而股权净增加贡献的分红减少。

为了验证如上的推断，我们参考 Farre-Mensa 等（2014）的研究，构造了式（5-2）来测算债务净增加贡献的分红（Payout of Debt，PD）。PD 的值为 0，说明分红公司支付的现金股利并不来源于债务净增加；PD 的值为 1，说明分红公司至少举借了与现金股利支付额相等的净债务，即分红公司支付的现金股利完全来源于债务净增加；PD 的值在 0~1，说明分红公司支付的现金股利只是部分来源于债务净增加。同理，我们构造了式（5-3）来测算股权净增加贡献的分红（Payout of Equity，PE），PE 的含义不再赘述。

$$\text{Payout of Debt}(PD_{it}) = \min \ \{\text{Net Increase of Debt}(NID_{it}),$$
$$\text{Dividend Payout}(DP_{it})\} \big/ \text{Dividend Payout}(DP_{it})$$
$$(5-2)$$

$$\text{Payout of Equity}(PE_{it}) = \min \ \{\text{Net Increase of Equity}(NIE_{it}),$$
$$\text{Dividend Payout}(DP_{it})\} \ \text{Dividend Payout}(DP_{it})$$
$$(5-3)$$

为了深入考察具有"融资分红"行为公司的特征，我们借鉴 Farre-Mensa 等（2014，2018）的研究，在进行现金股利支付的样本中分别筛选出具有债务净增加和股权净增加的子样本。分别以债务净增加贡献的分红

（PD）和股权净增加贡献的分红（PE）为被解释变量，以企业超额资产负债率① （Excess Leverage）为解释变量，来探讨当企业负债处于较高水平时，如果资产负债率进一步上升，两种外部融资来源所贡献的分红有何差异。这些变量间的关系正是基于财务决策关联性的视角，来探讨资本结构调整决策、现金持有决策和股利支付决策间关联的重要依据。同时，以超额现金持有水平（Excess Cash）、企业规模（Size）、企业自由现金流量（FCF）和机构投资者持股比例（PIIH）为控制变量，并控制年度因素和行业因素的影响，回归方程式分别如式（5-4）和式（5-5）所示。

$$PD_{it}=\sigma_0+\sigma_1 Excess\ Leverage_{it}+\sigma_2 Excess\ Cash_{it}+\sigma_3 Size_{it}+$$

$$\sigma_4 FCF_{it}+\sigma_5 PIIH_{it}+Year_t+Industry_t \tag{5-4}$$

$$PE_{it}=\theta_0+\theta_1 Excess\ Leverage_{it}+\theta_2 Excess\ Cash_{it}+\theta_3 Size_{it}+$$

$$\theta_4 FCF_{it}+\theta_5 PIIH_{it}+Year_t+Industry_t \tag{5-5}$$

回归结果如表 5-5 所示。可以发现，对于债务净增加贡献的分红组，除了超额现金持有水平外，各变量的系数均较为显著；而对于股权净增加贡献的分红组，只有超额资产负债率、企业规模的系数较为显著。从整体看，股权净增加贡献的分红组中各变量的系数值和显著性水平不如债务净增加贡献的分红组。原因可能在于，中国上市公司利用股权净增加进行现金股利支付的情形非常少见②，较少的样本量使相关变量的回归效果不尽如人意。从而说明"融资分红"行为中的外部融资方式主要以债务净增加为主，这与上文的分析结论也保持了一致。

---

① 超额资产负债率和超额现金持有水平分别由企业实际资产负债率与当年行业资产负债率均值之差、企业实际现金持有水平与当年行业现金持有水平均值之差进行衡量。超额资产负债率上升不是资产负债率由低到高的变化过程，而是由高到更高的变化过程。这样设计是为了体现企业偏好的高负债融资策略，与上文理论分析及推论验证的思路保持一致，所以采用超额资产负债率而不用负债水平。

② 本书反复强调，股权增加和股权净增加是两个不同概念。在我们的印象里，现实的上市公司中，股权融资现象非常普遍，第二章文献回顾中众多学者也指出中国上市公司偏好股权融资，这完全符合事实。但是，根据本书构建的模型，股权净增加额却比较少，难以为现金股利支付提供足够的资金支撑。

　　一方面，就关键解释变量而言，在控制了超额现金持有水平后，企业超额资产负债率和债务净增加贡献的分红呈现显著的正相关关系，和股权净增加贡献的分红呈现显著的负相关关系。根据上文的理论分析，出于传递"利好信号"、提高管理者个人收益、降低公司被接管的风险、降低股权代理成本及获取较高税盾收益等动机，企业偏好于高负债融资。当超额资产负债率较高时，出于稳定现金储备的考虑，债务融资所增加的现金储备需要被管理者妥善运用于现金股利的支付，从而提升了债务净增加贡献的分红水平。而股权融资的门槛较高，程序较为烦琐，通过增发新股来及时满足企业现金股利支付的做法不可行，对于那些本身处于不利竞争地位的企业而言尤为如此，所以，超额资产负债率与股权净增加贡献的分红水平呈负相关。从外部看，中国证监会先后出台了一系列要求提升上市公司最低现金股利支付水平的半强制分红政策。广大上市公司积极实施"融资分红"行为，既满足了中国证监会规定的要求，又符合其内在动机的需要。"融资分红"行为并不是企业为了执行中国证监会颁布的一系列半强制分红政策的相关规定而被迫采取的权宜之计，更多是出于财务决策关联性考虑而实施的合理举措，有助于企业同时调节资本结构和稳定现金储备。

　　另一方面，就其他控制变量而言，超额现金持有水平和债务净增加、股权净增加贡献的分红之间的关系均不显著。如前所述，超额现金持有是企业为了获取财务柔性以抓住未来投资机遇或应对未来投资不确定性风险而新增的现金储备，体现了式(4-1)、式(4-2)中 Increase of Cash（IC_{it}）的内涵。这部分现金储备并非来源于外部融资，不能用于分红，自然也不会对债务或股权净增加贡献的分红产生影响。企业规模和债务净增加、股权净增加贡献的分红分别具有显著的正相关和负相关关系。也就是说，较大规模的上市公司是利用债务净增加进行分红的主力。自由现金流量对债务净增加、股权净增加贡献的分红都具有负向约束作用，且对前者的约束效应更显著。当自由现金流上升时，内部融资越来越能满足企业现金股利支付的需要，此时企业现金股利支付对外部融资尤其对债务融资的依赖程度也会相应降低。机构投资者持股比例与两者也均具有负相关关系，且对债务净增加贡献的分红具有更显著的约束作用。这体现了机构投资者对企业财务决策发挥的监督效应，尤其担忧企业偏好的高负债融资所引致的不良后果（如破产风险等）。整体来看，这些结论与上文的分析思路保持了高度一致，与现实也较为相符。

表5-5 债务净增加和股权净增加对现金分红的贡献及其影响因素分析①

变量	Dividend Payout（DP_{it}）	
	模型（1）	模型（2）
	Payout of Debt（PD_{it}）	Payout of Equity（PE_{it}）
Excess Leverage	0.086***	−0.124***
	(0.008)	(0.046)
Excess Cash	−0.000	0.000
	(0.000)	(0.000)
Size	0.015**	−0.160***
	(0.006)	(0.048)
FCF	−0.207*	−0.121
	(0.120)	(0.200)
PIIH	−0.100***	−0.059
	(0.014)	(0.115)
常数项	0.879***	2.131***
	(0.072)	(0.556)
Year	控制	控制
Industry	控制	控制
R^2	0.045	0.405

---

① 既然被解释变量是债务净增加或股权净增加所贡献的分红，那么，必须选取债务净增加或股权净增加的样本才有意义。经过筛选，研究样本数目分别为7159和141。

续表

变量	Dividend Payout（DP$_{it}$）	
	模型（1）	模型（2）
	Payout of Debt（PD$_{it}$）	Payout of Equity（PE$_{it}$）
Adj-R^2	0.040	0.257
观测值	7159	141

注：***、**、*分别代表显著性水平1%、5%和10%（双尾），括号内为经过了公司层面群聚调整后的稳健标准误。

综上，中国上市公司通过"融资分红"行为可以实现在发放股利的同时调节资本结构和稳定现金储备。考虑到融资难易程度与使用效果，当它们利用外部资金为分红筹资时，较多采用的是债务筹资的方式，而较少采用权益筹资的方式。因此，研究假设3得到最终验证。

第六节　稳健性检验

一、假设1的稳健性检验

为了验证假设1成立的可靠性，本书还进行了一系列稳健性检验，结果如表5-6所示。

（一）滞后项回归

本书运用中国证监会在2008年要求提升公司现金股利支付水平的半强制分红政策的外生冲击，能有效地避免通常的内生性问题。但是，为了更加严谨地排除反向因果等内生性因素对结论的干扰，我们也要考虑到半强制分红政策对投资者信心长期作用效果传导的时滞性。因为中国资本市场体量庞大、结构和层次复杂、参与主体多元，半强制分红政策的相关规定从中国证监会制订到获得主要或全部的效果（最终传递到广大投资者的心理和行为）需要经历较长的时间，难以通过政策实施当年的投资者数据却可以直接被观测。本书参考权小锋等（2016）的研究，将被解释变量 Confidence 滞后一期和两期（$Confidence_{t+1}$ 和 $Confidence_{t+2}$）。延长时间窗口后的回归结果分别如表 5-6 的模型（1）和模型（2）所示。交互项的系数为 0.016 和 0.044，均在 5% 的水平上显著，这说明结论不因考虑滞后效应而改变。

（二）噪声干扰的排除

本书选取样本 1 的时间区间为 1998~2018 年，获取了较为全面的样本信息。但是，时间跨度越大，双重差分估计模型被其他宏观事件干扰的可能性也越大（梁权熙和曾海舰，2016）。因此，为了获得一个较为"干净"的样本，将时间区间缩短为 2003~2013 年，获得除 2008 年外共 6950 个观测值，得到表 5-6 模型（3）的回归结果。交互项的系数仍在 1% 的水平上显著为正，系数值 0.047 比表 5-2 中的数值略有提高，模型拟合优异。进而，需要具体排除 2008 年半强制分红政策的相关规定实施前后可能对投资者信心影响较大的其他宏观事件。一是 2009 年伊始的全球金融危机，该全球性系统风险可能会使投资者信心普遍下挫；二是 2006 年 5 月 8 日中国证监会颁布的《上市公司证券发行管理办法》中"最近三年以现金或股票方式累计分配的利润不少于最近三年实现的年均可分配利润的百分之二十"的要求①，可能会增强投资者信心。故而我们依次在基准回归的基础上引

---

　　① 如第四章所述，在上文的主回归模型中，本书采用 2008 年中国证监会颁布的半强制分红政策而不采用 2006 年中国证监会颁布的半强制分红政策作为冲击事件的原因在于：与 2008 年的修改文件相比，2006 年《上市公司证券发行管理办法》的规定中允许公司以股票股利的方式进行分红，且阈值仅设为 20%，所以，未能很好地改观"铁公鸡"公司较低的现金股利支付状况。但是，该文件是中国证监会实施半强制分红政策的良好开端，对投资者信心仍然具有一定的驱动作用。

入 2006 年、2009 年的虚拟变量 Year2006、Year2009 及其分别和 Treat 的交互项 Treat×Year2006、Treat×Year2009 来控制 2006 年和 2009 年宏观事件的效应，回归结果如表 5-6 的模型（4）所示。显然，Treat×Year2006 和 Treat×Year2009 的系数虽然分别为正和负，与预期相符，但均不显著，而 Treat、Policy 和 Treat×Policy 的系数方向及显著性水平均未发生明显改变。这充分说明，当控制了 2009 年全球金融危机和 2006 年中国证监会监管政策的干扰因素后，本书研究结论依然是稳健的。

（三）被解释变量和异常值的敏感性测试

如上文所述，关键被解释变量投资者信心与投资者情绪存在一定程度的关联性，所以稳健性检验还可以用投资者情绪指标对被解释变量的敏感性进行测试。为了刻画个体投资者对不同股票情绪的差异，借鉴 Kaniel 等（2008）、俞红海等（2015）的研究，构建如下的投资者情绪指标（IS）：

$$IS_k = \frac{\sum\limits_i (VB_i - VS_i)}{\sum\limits_i (VB_i + VS_i)} \quad (5-6)$$

式（5-6）中，VB_i 和 VS_i 分别代表第 i 位投资者在股票 k 首次公开募股（Initial Public Offerning，IPO）首日买入量和卖出量。可以看出，该指标反映了个体投资者在股票 IPO 首日的净买入比例，注重个体投资者之间的相互影响及情绪传导的系统相关性。

此外，还可以采用市场数据对投资者情绪进行间接测度。参考 Baker 和 Wurgler（2006）、蒋玉梅和王明照（2010）的做法，运用主成分分析法构造投资者情绪复合指数（Sentiment）：

Sentiment=0. 070×Discount+0. 391×Account+0. 445×Turnover+0. 186×

RIPO+0. 0856×NIPO (5-7)

式（5-7）中，Discount 为各月最后一个交易日中进行交易的全部封闭式基金的加权平均折价率；Account 为投资者月均新开户数；Turnover 为沪深两市每月成交金额和市场流通市值的比值；RIPO 为每月新上市公司首日收益率的算术平均值；NIPO 为每月首次公开发行募集资金的数量。

本书整理出 IS 和 Sentiment 的年度观测值，作为式（4-4）的被解释变量，回归结果如表5-6的模型（5）和模型（6）所示。显然，除了模型（6）中交互项的系数不显著外（但仍为正），其他发现与上文基本一致。也就是说，与上文的推论相一致，投资者情绪与投资者信心确实存在一定程度的正向关联性，虽然投资者情绪的相关效应没有投资者信心那般显著，但半强制分红政策的相关规定的实施也的确会激发广大投资者的积极情绪，而非消极负面的抵触情绪。

最后，为了检测本书结论对样本数据异常值的敏感性，参考王化成等（2015）的研究，表5-6的模型（7）报告了实施对异常值不敏感的中位数回归所得到的结果。可以看出，交互项系数为 0.017，在 10% 的水平上显著，虽然系数值和显著性水平有所降低，但仍与上文结论保持了一致。这充分说明，本书的研究结论是绝大多数样本共同趋势的回归结果，并非数据异常值所致，具有较强的稳健性。

表 5-6 假设 1 的稳健性检验

变量	滞后项回归		噪声干扰的排除		被解释变量和异常值的敏感性测试		
	模型（1）	模型（2）	模型（3）	模型（4）	模型（5）	模型（6）	模型（7）
	$Confidence_{t+1}$	$Confidence_{t+2}$	Confidence	Confidence	IS	Sentiment	Confidence
Treat	−0.001 (0.005)	0.002 (0.006)	−0.023** (0.009)	−0.009 (0.006)	−0.010 (0.013)	−0.002 (0.037)	0.001 (0.007)
Policy	0.045*** (0.008)	0.033** (0.009)	0.103*** (0.016)	0.203*** (0.015)	0.157*** (0.032)	0.183** (0.088)	0.287*** (0.015)
Treat×Policy	0.016** (0.008)	0.044** (0.022)	0.047*** (0.013)	0.040*** (0.009)	0.049*** (0.018)	0.019 (0.051)	0.017* (0.009)
Size	0.018*** (0.005)	0.032*** (0.005)	0.022*** (0.007)	−0.003 (0.004)	0.010 (0.010)	0.023 (0.027)	0.029*** (0.005)

续表

变量	滞后项回归		噪声干扰的排除		被解释变量和异常值的敏感性测试		
	模型 (1)	模型 (2)	模型 (3)	模型 (4)	模型 (5)	模型 (6)	模型 (7)
	Confidence$_{t+1}$	Confidence$_{t+2}$	Confidence	Confidence	IS	Sentiment	Confidence
ROA	0.200***	0.092***	0.319***	0.251***	0.189***	0.267*	0.197***
	(0.025)	(0.026)	(0.033)	(0.024)	(0.052)	(0.145)	(0.026)
Leverage	0.145***	0.104***	0.230***	0.247***	0.269***	0.273***	0.084***
	(0.012)	(0.012)	(0.017)	(0.012)	(0.025)	(0.069)	(0.012)
Cash	0.170***	0.127***	0.205***	0.186***	0.168***	0.423***	0.068***
	(0.021)	(0.022)	(0.029)	(0.020)	(0.043)	(0.119)	(0.021)
Nature	0.015***	0.015***	0.029***	0.018***	0.021**	−0.009	0.009*
	(0.005)	(0.005)	(0.007)	(0.004)	(0.010)	(0.027)	(0.005)
Treat×Year2006	—	—	—	0.014	—	—	—
				(0.021)			
Treat×Year2009	—	—	—	−0.006	—	—	—
				(0.020)			
常数项	0.235***	0.149***	−0.044	0.232***	0.129	0.152	−0.043
	(0.045)	(0.048)	(0.062)	(0.041)	(0.089)	(0.246)	(0.045)
Year	控制	控制	控制	控制	控制	控制	控制
Industry	控制	控制	控制	控制	控制	控制	控制
R^2 (within) or R^2 or Pseudo R^2	0.304	0.297	0.315	0.325	0.099	0.014	0.250
观测值	13900	13205	6950	13900	13900	13900	13900

注：***、**、*分别代表显著性水平1%、5%和10%（双尾），括号内为经过了公司层面群聚调整后的稳健标准误。模型（1）和模型（2）分别因被解释变量滞后一期和两期而少了一年和两年数据，但新增了2008年的观测值。

二、假设 2 和假设 3 的稳健性检验

(一) 内生性检验

对本书结论的一种潜在担忧便是内生性问题。上文发现的分红和融资

同步增加，也可能是由于分红的公司会被债权人和股东青睐而给予更多贷款或投资。对此，我们采用工具变量回归和滞后项回归的方法进行内生性检验。

第一，工具变量回归。借鉴 Kim 等（2014）、王化成等（2015）、权小锋等（2016）的研究，我们选用相同年度同行业其他公司债务净增加额的均值（NID_Other）作为 NID 的工具变量。理由如下：一方面，企业财务决策具有"同伴效应"（Manski，2000；张天宇和钟田丽，2018）。相同年度同行业企业的产品、服务和业务流程都具有较强的相似性（权小锋等，2016），同时，也面临相似的外部环境和行业特征（王化成等，2015），在资本结构调整决策的制定上会彼此学习和借鉴，作为对同伴行为的内生反应。因此，这些公司的债务净增加具有一定的相关性。另一方面，尚无证据表明相同年度同行业其他公司的债务净增加会影响本公司的股利支付缺口，故满足外生性原则。因此，我们认为 NID_Other 是较为合适的工具变量。

选定工具变量后，我们采用两阶段工具变量法（Instrumental Variable，IV）进行估计，工具变量回归结果如表 5-7 的模型（1）和模型（2）所示。在第一阶段，我们将 NID 作为被解释变量，对工具变量 NID_Other 和其他控制变量做回归，估计预测值 NID_Hat 作为新的衡量债务净增加的变量。如模型（1）所示，NID_Other 与 NID 在 1% 的水平上呈显著正相关，符合本书的预期。在第二阶段，我们将该预测值作为解释变量，加入对股利支付缺口的回归分析之中。如表 5-7 的模型（2）所示，在解决了可能存在的内生性问题之后，债务净增加对股利支付缺口的正向影响更为显著。同时，弱工具变量检验的 F 统计量大于 10，与经验规则相符，从而拒绝了存在弱工具变量的原假设。此外，其他变量的系数值和显著性水平都未发生明显变化，模型拟合优度较高。

第二，滞后项回归。用当期解释变量预测未来期的被解释变量，也能够很好地控制反向因果效应的内生性问题（权小锋等，2016）。我们将被解释变量 DPG 滞后一期和两期（DPG_{it+1} 和 DPG_{it+2}），延长预测窗口后的回归结果如表 5-7 的模型（3）和模型（4）所示。可以看出，样本量分别减少到 11099 和 9586。随着预测窗口的延长，主要变量的系数水平和模型拟合优度都更高，这说明，外部融资对股利支付的传导作用确实是具有一定时滞性的。而考虑到这种时滞效应后，该结论依然成立。

综上可得，在控制内生性问题后，债务净增加仍然是填补股利支付缺口的关键因素，上文的分析结果是稳健的。

（二）指标敏感性测试

第一，DPG 的敏感性。在上文对 DPG 的度量中，我们排除了企业对外投资造成自由现金流为负时的股利支付缺口。这是因为，如果自由现金流为负，内部融资更无法支持企业现金股利的支付，那么，外部融资支持股利支付的可能性也越大。若考虑这种情形，研究结论会更受支持。但为了增强严谨性，防止股利支付缺口的低估，我们将式（4-1）中自由现金净流入（FCFI）换成自由现金流入（FCF），并构建新的股利支付缺口（NDPG）。回归结果如表 5-7 的模型（5）所示，可以发现，各变量系数的方向和显著性水平均未发生改变，主要变量的系数值明显上升，模型整体的拟合优度甚至高于表 5-4。该结论与预期相符，说明 DPG 度量方式的调整没有改变本书的发现。

第二，极端值的敏感性。参考王化成等（2015）的研究，我们探讨了本书结论对数据极端值的敏感性。表 5-7 的模型（6）报告了采用对极端值不敏感的中位数回归所得到的结果。可以发现，NID、NIE 的系数均在 1% 的水平上显著为正，前者系数值远大于后者，这表明，本书结论并非数据极端值所导致，而是绝大多数样本共同趋势的回归结果。

（三）其他稳健性检验

为了使研究结论更加稳健，我们还进行了以下处理：

第一，排除未来投资机遇。在上文的研究设计中，我们对企业外部融资的用途进行了细致考察，所构建的债务净增加和股权净增加指标是已排除了外部融资所有用途后的剩余部分，能够真正用于企业分红，即填补DPG。但是，出于审慎性的考虑，我们需要进一步排除未来投资机遇或对未来股权融资的预期可能造成的干扰。这是因为，当企业预料到未来投资机遇较好或对未来股权融资的预期较为积极时，企业也可能会减少现金股利支付，从而能将企业更多的资金用于外部投资，力争企业价值获得更大程度的提升，而此举是不利于追踪债务净增加和股权净增加对填补DPG所发挥的作用的。

参照邢斌和徐龙炳（2015）、李常青等（2018）的研究，我们用Tobin's Q衡量企业未来的投资机遇，回归模型如表5-7的模型（7）所示。可以看出，当控制了未来投资机遇或对未来股权融资的预期因素后，结论仍然稳健。

表5-7　假设2和假设3的内生性检验、指标敏感性测试和投资机遇排除的结果分析

变量	工具变量回归结果		滞后项回归结果		指标敏感性测试结果		投资机遇排除结果
	模型（1）	模型（2）	模型（3）	模型（4）	模型（5）	模型（6）	模型（7）
	NID_{it}	DPG_{it}	DPG_{it+1}	DPG_{it+2}	$NDPG_{it}$	DPG_{it}	DPG_{it}
NID_Other	0.001*** (0.000)	—	—	—	—	—	—
NID_Hat	—	10.051*** (1.496)	—	—	—	—	—
NID	—	—	3.659*** (0.192)	5.286*** (0.321)	0.993*** (0.188)	0.557*** (0.001)	0.823*** (0.094)

续表

变量	工具变量回归结果		滞后项回归结果		指标敏感性测试结果		投资机遇排除结果
	模型（1）	模型（2）	模型（3）	模型（4）	模型（5）	模型（6）	模型（7）
	NID_{it}	DPG_{it}	DPG_{it+1}	DPG_{it+2}	$NDPG_{it}$	DPG_{it}	DPG_{it}
NIE	0.002***	0.081***	0.089***	0.176***	0.159***	0.066***	0.101***
	(0.000)	(0.005)	(0.003)	(0.003)	(0.007)	(0.000)	(0.004)
Cash	0.017***	-0.210***	-0.118***	-0.147***	-0.209***	0.108***	-0.052***
	(0.001)	(0.027)	(0.012)	(0.015)	(0.018)	(0.000)	(0.009)
Leverage	0.003	-0.496***	-0.425***	-0.369***	-0.854***	-0.010***	-0.334***
	(0.005)	(0.059)	(0.070)	(0.072)	(0.117)	(0.001)	(0.061)
Size	0.007***	0.532***	0.598***	0.529***	1.367***	0.011***	0.648***
	(0.002)	(0.025)	(0.027)	(0.029)	(0.045)	(0.000)	(0.024)
PIIH	-0.005	-0.114***	-0.156***	-0.128**	-0.423***	-0.003***	-0.196***
	(0.004)	(0.043)	(0.051)	(0.053)	(0.085)	(0.000)	(0.043)
Tobin's Q	—	—	—	—	—	—	0.443***
							(0.059)
常数项	-7.286***	-4.790***	-5.327***	-4.626***	-12.463***	-8.918***	-6.122***
	(2.029)	(0.254)	(0.27164)	(0.281)	(0.456)	(0.248)	(0.244)
Year	控制	控制	控制	控制	控制	控制	控制
Industry	控制	控制	控制	控制	控制	控制	控制
R^2 or Pseudo R^2	0.055	0.273	0.313	0.418	0.290	0.125	0.278
Adj-R^2	0.052	0.271	0.311	0.416	0.288	—	0.276
观测值	14292	14292	11099	9586	14292	14292	14292

注：***、**、*分别代表显著性水平1%、5%和10%（双尾），括号内为经过了公司层面群聚调整后的稳健标准误。

第二，排除股利支付是"附产品"的假设。上文已证实，企业债务净增加和股权净增加是填补股利支付缺口的关键因素，且前者贡献更大。但是，隐现的另一种担忧在于，企业股利支付是否具有本书强调的重要性？股利支付会不会仅仅是企业外部融资可有可无的"附产品"？如果股利支付是"附产品"的话，那么，企业是否支付现金股利、支付多少现金股利、支付现金股利的资金来源于外部融资还是内部融资等问题的重要性便大打折扣，投资者也不会过多关注企业的股利政策，由此而探讨的中国证监会颁布的半强制分红政策对投资者信心的提振作用也就欠缺研究意义了。

为了解答此疑惑，我们需要对企业的现金股利支付行为进行深入的剖析。Farre-Mensa 等（2018）的研究指出，现金股利可以分为刚性股利和弹性股利两部分。就不得不支付的刚性股利而言，企业倾向于避免对其削减的事实已得到了众多学者的认同（Lintner，1956；DeAngelo et al.，2008）。也就是说，确定刚性股利的支付水平后，以后年份除非发生极端情况，上市公司通常将至少维持相同的分红标准（吴育辉等，2018）。相反，弹性股利的发放较为灵活，备受管理者青睐（Jagannathan et al.，2000；Brav et al.，2005；Leary and Michaely，2011）。可以推断，如果股利支付是"附产品"的假设能够成立，那么，企业只会勉强地为投资者支付刚性股利，而不可能利用高成本的外部融资（特别是债务净增加）来支持弹性股利的支付。

借鉴 Farre - Mensa 等（2018）的研究，弹性股利（Discretionary Payout，DIP）包括了企业刚性股利的增加额、公告的特别股利和股票回购额等。用 DIP 对式（5-2）中的 DP 进行替换，可以得到债务净增加贡献的弹性股利（Discretionary Payout of Debt，DIPD）。将其作为被解释变量，分别采用 OLS 和 Tobit 模型对式（5-4）进行回归，结果如表 5-8 所示。

表 5-8　债务净增加贡献的弹性股利的影响因素分析

变量	DiscretionaryPayout of Debt（$DIPD_{it}$）	
	模型（1）	模型（2）
	OLS	Tobit
Excess Leverage	0.034***	0.041***
	(0.012)	(0.016)

续表

变量	DiscretionaryPayout of Debt（$DIPD_{it}$）	
	模型（1）	模型（2）
	OLS	Tobit
Excess Cash	−0.000	−0.000
	（0.000）	（0.000）
Size	−0.077***	−0.109***
	（0.011）	（0.015）
FCF	0.048	0.085
	（0.187）	（0.251）
PIIH	−0.239***	−0.354***
	（0.024）	（0.034）
常数项	1.425***	1.889***
	（0.122）	（0.171）
Year	控制	控制
Industry	控制	控制
R^2or Pseudo R^2	0.104	0.074
Adj-R^2	0.096	—
观测值	4136	4136

注：***、**、*分别代表显著性水平1%、5%和10%（双尾），括号内为经过了公司层面群聚调整后的稳健标准误。

可以发现，表5-8的模型（1）和模型（2）中，各变量的系数和显著性水平与表5-5基本一致，尤其超额资产负债率的系数值均显著为正。这充分说明，当控制了其他因素后，随着企业超额资产负债率的上升，债务净增加贡献的弹性股利额也在上升。企业宁可利用高成本的债务融资来支付弹性股利，也不会停止支付本可以不支付的弹性股利，从而排除了股利支付是企业外部融资可有可无"附产品"的假设。这也佐证了"融资分红"行为并不是企业为了执行中国证监会颁布的一系列半强制分红政策的相关规定而被迫采取的权宜之计，而更多是企业主动做出的理性选择。

第六章 研究结论、启示及展望

本章详细总结了本书的研究结论，引出了研究启示，并指出了本书存在的缺陷和不足，为未来进行深入研究指明了方向。

第一节 研究结论

关于股利支付问题的研究最早可以追溯到 Miller 和 Modigliani（1961）提出的股利无关论。股利无关论认为，在完全无摩擦的资本市场环境下，企业股利支付决策不会影响企业价值。也就是说，企业分红与否、分红多少是无关紧要的，企业融资状况更是无法影响现金股利支付决策。由于股利无关论严苛的假设条件在现实资本市场中是很难满足的，众多学者从不同角度放松了这些假设，并逐渐形成了一些关于股利支付的主流研究理论，如"税差"理论、股利信号理论以及股利代理成本理论等。但是，传统股利支付理论的较多研究只关注了公司股利的支付倾向、支付水平以及支付变化等问题，不论是国外研究还是国内研究，都很少把分红的资金的来源当作研究对象。

关于融资理论的研究表明，企业外部融资的成本相比内部融资而言更高。外部融资会带来直接的交易成本（Kaplan and Zingales，1997）。对许多企业而言，除了这些直接交易成本外，外部融资还隐含了信息不对称（Myers，1984）、税费和破产成本。Fazari 等（1988）也指出，发行新债和新股的外部融资成本显著高于用内部自由现金流融资所产生的机会成本。

因此，仅仅从股利支付决策的角度看，通过外部融资来支付现金股利的"融资分红"行为，不但成本高昂，而且毫无意义（Miller and Rock，1985），这也解释了为何该行为目前很少受到学者们的关注（Farre-Mensa et al.，2014）。传统股利支付理论否认了"融资分红"行为的存在性和必要性。这些理论都建立在一个共识的基础上，即现金股利应当来源于满足当前及未来投资活动后的剩余现金流，属于企业内部资金来源（Ross et al.，2013）。

事实上，传统决定股利支付决策的代理成本、信号和税收等因素已经不能很好地解释上市公司近年来现金分红水平的变化（Farre-Mensa et al.，2014）。面对"融资分红"行为等当下股利支付领域的新发现，现有的股利支付理论需要更新，需要以一个更宽广的视野看待公司的股利政策，将股利支付决策与公司其他的财务决策联系起来。"融资分红"行为中的"分红"一词体现了股利支付决策的实施，而"融资"一词是指企业通过外部融资方式筹集资金的过程。无论是债务融资还是股权融资，都会引起企业资产负债率的变化，属于企业资本结构调整决策的范畴。因此，"融资分红"行为使得企业的各项财务决策之间呈现错综复杂的关联性特征。

本书观察到了中国沪深A股上市公司一边融资、一边分红的"融资分红"现象，结合2008年以来中国证监会颁布的一系列半强制分红政策的相关规定，对传统股利支付理论隐含的分红资金来自内部现金流假设提出了质疑。根据主要的研究问题，本书对融资理论、财务柔性、股利支付理论、财务决策关联性等相关学术研究成果进行了梳理总结，通过理论分析，推导出三条假设。在利用上市公司的数据进行实证检验之后，这些假设均获得了验证，如表6-1所示。这说明，公司的现金分红资金不全是来自内部现金流，外部资金也是分红的重要来源，引入财务决策关联性视角后，对企业的"融资分红"行为具有较强的解释力度。此外，中国上市公司分红行为的政策背景是中国证监会颁布的一系列半强制分红政策的相关规定，该政策的出台提振了投资者的信心。本书将这些内容综合起来，得到了关于企业"融资分红"行为的结论。

表 6-1　本书所提假设及对应的检验结果

假　　设	结果
假设 1　半强制分红政策显著增强了投资者信心。给定其他条件相同，相比于半强制分红政策的相关规定实施后实际股利支付率超过达标水平的公司（对照组公司），实际股利支付率维持在达标水平的公司（处理组公司）的投资者信心受到半强制分红政策的相关规定实施的影响更大，表现为在半强制分红政策的相关规定实施后处理组公司的投资者信心相对于对照组公司显著增强	支持
假设 2　半强制分红政策的背景下，中国上市公司的"融资分红"行为具有普遍性，且增强投资者信心所支付的现金股利主要来自外源融资	支持
假设 3　中国上市公司通过"融资分红"行为可以实现在发放股利的同时调节资本结构和稳定现金储备。考虑到融资难易程度与使用效果，当利用外部资金为分红筹资时，较多采用的是债务筹资的方式，而较少采用权益筹资的方式	支持

第一，中国证监会颁布的一系列半强制分红政策的相关规定是有效的[1]，促进了上市公司的分红行为，提振了投资者信心。

与西方发达国家的自由市场不同，中国等新兴资本市场的股利支付行为很大程度上来自政府政策的推动。中国证监会颁布一系列半强制分红政策之后，上市公司股利支付额度的增速显著增快，但该政策也饱受争议，褒贬不一，现有评估该政策相关规定有效性的文献也面临着内生性问题的挑战。本书注意到，半强制分红政策对于不同上市公司投资者信心的影响是外生的，从而提供了一个关于研究投资者信心变化的理想"自然实验"。本书的研究发现，半强制分红政策显著增强了投资者信心。不论是原先股

---

[1]　本书双重差分模型运用的外生冲击事件为 2008 年 10 月 7 日中国证监会颁布的《关于修改上市公司现金分红若干规定的决定》第三条中"最近三年以现金方式累计分配的利润不得少于最近三年实现的年均可分配利润的百分之三十"的要求。为了措辞更加严谨和规范，本书只证明了半强制分红政策的相关规定是有效的，至于其他条款是否也具有有效性，留待后续的研究和检验。

利支付率低于监管要求的公司，还是本身股利支付率就超过监管要求的公司，半强制分红政策的相关规定实施后，这两类公司投资者的信心都有所增加。在其他条件相同的情况下，半强制分红政策的相关规定实施后前者对投资者信心的提振效果更大。本书的研究为评估半强制分红政策的相关规定提供了新的视角，验证了该政策相关规定的有效性。

第二，在半强制分红政策的背景下，中国上市公司"融资分红"行为具有普遍性，即公司用于分红的现金并非完全来自内部自由现金流，有相当一部分来自企业外部融资。

近年来，中国上市公司的分红总额和股利支付率均不断提升，然而上市公司用于分红的内部自由现金流所占比重并未同步上升，通过对发放股利的公司的财务状况进行深入分析后发现，它们的净利润不足以支持如此大规模的股利支付。本书通过描述性分析和分组比较的方法，验证了中国上市公司"融资分红"行为是普遍存在的，很多公司用于分红的真实资金来源于外部融资。本书的研究发现并不能够从传统股利支付理论中找到解释，因为传统股利支付理论认为现金股利应当来源于满足当前及未来投资活动后的剩余现金流。本书的研究打破了现金分红来自内源融资的共识，填补了文献空缺，丰富了股利支付领域理论研究的内涵。不过，需要注意的是，内部自由现金流依然是企业现金股利支付的传统来源，虽然其比重在下降，但仍然不能被忽视。

第三，企业债务净增加和股权净增加是填补股利支付缺口的关键资金来源，且前者贡献更大。

中国上市公司中"融资分红"行为是普遍存在的，内部现金来源不足以弥补现金运用的缺口可以由外部融资进行填补。本书的研究表明，公司为现金分红所采取的外部融资方式主要是债务融资。这个结论符合融资领域的理论研究，即公司举债能够取得传递"利好"信号、提高管理者个人收益、降低公司被接管的风险、降低股权代理成本及获取较高税盾收益等好处。当公司的杠杆水平偏高时，出于稳定现金储备的考虑，债务融资所增加的现金储备需要被管理者妥善运用于现金股利的支付，从而提升债务净增加贡献的分红水平。从优序融资理论的角度，债务融资的成本也比股权融资的成本要低，股权融资的门槛较高，程序较烦琐，通过增发新股来及时满足企业现金股利支付的做法不可行，对于那些本身处于不利竞争地位的企业而言尤为如此。

第四，上市公司"融资分红"行为并不是企业为了迎合监管而为，更多的是出于财务决策关联性考虑而实施的合理举措，能够满足内部调节资本结构和稳定现金储备的需要，也增强了外部投资者的信心。

中国上市公司"融资分红"行为是普遍的，为了探寻这种行为的理论支撑，本书分别从公司内部和外部的视角探寻了可能的理论依据。从公司内部的角度来说，本书研究发现，"融资分红"行为并不是企业为了执行中国证监会颁布的一系列半强制分红政策的相关规定而被迫采取的权宜之计，更多的是出于财务决策关联性考虑而实施的合理举措，有助于企业同时调节资本结构和稳定现金储备。这也是大多数公司无法单独使用分红（或外部融资）来复制的方式。本书的结论也说明，公司进行资本结构调整可能也是股利政策的关键目的。从公司外部的角度来说，在半强制分红政策下，公司通过外部融资的方式为分红提供资金，显著增强了投资者的信心，给资本市场带来了正面影响。

总之，本书的研究表明，半强制分红政策的相关规定是有效的，在该政策下企业的分红资金来源并不局限于内源融资，也可以来自外源融资，企业的"融资分红"行为提振了投资者的信心。因此，需要从财务决策关联性的视角出发，辩证地看待企业的各项财务决策。企业的举债融资不仅可以取得资金还能够调节杠杆水平，企业的分红行为也不仅仅是利润分配，也会涉及企业的现金持有与资本结构的调整。同时，也要注意到外源融资尤其是负债融资的不良后果（如破产风险等），合理地筹集分红的资金。

第二节 研究启示

本书以股利支付缺口、债务净增加额和股权净增加额等关键指标考察企业分红行为和融资行为之间的联系，并验证了一系列假设，得出了重要的研究结论，基于这些结论，本书得出如下研究启示。

一、理论启示

本书的理论启示主要包括三点。

（一）当企业现金分红时，不会只采用内部现金流，外源融资也是分红资金的重要来源

长期以来，关于股利支付的文献一直认为，企业的分红支出主要是由内部资金资助的，或者说，企业分红的资金来源于内部现金流是众多股利支付理论研究的隐含假设。本书通过对中国上市公司的"融资分红"行为进行研究，打破了这种传统认知，更为重要的是，本书发现"融资分红"行为并不是个别企业的偶发行为，而是在整个资本市场都普遍存在的。大量文献研究了股利支付形式的决定因素、股利支付的动机以及股利支付决策对于企业股票回报的影响等，分红既可以来自内部资金也可以来自外部资金，当股利支付理论的基础假设条件发生变化之后，以上这些有关股利支付领域的研究是否也应该被重新审视？比如，股利信号理论认为，公司股利的维持或者变化能够向外界传达自身的盈利水平情况，但是股利信号理论并没有考虑分红资金的来源问题，外界只是根据股利的变化判断公司盈利状况，而不是依据股利的来源判断公司的盈利状况。一家分红全部来

自内源融资的公司和一家通过外部融资进行分红的公司，它们的股利发放是否向市场传递了不同的信号？又比如，传统的股利支付理论都是建立在企业分红的资金来源于内部现金流的假设基础之上，那么，在"融资分红"行为新常态背景下的资本市场里，这些传统理论究竟还有没有适用性，应该如何进行修正？本书的研究为拓展股利支付理论的内涵做出了一定的理论贡献，开辟了"融资分红"行为新常态背景下股利支付领域研究的新方向。

（二）外部融资用于现金分红的普遍性得以验证，使得我们对公司分红和资本结构政策的驱动因素有了新的理解

本书的研究发现，公司同时使用分红和外部融资的方式来管理杠杆和现金持有水平，"融资分红"行为有助于企业在不改变现金储备的情况下提高资产负债率，这是大多数公司无法单独使用分红（或外部融资）来复制的方式。过去很多文献在研究企业投资、融资等行为时，往往将各项企业活动割裂开来看待，而没有对企业各项财务活动之间的联系展开研究。由于研究分红资金来源的文献是相对空缺的，本书通过引入财务决策关联性视角解释了中国上市公司的"融资分红"行为，即实现资本结构调整也是公司"融资分红"行为的驱动因素之一，资本结构的变化不是副产品，而是公司股利政策的关键目标。可以发现，从财务决策的关联性看，资本结构调整决策与股利支付决策之间存在密切关联，股利政策的实施不仅仅只是为了满足广大股东的投资收益，同时也是出于调整资本结构的考虑。在对单一财务决策进行分析时，不能就分红而谈分红，眼光只局限于分红本身，而需要结合多种财务决策理论，立足于企业的长远发展，制定最优的股利政策。

此外，本书的研究发现，债务筹资是外部筹集分红资金的主要方式，权益筹资次之。企业优先选择债务为分红筹资，符合资本结构调整的权衡

理论。债务利息可以税前扣除，具有抵税效应，从而能使公司获得较高的税盾收益（Bessler，2011），举债融资会提升企业的市场价值（Grossman and Hart，1982），减轻潜在的代理问题（Jensen，1986），等等。这都是企业负债的优点。从优序融资理论的角度看，股权融资的门槛较高，融资成本与负债融资相比也较高。本书的研究从一定层面印证了有关资本结构领域的研究成果，扩展了资本结构理论的应用范围。

（三）中国证监会颁布的一系列半强制分红政策的相关规定是有效的

中国上市公司现金分红行为基于的是中国证监会颁布的一系列半强制分红政策的相关规定，半强制分红政策在学术界其实饱受争议，褒贬不一。支持半强制分红政策的学者认为，半强制分红政策卓有成效，有力地提高了中国资本市场的股利支付水平（张跃文，2012；安青松，2012）。而半强制分红政策的负面效应主要指"监管悖论"，即该政策在推动上市公司分红的同时也干预了公司的股利支付决策，有"越俎代庖"之嫌。本书在研究公司分红资金来源问题的同时，也评估了该政策相关规定的有效性，通过观察该政策的外生影响——投资者信心变化来评估其效果。本书研究发现，在半强制分红政策下上市公司的"融资分红"行为是对传统股利支付理论内涵的扩展，因为公司支付的现金股利可以来自外部融资，而在严格的半强制分红政策下，中国上市公司更有动力这样做。本书的研究为评估半强制分红政策相关规定的有效性提供了新的视角，为中国证监会颁布的一系列半强制分红政策提供了重要的理论支撑，也为今后半强制分红政策的制度设计和完善提供了新思路。

综上所述，在现实不完美的资本市场中，存在着众多财务摩擦因素，这些因素使得公司并不能忽略股利政策的重要性。在中国的资本市场，存在来自监管层关于企业现金分红的引导，在半强制分红政策的背景下，中国的上市公司提升了自身的股利支付水平。当企业内部的现金流不足以支付现金分红时，如果强制使用来自内部的资金会严重消耗公司自身的现金储备。因此，企业会选择筹集外部的资金进行分红，尤其是通过债务方式筹集的资金。通过"融资分红"行为，企业既实现了分红的资金需要，同时也管理了自身的杠杆水平和现金储备。从财务决策关联性的视角思考企业的股利支付决策，理解企业的"融资分红"行为，能使股利支付理论更加贴近于现实。企业筹集外部资金实现分红的行为打破了传统股利支付理论认为分红资金来自企业内部的共识，财务决策关联性视角的切入，拓展了股利支付理论的广度与深度，丰富了其理论内涵，对于完善公司治理研究体系具有一定的启示。

二、实践启示

本书得到的实践启示包括四点。

（一）对于企业管理者而言，需要具备系统性思维，从财务决策关联性的视角出发，妥善制定现金股利支付决策

系统性思维要求企业管理者的思想不能还停留在过去。在过去，企业的三大核心财务活动——投资、融资以及股利分配是割裂开的，即便是理论界的研究也往往只研究其某一方面的内容。本书研究的结论已经证明，企业的财务活动并不是孤立的，而是普遍联系在一起的，企业在做出投资决策时会考虑到筹资和利润分配，而在从事筹资决策时也会考虑投资和利润分配的问题，在进行分红行为时也会去考虑资本结构与现金持有的问题。所以，系统性思维下企业要将各项财务活动联系在一起，比如，企业在执行中国证监会颁布的一系列半强制分红政策的相关规定时，短期内不必追求现金运用和内部来源的绝对平衡，可以根据企业实际的财务状况，允许股利支付缺口的存在。同时，虽然本书验证了"融资分红"行为的存

在性与普遍性,并指出债务融资是分红的重要外部资金来源,但并不意味着企业就可以一味地模仿这种分红方式。企业在制定股利政策时还是应该结合企业内部和外部的真实情况合理决定,即使企业需要通过外部渠道为分红融资,也应当结合资本结构、现金持有合理以及外部市场的预期反应等因素,恰当地安排好分红所需的债务融资和股权融资的比例,以实现价值最大化的目标。新时代的企业家需要具备系统性和战略性的思维,扩展自身的眼界和视野,充分理解企业各项财务决策之间具有的复杂关联性,认识到其所采取的任何举动都可能产生"牵一发而动全身"的传导效应,所以,要求其基于财务决策关联性考虑而做出稳妥且恰当的现金股利支付决策。

(二)广大投资者应正确认清上市公司"融资分红"行为的内在实质

本书研究的一个重大边际贡献便是证明了中国上市公司高额分红的背后其实并不全都来自内部现金流,还会有外部融资的存在。这是以往学者少有关注的问题,投资者对于企业的"融资分红"行为也是相对陌生的。本书的发现有助于增进投资者对企业分红行为内涵的了解,帮助投资者更加理性地做出投资决策。同企业管理者一样,投资者也应该有一个更开明的眼光,既要看到当下中国资本市场分红呈现的增加趋势,也要理解其背后的真实现状和原因。尽管本书的研究发现"融资分红"行为是一个能够实现多方获益的帕累托改进,即在企业内部帮助企业管理资本结构与现金储备,在企业外部给予投资者相应回报、增强投资者信心,但是通过外部筹资分红所具备的"昂贵的游戏"属性依然是存在的。近年来,中国一直在强调"去杠杆",很多公司遇到了债务危机,使得投资者利益受损。广大投资者必须充分估计企业存在的风险,尤其是流动性风险和违约风险,意识到高额分红是企业基于财务决策关联性综合考虑的结果,并不能代表企业实际经营状况和盈利能力绝对良好。特别在 2020 年新冠肺炎疫情席卷全球的巨大冲击下，全球多数企业的经营状况较为惨淡，业绩表现和利润水平不达预期。在此情形下，如果企业为了满足广大股东的投资收益需求，仍然进行高额现金股利的派发，那么，此举未必是有助于企业可持续成长的恰当举措。也就是说，在新冠肺炎疫情暴发的大背景下，企业"融资分红"行为的合理性值得深入思考。在时局艰难的环境下，广大投资者需要跟企业共度艰难，不必过于计较当前现金股利支付额的多少，而应从企业长远发展的角度对企业经营管理活动予以更多的监管和关注，从而努力克服疫情带来的负面影响，实现自身利益增加和企业健康发展的"双赢"。目前，对于"融资分红"行为是否影响投资者的长期股票收益率的问题还有待研究验证，投资者在选择公司投资时依然要谨慎，资本市场存在"羊群效应"，投资者要避免盲目的随大流和跟风行为。

(三) 中介机构需要准确评估公司"融资分红"行为的内在合理性，保护广大投资者的利益

资本市场的中介机构是作为专业机构帮助缓解各方信息不对称问题而存在的，中介机构发布的关于企业的信息同样具有"信号效应"。在当下金融供给侧结构性改革和"去杠杆"的背景下，中介机构也应对企业的"融资分红"行为产生足够重视，做好资本市场的"守门人"。例如，当企业的外部事务所从事审计工作时，如果发现企业分红较多，不能只看表面，而是要深入分析企业经营状况、内部现金流及现金持有状况、为了分红所筹集的债务是否会使企业陷入财务困境、债务违约有多大影响等。此外，企业"融资分红"行为得以顺利开展的关键在于，企业能够及时为支付的现金股利进行充裕的外部融资（包括债务融资和股权融资）。由于信息的不完全性和不对称性，加上不确定性风险的存在，外部融资进程中资金需求者和资金供给者无法顺利地开展融资活动。此时，掌握较多信息的中介机构则需要充分发挥金融市场的"桥梁"和"纽带"作用，为资金需

求者和资金供给者搭建平台，创造便捷的融资匹配条件，促进双方实现顺利融资，并努力做好债权人、债务人、股东和管理者之间的信息传递和交流工作，从而有助于企业"融资分红"行为能够顺利地开展。

（四）对政府相关监管部门而言，需要稳妥实施以盈利为基础的股利发放指引，完善法律法规和市场机制，为企业持续经营营造良好的外部融资环境

本书的研究解释了上市公司"融资分红"行为的部分合理性，但是结合当下的经济形势，尤其是随着市场环境中不确定因素的增加，对于"融资分红"现象能否持续下去、是否应该保持下去、怎样维持下去等问题都应当好好思考。对于监管层而言，一方面，如果企业用于分红的资金主要依赖于债务融资，则需要思考整个资本市场的债务规模是否恰当，当众多公司纷纷以成本相对"昂贵"的外部融资增加分红时，会不会导致整个市场系统性风险的增加。另一方面，考虑到企业的"融资分红"行为有其内在合理性，并且提升了投资者的信心，监管层也需要为企业持续经营营造良好的外部融资环境，为企业实施"融资分红"行为创造一定的便利条件，并对投资者信心后续的变动情况进行适时追踪与反馈。本书的研究为评估半强制分红政策相关规定的有效性提供了新的视角，为中国证监会颁布的一系列半强制分红政策提供了重要的理论支撑，也为今后半强制分红政策的制度设计和完善提供了新思路。那么，在具体实践过程中，今后半强制分红政策应当如何实施？针对企业实施"融资分红"行为的新常态，监管部门应该如何应对？如何继续评价半强制分红政策的实施效果？这些都是监管部门需要着重思考的命题。

综上所述，本书对于企业管理者的实践启示在于，需要一个更系统的思维联系地看待企业的各项财务活动，从财务决策关联性的视角出发妥善制定现金股利支付决策。企业在执行中国证监会颁布的一系列半强制分红

政策的相关规定时，可以根据自身财务状况通过外部融资，但需要合理恰当地安排好为分红所需的债务融资和股权融资的比例，以实现价值最大化的目标，保护投资者的权益。本书对于企业外部利益相关者、中介机构及监管层的实践启示在于，首先，要认清企业"融资分红"行为的实质，企业的分红资金既可能来自内部，也可能是通过外部筹资取得的。其次，要准确评估"融资分红"行为对企业价值的影响，"融资分红"行为并非适用于所有公司，尤其是当公司举债过高时，会带来较大的财务风险（Bessler et al.，2011；Rocca，2011）。对于中介机构而言，要发挥好资本市场"守门人"的作用。对于监管部门而言，需要继续完善法律法规和市场机制。总而言之，企业健康的现金分红行为，需要各方共同的努力。

第三节　研究局限和未来研究展望

一、研究局限

企业的"融资分红"行为包含"债务融资分红"行为和"股权融资分红"行为两种形式。本书的研究发现，债务融资是分红资金的主要来源，因此，到目前为止，本书的重点一直是了解债务资助现金分红的动机。在用于探究股权融资资助现金分红的实证分析中，股权净增加贡献的分红组中各变量的系数值和显著性水平不如债务净增加贡献的分红组。本书给出了一个可能的解释，即中国上市公司面临较高的增发新股门槛（李康等，2003），使得中国上市公司利用股权净增加进行现金股利支付的情形非常少见，较少的样本量使相关变量的回归效果不尽如人意。股权融资究竟能否成为现金分红的资金来源呢？这是目前"融资分红"行为研究的局限之一。尽管没有实证分析的支持,本书从理论的角度思考了公司发起股权融资为分红筹集资金的潜在动机。首先,如果企业经理人认为公司在当年发生了价值高估和低估的循环,那么,他们便可以使用通过权益融资的股票回购来参与市场选择。公司股票价格的波动性越高,经理人通过参与市场选择以利用错误估值的机会就越多(Warusawitharana and Whited,2016)。其次,Easterbrook(1984)指出,"股权融资分红"行为可能是代理问题驱动的,当企业支付高额股利时它们就需要为新投资融资,这样便可以让投资决策受到来自资本市场的审视。Farre-Mensa(2018)对美国上市公司"融资分红"行为的研究也表明,没有机构投资者的公司倾向于"股权融资分红"行为,"股权融资分红"行为成为了利用机构投资者作为公司治理机制(Harford et al.,2008)的替代品。在未来的进一步研究中,如果能观察到很多的"股权融资分红"行为,便可以对理论预测予以验证。

本书的研究表明,债务融资是资助企业现金分红的主要外部来源,但只是初步从公司举债的好处、财务决策关联性视角下现金分红与资本结构调整、现金持有的关联做出了解释。事实上,债务融资行为受到宏观经济状况(Erel et al.,2012)、融资约束(Campello et al.,2010)、信贷市场情况(Lopez-Salido,2017)等外部环境的影响很大。宏观经济低迷、信贷缩紧等外部环境变化都会严重影响企业的债务融资能力。当经济繁荣发展、融资比较容易时,企业的负债会增加;当信贷市场情绪高涨时,企业也会倾向增加负债。那么,当企业能比较容易地进行融资时,企业的"融资分红"行为也是有可能增加的。Farre-Mensa 等(2018)在研究美国上市公司"融资分红"行为时,也发现美国上市公司的"债务融资分红"行为呈现出顺周期性的特征。另外,考虑到中国特定的制度环境,国有企业是一类特殊的存在,在当下深化国有企业改革的背景下还形成了混合所有制企业。很多学者发现了股权差别对于企业融资能力的影响,即"国有企业预算软约束"（林毅夫等，2004），在预算软约束的影响下，国有企业相对于民营企业更容易取得贷款（方军雄，2007），也会更为积极地通过举债扩张企业规模（Qian et al.，2009）。既然国有企业和民营企业在债务融资难易程度上存在差异，那么，这种差异也可能影响"融资分红"行为，国有上市企业有可能容易通过举债的方式资助分红。如果能够结合信贷环境、股权性质等具体的融资情境变化，考察中国上市公司的"债务融资分红"行为，便可以使本书的研究更深入、更系统。

尽管本书的研究具有一定的创新之处与实践指导意义，但毕竟国内外有关的类似研究还不充分，难以为"融资分红"行为提供令人完全信服的解释。本书认为，"融资分红"行为是企业出于财务决策关联性考虑而做出的理性选择，但鉴于不同财务决策之间的错综复杂性和动态关联性，在"融资分红"行为实施后，如何度量相应财务决策变动所带来的收益和成本，"融资分红"行为究竟使企业做出了正确的财务决策，还是造成了财务决策的扭曲，这些问题都有待我们进一步探讨。

综上所述，如果我们能够观察到更丰富的"股权融资分红"行为，结合信贷环境、股权性质等具体情境考察中国上市公司的"债务融资分红"行为，并深入而全面地探讨"融资分红"行为实施后带来的收益与成本，将有助于我们对企业股利分配问题产生更加系统和深刻的认识。

二、未来研究展望

上市公司股利支付的现金来源是股利支付领域未被充分挖掘的研究对象，"融资分红"行为也是一个新兴概念，本书的研究只是迈出了第一步，仍然有众多尚未解决的问题，急需更多的研究来完善整个理论体系。

可以预见，在未来关于现金股利支付以及"融资分红"行为的研究至少可以从以下六个方面展开。

（一） 如何确定最为恰当的企业分红、流动性与资本结构水平和搭配

本书的研究发现，企业"融资分红"行为的背后反映了股利支付决策、现金持有决策以及资本结构调整决策之间的关联性。那么，这种关联性是否隐含着这三种财务决策存在最优的搭配结构？本书的研究启示企业管理者需要具备系统性思维，联系地看待各项财务决策，然而，如果能有一个股利支付（既包括内源融资也包括外源融资）、现金持有以及资本结构调整的最佳搭配作为指引，将为管理者的实践提供更大的帮助。

从理论研究的角度来说，不论是资本结构还是现金持有，都有了关于"最优水平"的研究。就目标资本结构而言，它是一种股权与债权间的安排，能够最小化资本成本，实现公司价值的最大化（Frydenberg，2011），静态权衡理论支持目标资本结构的存在，动态权衡理论也认为公司存在着目标资本结构。相关实证证据也支持了目标资本结构的存在性（Cook and Tang，2010）。现金持有量的研究者在资本结构调整的权衡理论（Kraus and Lizenberger，1973）基本思想的基础上，建立了现金持有量的静态权衡模型。在该模型下，持有现金既有收益也有成本，持有现金的收益主要包括：第一，筹集交易成本的节约（Opler，1999）；第二，降低财务困境出现概率的收益（Ferreira and Vilela，2004）；第三，提供财务柔性等（Gamba and Triantis，2008；董理和茅宁，2013）。持有现金的主要成本有代理成本（Jensen，1986）、投资于流动资产的机会成本（Ferreira and Vilela，2004）等。根据该模型，公司也存在最佳现金持有量。

尽管理论研究上目标资本结构和最佳现金持有量都是孤立地看待资本结构与现金持有的，但是其背后都运用了权衡理论的思想。受此思想的启发，本书认为，如果要确认最为恰当的企业分红、流动性与资本结构水平和搭配，就需要考虑在"融资分红"行为实施后，比较相应财务决策变动所带来的收益和成本的大小。此外，还应注意到企业特征与时间跨度所带

来的影响。不过，当下还没有找到能够恰当度量财务决策变动所带来的收益和成本的方法，需要财务学者不断加深研讨和增强探索，从而为今后企业管理者的经营管理活动以及财务决策的制定提供更加科学合理的指引。

（二）展开对外部融资方式的纵深研究

"融资分红"行为包括"债务融资分红"行为和"股权融资分红"行为两种方式。一方面，可以结合中国的宏观经济情况、货币政策、信贷环境等具体的融资情境变化来深入考察企业"债务融资分红"行为的变化。比如，我们注意到，中国证监会于 2006 年颁布的《上市公司证券发行管理办法》要求上市公司重视现金股利支付，2008 年修改规定进一步提升了分红比重，而 2008 年恰巧也是全球金融危机爆发的年份。为应对 2008 年全球金融危机，包括中国在内的许多国家在一段时期内都实施了宽松的货币政策。而宽松的货币政策也降低了举债的成本，企业更容易借款，降低了"债务融资分红"行为的难度。换句话说，在这一货币宽松时期，公司举债分红所带来的财务风险不高。但是近年来，中国实施了"去杠杆"的宏观经济政策，银行信贷趋紧，举债难度上升，高杠杆企业所面临的财务风险也更大。在"去杠杆"背景下，实施"债务融资分红"行为的公司数量是否会大幅下降？这有待未来的研究考察与分析。2020 年突发的新冠肺炎疫情席卷全球，给全球多数企业的经营管理、融资和投资活动造成了重创，为企业"输血救命"已成为当务之急。在此背景下，2020 年 3 月底，欧盟委员会负责经济和金融政策的执行副主席东布罗夫斯基斯表示，欧盟将推迟对银行实施《巴塞尔协议Ⅲ》中严格的新资本规定。其表示，当前并非是推行迫使银行增加股本标准的好时机。在抗击新冠肺炎疫情的斗争中，支持放贷已成为欧盟压倒一切的首要任务。与之相似，中国人民银行在 2020 年 2 月 19 日发布的《2019 年第四季度中国货币政策执行报告》中也指出，要将新冠肺炎疫情防控作为当前最重要的工作来抓，加大对新冠肺炎疫情防控的货币信贷支持。也就是说,在新冠肺炎疫情暴发的今天,资本市场又出现了信贷宽松的"反转",使企业从资本市场举债融资的难度有所降低,从而又降低了企业实施"债务融资分红"行为的难度。综上所述,结合更加具体的债务融资情境考察公司的"债务融资分红"行为,能够帮助我们理解其行为背后的驱动因素。

另一方面,现有文献中没有发现较多的关于中国上市公司实施"股权融资分红"的行为,其原因主要在于权益融资的门槛较高,融资成本较大。但是,当前的"股权融资分红"行为较少,并不代表未来也少。联系实际,中国目前正在建设现代化经济体系,构建全方位、多层次的资本市场,并于2019年和2020年分别创立了科创板和进行了创业板注册制的改革。2020年10月9日,国务院印发《关于进一步提高上市公司质量的意见》提出,将"全面推行、分步实施证券发行注册制,支持优质企业上市"。注册制下,证券发行审核机构只对注册文件进行形式审查,而不进行实质判断,从而降低了企业的上市门槛;同时,配套有中介机构即券商对预备上市的公司进行考查,以及对作弊中介商加强处罚;并配套有相关降低退市门槛的规则。总之,中国资本市场改革的目的之一便是降低上市门槛、提升企业直接融资的能力。未来在权益融资门槛降低的条件下,也许能观察到更多实施"股权融资分红"行为的企业案例,也有助于我们进一步展开分析研究。

(三)展开对公司现金分红形式的深入研究

一直以来,美国上市公司均采用现金股利而非股票回购的方式支付股利。然而,自20世纪80年代,这种格局开始转变,股票回购逐渐成为主流的支付方式。Faree-Mensa等(2018)对美国上市公司"融资分红"行为的研究也基本基于股票回购的股利支付方式。中国目前仍以股息作为股利支付的主要方式,未来会不会向美国趋同还是未知数。对于中国的 A 股市场来说，上海证券交易所和深圳证券交易所均颁布了有关上市公司回购股份的实施细则，指出回购股份金额视同现金分红金额，并且说明用于回购股份的资金可以来自外部筹资。从 A 股市场的实际表现来看，2018 年，中国上市公司回购呈现井喷态势，而进入 2019 年后，上市公司的回购热情进一步升温。具体而言，根据 WIND 数据统计，2018 年全年共有 999 家上市公司推出股票回购计划，并有 655 家上市公司已经开始实施回购。2018 年 A 股股票回购平均单笔回购金额约为 5700 万元，大金额回购现象较为显著。根据光大证券统计，截至 2018 年 9 月，A 股就有 529 家公司实施了 729 次回购，回购金额为 251 亿元，而 2017 年同期仅有 49 亿元。

可以看出，虽然股票回购尚未像现金股利一般成为现金分红的主要形式，但其在中国资本市场依然占据重要的地位，尤其近三年来股票回购增长趋势极其迅猛，值得公司财务学者重点关注，因为其会对以现金股利为分析基础的"融资分红"行为的相关学术观点产生重要影响。如果以股票回购作为现金分红形式的话，那么，股票回购的资金是否也主要来自企业外部融资？这部分资金是否仍以债务净增加为主？这种股票回购方式能否像现金股利支付一般，得到投资者的青睐，提振资本市场的投资者信心呢？这些问题都有待将来学术界的进一步研讨。因此，上市公司利用融资资金并采取股票回购的方式支付股利是完全有可能的，未来的研究可以着眼于此，深入挖掘。

第七条　上市公司以现金为对价，采用要约方式、集中竞价方式回购股份的，当年已实施的回购股份金额视同现金分红金额，纳入该年度现金分红的相关比例计算。

第十三条　上市公司可以使用下列资金回购股份：

（一）自有资金；

（二）发行优先股、债券募集的资金；

（三）发行普通股取得的超募资金、募投项目节余资金和已依法变更为永久补充流动资金的募集资金；

（四）金融机构借款；

（五）其他合法资金。

——摘自《深圳证券交易所上市公司回购股份实施细则》

（四）是否存在关于"融资分红"行为的替代性解释

本书观察到，中国上市公司主要采用外部债务融资的方式为分红融资，沿着债务融资与资本结构调整决策、现金持有决策等决策的联系，本书从"财务决策关联性"的视角出发，对"融资分红"行为进行了解释。虽然在第五章的稳健性检验中，我们进行了内生性测试，排除了未来投资机遇和股利支付是"附产品"的假设等，证明了研究结论具有较强的稳健性。但是，这不过只是本书给出的一个解释，"融资分红"行为的动因可能不止于此，可以联系近年来公司治理领域的热点问题进行相关验证。

1. 中国上市公司"融资分红"行为是否会是大股东掏空的一种方式

现金股利是上市公司的一项重要财务决策，也是控股股东与中小股东及其他相关方利益均衡的一个重要环节。在传统的股利代理成本理论中，公司的股权被广泛持有，即股权高度分散并假定股东是同质的。在这样的公司背景下，单个股东所持有的股份较小，既缺乏动机也缺乏权力来监督经理人的利己行为，便产生了股东与管理者的矛盾冲突。Jensen（1986）提出了"自由现金流假说"，并指出股利是减少自由现金流的办法之一，可以阻止管理者将大量自由现金流用于低效投资。在"自由现金流假说"下，自由现金流量高的公司实施高派现可以降低代理成本，提高公司价值。

传统的股利代理成本理论关注的是管理者与全体股东之间的代理问题，并没有注意到由于多数决定机制使股东对公司决策具有不同的影响力和不同身份的股东之间存在的利益冲突，也就是说，它并没有关注大股东与小股东之间的代理问题。大股东可能会侵占小股东的利益，这一问题被称为"大股东掏空"。大股东"掏空"的观点最早由 Johnson 等（2000）提出，他们认为，在股权集中的情况下，大股东基于追求私人利益，会通过控制权以隧道的方式侵占上市公司的资源，从而损害了中小股东的利益，造成了大股东与中小股东之间较为严重的代理问题。在一些国家的大多数公司里，股权集中是公司股权结构的另外一种常态，即使在美国，股权集中的公司也不少见。近年来，上市公司的股权结构开始呈现越来越集中的趋势，尤其在新兴资本市场国家的上市公司中，存在"一股独大"的现象。中国正处于经济转型时期，上市公司普遍具有股权结构集中的特征，在缺乏严格的中小投资者法律保护制度的情况下，大股东很有可能通过侵害中小股东利益来谋求个人私利（Jiang et al.，2010），大股东的道德风险问题越来越受到国内外学者的关注。

大股东掏空上市公司的方式多种多样，资金占用便是其中一种典型的方式，但是，随着资本市场信息披露质量要求的提高和监管力度的加强，传统的掏空方式所伴随的成本和风险也越来越高，而现金股利政策本身具有合法性、灵活性，加之具有天然的隐蔽性，所以，逐渐成为大股东所偏好的掏空方式（张路等，2015）。Shleifer 和 Vishny（1997）认为，公司大股东存在利用现金股利政策侵占中小股东利益的动机，股权集中度越高，这种侵占现象越明显。陈信元等（2003）、陆正飞等（2010）发现，不合理的现金股利政策迎合了大股东的意愿，成为大股东侵占上市公司资源的重要工具。就本书所发现的以债务融资为主要方式的"融资分红"行为而言，如果公司本身不需要派发很多现金股利，而大股东为了获取现金股利收益，不惜让公司从外部为分红筹资，使得公司实际发放的股利远高于应该发放的必要股利，便也成为一种大股东掏空上市公司利益的行为。而且，举债会增加公司的财务风险，举债融资取得的资金也是稀缺的，用于分红便会使得公司很多更需要使用资金的活动受到掣肘。本书并没有对实施"融资分红"行为的公司进行详细的股权背景分析,"融资分红"行为是否是大股东掏空的一种手段,还有待未来的研究核实验证。

2. 中国上市公司"融资分红"行为是否具有"同伴效应"

国内外股利政策的既有研究主要集中于对股利相关理论的实证判别、投资者的股利偏好和上市公司最优股利政策的制定等方面,其中,对于上市公司股利支付决策影响因素的研究文献,大多从公司自身因素(如公司治理因素、公司特征及财务状况)、外部环境因素及制度文化等视角对其进行解释,较少涉及上市公司之间互动行为对股利支付决策的交叉影响,即本企业对临近地区、相似行业或有相似特征的同伴企业行为进行模仿或学习,进而产生同群效应和企业集群行为,也可称之为"同伴效应"。"同伴效应"是最早应用于教育、健康及慈善捐赠等社会学领域的个体行为活动,近年来,逐步应用于公司治理等经济学和金融学的前沿研究之中。

在本书中,我们验证了中国资本市场上"融资分红"行为的普遍存在性,那么,这种普遍性也有可能是上市公司互相观察股利政策后学习模仿产生的结果。在最初的时候,必然只有少数上市公司采取了"融资分红"行为的股利支付方式,不太可能出现有众多公司突然由传统的"内源融资分红"的行为方式转向更高成本的"外源融资分红"的行为方式。实施"融资分红"行为的公司数量是由少变多的,但是这一过程目前还缺乏科学合理的解释,而"同伴效应"也许可以作为解释这一过程的理论之一。

企业财务决策具有"同伴效应"(Manski,2000;张天宇和钟田丽,2018)。相同年度同行业的企业,其产品、服务和业务流程都具有较强的相似性(权小锋等,2016),同时,也面临相似的外部环境和行业特征(王化成等,2015),在资本结构调整决策的制定上会彼此学习和借鉴,作为对同伴行为的内生反应。因此,这些公司的债务净增加具有一定的相关性,这也是本书第五章工具变量选取的重要依据之一。学术界已经有一些学者研究了有关股利政策的"同伴效应"。Popadak 和 Jillian(2012)的研究验证了上市公司股利分配具有模仿行为，证实了股利政策"同伴效应"的存在。Adhikari 和 Agrawal（2018）以及 Grennan（2018）均发现，公司现金分红行为存在行业"同伴效应"，同行业其他企业的股利分配行为会影响目标企业的股利发放。此外，就现有关于"同伴效应"的研究而言，多数研究均发现，企业在制定财务决策时会参考行业内领头羊企业的做法。联系本书所研究的"融资分红"行为，可以考察其是否具有企业之间股利政策互相影响的"同伴效应"。同时，可以关注行业内的领头羊企业是否实施了"融资分红"行为，如果是，再考察同行业内的其他企业是否会模仿参照领头羊企业的股利政策。倘若"融资分红"行为具有"同伴效应"的话，便可以尝试解释其在中国资本市场的普遍性。进而，如果企业实施"融资分红"行为的确是由于"同伴效应"而互相模仿，那么，这种行为是否有助于企业自身实现价值最大化的目标？是否是企业所采取的理性举措？这些从"融资分红"行为实施的深层动机角度开展的研究，有助于我们进一步增强对企业实施"融资分红"行为的理解。

（五）"融资分红"行为是否具有连续性以及其与股利平稳性的关系

本书在验证"融资分红"行为的普遍性时，采用的是描述性统计的方法，分别定义了"融资公司"与"分红公司"，通过观察既分红又融资的公司数量验证了"融资分红"行为的普遍性。这种方法出于一种整体性、宏观性的视角，并没有细致观察每一个实施"融资分红"行为的企业。就这些企业而言，通过外部举债融资进行分红，还可以同时调节资本结构和稳定现金储备。但是，当企业的杠杆水平达到合理的程度或者现金储备量达到合适的程度时，企业是否还会继续举债为分红融资？如果此时企业自身的现金流无法满足现金股利支付，而企业的杠杆率已经偏高了，再举债分红的话很可能会使企业陷入债务危机之中。从这个角度来看，"融资分红"行为似乎是一种不可持续的行为，达到一定程度后便不可以再进行下去。未来的研究可以着手于此，追踪考察企业自开始实施"融资分红"行为到结束实施"融资分红"行为的年份。如果公司这种现金分红行为只维持了几年，便符合上述有关"融资分红"行为不可持续的观点。如果公司这种股利支付行为持续的时间很长，便需要进行更深入的研究。在这种研究计划的开展过程中，大样本的实证分析可能无法实现目标，那么，则需要更精准的个案案例研究，并加强对不同实施"融资分红"行为的公司案例以及是否实施"融资分红"行为的公司案例的深度对比。

自Lintner（1956）的文章发表以来，公司股利平稳性一直是股利分配领域中的经典问题之一。股利平稳性是指公司通过修匀或平滑股利支付水平波动性后呈现的状态，股利平稳性的内涵贯穿在公司经营过程的始终，包含了迎合投资者、同行比较等理念，体现为公司股利支付水平在一定时期内保持在合理区间内的波动。所谓稳定的股利政策通常是指公司将每年的股利波动水平与盈余波动水平维系在某一范围之内而不使其发生显著变化。对于那些内源资金无法满足高额现金分红的公司来说，本身应该根据实际的盈余情况减少现金分红的比例，反映出不平稳的股利支付状态。根据上文的分析，即便公司出于财务决策关联性的考虑而实施了"融资分红"行为，这种行为也并非会持续下去，在坚持"融资分红"行为时公司股利依然是平稳的，可是一旦"融资分红"行为停止，公司则难以维持高额分红，股利支付水平便可能产生大幅波动。事实上，企业"融资分红"行为与股利平稳性的概念有一定区别："融资分红"行为强调企业频繁支付现金股利，且派发的现金股利中有大部分来源于外部融资，却不意味着每年企业现金股利的发放量都保持稳定，而这正是股利平稳性这一概念的内涵所在。未来的研究可以考察，对于那些实施"融资分红"行为的公司而言，股利支付水平是比较平稳还是有较大波动，从而有助于我们深层次把握企业实施"融资分红"行为和维持股利平稳性目标之间的内在关联。

（六）如何科学评价"融资分红"行为的经济后果

本书对中国上市公司"融资分红"现象的发现打破了传统股利支付理论中分红资金来自公司内部的认知，但毕竟借助外源融资进行分红行为的成本相比使用内部现金来说更加高昂，其对于公司来说究竟是一件好事还是一件坏事，依然是一个悬而未决的问题。想要系统地完善该领域的研究，就必须要弄清楚"融资分红"行为对公司价值的作用。我们给出了以下两种可以研究的"融资分红"行为的经济后果。

1."融资分红"行为传递了什么样的股利信号

本书验证了"融资分红"行为可以提振投资者的信心，但是使用的是半强制分红政策的相关规定实施（即 2008 年政策事件）前后 1998～2018年的数据，也就是说，尽管"融资分红"行为能够起到提振投资者信心的效果，但这个效果可能只是短期的，而且还有一个隐含的前提，那就是投资者并不知道上市公司采取了以债务融资为主的"融资分红"行为。从公司的角度来说，举债分红可以同时调节资本结构与公司现金持有水平，实现多项财务决策目标。但从投资者的角度来说就不一定如此了，当投资者发现公司的分红派现来自外部举债时，他们不一定会觉得这是一个正常的、出于财务决策关联性动机而实施的行为，换句话说，从长期看，"融资分红"行为向市场传递了什么样的公司信息，目前还是未知的。

在传统股利支付理论中，较高水平的现金分红能够促进公司价值的提升（Gordon，1960），主要原因是，上市公司在资本市场立足的根本在于为投资者创造收益，较高水平的现金分红向投资者传递了公司经营稳健的积极信号，有利于增强投资者对公司未来发展的信心，为上市公司在资本市场的表现创造良好的声誉。同时，传统股利支付理论认为，现金分红是管理层对未来公司发展进行谨慎评估后而做出的决策，尤其是管理层对公司未来的收益产生乐观预期时，会更加偏好于向投资者发放股利（Linter，

1956；Aharony and Swary，1980；Kormendi and Zarowin，1996）。这些理论都建立在公司股利支付来源于经营利润的基础上，良好的公司经营为股东创造收益。而"融资分红"行为改变了这一前提假设，表面上公司借助外部融资维持了高额的股利支付水平，但是这种派现行为能否体现公司的稳健运营呢？未来的研究可以着眼于此，考察实施"融资分红"行为向资本市场传递了一种什么样的股利信号。

2. "融资分红"行为与上市公司股票波动

在上文对未来研究的展望中，我们有猜想"融资分红"行为是否具有可持续性以及其向市场传递了什么样的公司信号，而实际上这些猜想与上市公司的股价变动也是息息相关的。现金股利是投资者获取投资收益最直接和最稳定的方式，持续、稳定、适当的现金股利为投资者提供了合理的投资收益，有利于引导投资者关注公司基本面信息而促进其理性投资，抑制股市的过度投资行为，从而使股票价格走势更好地反映公司基本面信息。宋逢明等（2010）的研究发现，连续现金分红能够降低公司股票收益率的波动。陈名芹等（2017）的研究认为，平稳的股利影响投资者行为，投资者可能更愿意为股利平稳性较高的公司支付溢价。如果"融资分红"行为是不可持续的，那么，当公司停止分红时，投资者失去了投资收益，很可能抛售公司股票，公司股票价格便会产生巨大波动。

此外，市场投资者知晓企业现金分红的资金来自外部举债后，他们如果不认可这种行为，很可能产生股价崩盘的风险。股价崩盘风险是指在无任何预兆信息的前提下，个股股价急剧性大幅下跌的现象。从公司层面而言，股价崩盘的机理在于，管理者出于掩盖利益侵占行为和维护自身利益的目的，会向公司外部隐瞒"坏消息"，随着时间的推移和"坏消息"的积少成多，股票价格会被持续性高估并产生"泡沫"，当"坏消息"累积至一定限度时，股价"泡沫"破裂开来，股价崩盘随即发生。投资者一开始不知道公司是通过举债分红的，当他们知道以后，如果不认可这种行为，觉得举债会增加公司的财务风险，便很可能将"融资分红"行为看成是公司的负面消息。此时，面对"融资分红"行为的新常态，企业管理者、中介机构和政府相关监管部门需要密切关注，并积极为充满疑惑的投资者提供更多有关"融资分红"行为纾信息，舒解投资者的疑虑，提振投资者的信心。否则，广大投资者不如分析师那样专业，而且投资者具有"羊群效应"（李雪峰和李佳明，2011；马丽，2016），当"融资分红坏消息"累积到一定程度，也可能导致股价崩盘。因此，"融资分红"行为与上市公司股票波动的关系也是未来研究"融资分红"行为经济后果的重要课题。

参考文献

［1］ Aboody D. , Kasznik R. Executive stock－based compensation and firms' cash payout: The role of shareholders' tax－related payout preferences ［J］. Review of Accounting Studies, 2008, 13 (2-3): 216-251.

［2］ Acemoglu D. , Robinson J. A. , Verdier T. Kleptocracy and divide－and－rule: A model of personal rule, the alfred marshall lecture ［J］. Journal of the European Economic Association, 2004, 2 (2-3): 162-192.

［3］ Adaoglu C. Instability in the dividend policy of the Istanbul Stock Exchange (ISE) corporations: Evidence from an emerging market ［J］. Emerging Markets Review, 2000, 1 (3): 252-270.

［4］ Adhikari B. K. , Agrawal A. Peer influence on payout policies ［J］. Journal of Corporate Finance, 2018, 7 (1): 37-62.

［5］ Aharony J, Swary I. Quarterly dividend and earnings announcements and stockholder's return ［J］. Journal of Finance, 1980, 35 (1): 1-12.

［6］ Aivazian V. A. , Booth L. , Cleary S. Dividend smoothing and debt ratings ［J］. Journal of Financial and Quantitative Analysis, 2006, 41: 439-453.

［7］ Akerlof G. A. The market for "lemons": Quality, uncertainty, and the market mechanism ［J］. Quarterly Journal of Economics, 1970, 84: 488-500.

［8］ Allen F. , Bernardo A. E. A theory of dividends based on tax clienteles ［J］. Journal of Finance, 2000, 55 (6): 2499-2536.

［9］ Allen F. , Michaely R. Chapter 7 Payout policy ［J］. Handbook of the

Economics of Finance, 2003 (1): 337-429.

[10] Almeida H. , Campello M. , Weisbach M. The cash flow sensitivity of cash [J]. Journal of Finance, 2004, 59: 1777-1804.

[11] Almeida H. , Fos V, Kronlund M. The real effects of share repurchases [J]. Journal of Financial Economics, 2016, 119 (1): 168-185.

[12] Anderson J. E. , Wincoop E. V. Borders, trade and welfare [J]. Brookings Trade Forum, 2001 (1): 207-243.

[13] Andres C. , Betzer A. , Bongard I. V. D. , et al. Dividend policy, corporate control and the tax status of the controlling shareholder [J]. Journal of Industrial and Business Economics, 2019, 46 (2): 157-189.

[14] Arditti F. D. , Fama E. F. , Miller M H. The theory of finance [J]. Journal of Finance, 1974, 29 (3): 1031.

[15] Arnott R. D. , Asness C. S. Does dividend policy foretell earnings growth? [J]. Social Science Electronic Publishing, 2002 (10): 1-34.

[16] Arturs Kalnins, Francine Lafontaine. Multi-Unit ownership in franchising: Evidence from the Fast-Food Industry in Texas [J]. Research Papers in Economic, 2004, 35 (4): 747-761.

[17] Asquith P. , Mullins D. W. Equity issues and offering dilution [J]. Journal of Financial Economics, 1986 (15): 61-89.

[18] Auerbach A. J. , Hassett K A. The 2003 dividend tax cuts and the value of the firm: An event study [J]. Social Science Electronic Publishing, 2005, 21 (1): 93-139.

[19] Babenko I. Share repurchases and pay-performance sensitivity of employee compensation contracts [J]. Journal of Finance, 2010, 64 (1): 117-150.

[20] Baker M. , Stein J. C. , Wurgler J. When does the market matter?

Stock prices and the investment of equity – dependent firms [J]. The Quarterly Journal of Economics, 2003, 118 (3): 969–1005.

[21] Baker M., Wurgler J. A catering theory of dividends [J]. Journal of Finance, 2004, 59 (3): 1125–1165.

[22] Baker M., Wurgler J. Appearing and disappearing dividends: The link to catering incentives [J]. Journal of Financial Economics, 2004 (73): 271–288.

[23] Baker M., Wurgler J. Investor sentiment and the cross – section of stock returns [J]. Journal of Finance, 2006, 61 (4): 1645–1680.

[24] Banerjee H., Heshmati A., Wihlborg C. The dynamics of capital structure [R]. Working Paper, Koc University, 2000.

[25] Barclay M. J., Smith C. W. The maturity structure of corporate debt [J]. Journal of Finance, 1995, 50 (2): 609 –631.

[26] Bens D. A., Nagar V., Skinner D. J., et al. Employee stockoptions, EPS dilution, and stock Repurchases [J]. Journal of Accounting and Economics, 2003 (36): 51–90.

[27] Bens D. A., Nagar V., Skinner D. J., et al. Real investment implications of employee stock option exercises [J]. Journal of Accounting Research, 2002 (40): 359–393.

[28] Bernanke B., Gertler M. Agency costs, net worth, and business fluctuations [J]. American Economic Review, 1989, 79 (1): 14–31.

[29] Bessler W., Drobetz W., Kazemieh R. Factors affecting capital structure decisions [M]. Capital Structure and Corporate Financing Decisions. John Wiley & Sons, Ltd, 2011.

[30] Bhattacharya. Corporate finance and the legacy of Miller and ModigUani [J]. Journal of Economic Perspectives, 1988, 2 (4): 135–147.

［31］ Bhattacharya S. Imperfect information, dividend policy, and "the bird in the hand" fallacy ［J］. The Bell Journal of Economics, 1979, 10: 259-270.

［32］ Biddle G. C., Hilary G., Verdi R. S. How does financial reporting quality relate to investment efficiency? ［J］. Journal of Accounting and Economics, 2009, 48 (2): 112-131.

［33］ Billett M. T., Garfinkel J. A., Jiang Y. The capital supply channel in seo peer effects ［R］. SSRN Working Paper, 2018.

［34］ Black F., Scholes M. The effects of dividend yield and dividend policy on common stock prices and returns ［J］. Journal of Financial Economics, 1974, 1 (1): 1-22.

［35］ Bolton P., Scharfstein D. S. A theory of predation based on agency problems in financial contracting ［J］. American Economic Review, 1990, 80: 93-106.

［36］ Bonaime A. A., Hankins K. W., Harford J. Financial flexibility, risk management, and payout choice ［J］. Social Science Electronic Publishing, 2011, 27 (4): 1074-1101.

［37］ Bond S., Meghir C. Dynamic investment models and the firm's financial policy ［J］. Review of Economic Studies, 1994, 61: 197-222.

［38］ Braggion F., Moore L. Dividend policies in an unregulated market: The london stock exchange, 1895－1905 ［J］. Review of Financial Studies, 2011, 24 (9): 2935-2973.

［39］ Brav A., Graham J. R., Harvey C. R., et al. Managerial response to the May 2003 dividend tax cut ［J］. Financial Management, 2008a, 37 (4): 611-624.

［40］ Brav A., Graham J. R., Harvey C. R., et al. Payout policy in the

21st century [J]. Journal of Financial Economics, 2005, 77: 483-527.

[41] Brav A., Graham J. R., Harvey C. R., et al. The effect of the May 2003 dividend tax cut on corporate dividend policy: Empirical and survey evidence [J]. National Tax Journal, 2008b, 61: 381-396.

[42] Brennan M. J. Taxes, market valuation and corporate financial policy [J]. National Tax Journal, 1970, 23 (4): 417-427.

[43] Brown J. R., Liang N., Weisbenner S. Executive financial incentives and payout policy: Firm responses to the 2003 dividend tax cut [J]. Journal of Finance, 2007, 62: 1935-1965.

[44] Campello M., Graham J. R., Harvey C. R. The real effects of financial constraints: Evidence from a financial crisis [J]. SSRN Electronic Journal, 2009, 97 (3): 470-487.

[45] Chae J., Kim S., Lee E. How corporate governance affects payout policy under agency problems and external financing constraints [J]. Journal of Banking and Finance, 2009, 33 (11): 2093-2101.

[46] Chang X., Dasgupta S., Wong G., et al. Cash-flow sensitivities and the allocation of internal cash flow [J]. Review of Financial Studies, 2014, 27 (12): 3628-3657.

[47] Charest G. Dividend information, stock returns and market efficiency-II [J]. Journal of Financial Economics, 1978, 6 (2): 297-330.

[48] Chay J. B., Suh J. Payout policy and cash-flow uncertainty [J]. Journal of Financial Economics, 2009, 93 (1): 88-107.

[49] Cheng Y., Harford J, Zhang T. Bonus-driven repurchases [J]. Journal of Financial and Quantitative Analysis, 2015, 50 (3): 447.

[50] Chen N. F., Grundy B., Stambaugh R. F. Changing risk, changing risk premiums, and dividend yield effects [J]. Journal of Business, 1990, 63:

S51-70.

[51] Chetty R. , Saez E. Dividend taxes and corporate behavior: Evidence from the 2003 dividend tax cut [J]. Quarterly Journal of Economics, 2005, 120 (3): 791-833.

[52] Childs P. D. , Mauer D. C. , Ott S. H. Interactions of corporate financing and investment decisions: The effects of agency conflicts [J]. Journal of Financial Economics, 2005, 76 (3): 667-690.

[53] Choi J. , Hackbarth D. , Zechner J. Granularity of corporate debt [R] . CFS Working Paper, 2014.

[54] Clark D. , Buckman R. Microsoft to resume buybacks to provide for employee options, prevent dilution [J] . The Wall Street Journal, 2000, 8: B6.

[55] Cochrane J. H. Presidential address: Discount rates [J] . Journal of Finance, 2011, 66: 1047-108.

[56] Colla P. , Ippolito F. , Kai L. I . Debt Specialization [J]. Journal of Finance, 2013, 68 (5): 2117-2141.

[57] Cook D. O. , Tang T. Macroeconomic conditions and capital structure adjustment speed [J]. Journal of Corporate Finance, 2010, 16 (1): 73-87.

[58] Crane A. D. , Michenaud S. , Weston J. The effect of institutional ownership on payout policy: Evidence from index thresholds [J]. Review of Financial Studies, 2016, 29 (6): 1377-1408.

[59] Cuny C. J. , Martin G. S. , Puthenpurackal J. J. Stock options and total payout [J] . Journal of Financial and Quantitative Analysis, 2009, 44: 391-410.

[60] Darling F. W. A test of an approximate formula for the rapid computation of the warping of the geoid [J]. 1957, 44 (1): 266-273.

［61］David P. , O'Brien J. , Yoshikawa T. The implications of debt heterogeneity for R&D investment and firm performance ［J］. Academy of Management Journal, 2008, 51 (1): 165-181.

［62］DeAngelo H. , DeAngelo L. Capital structure, payout policy, and financial flexibility ［R］. Marshall School Of Business Working Paper, 2007.

［63］DeAngelo H. , DeAngelo L. , Skinner D. J. Are dividends disappearing? Dividend concentration and the consolidation of earnings ［J］. Journal of Financial Ecomomics, 2004, 72 (3): 425-456.

［64］DeAngelo H. , Deangelo L. , Skinner D. J. Corporate payout policy ［J］. Foundations and Trends in Finance, 2008, 3 (2-3): 95-287.

［65］DeAngelo H. , DeAngelo L. , Stulz R. M. Dividend policy and the earned/contributed capital mix: A test of the life-cycle theory ［J］. Journal of Financial Economics, 2006, 81: 227-54.

［66］Demirguc-Kunt A. , Maksimovic V. Institutions, financial markets, and firm debt maturity ［J］. Journal of Financial Economics, 1999, 54 (3): 295-336.

［67］Denis D. J. , McKeon S. B. Debt financing and financial flexibility-Evidence from proactive leverage increases ［J］. Review of Financial Studies, 2015, 25: 1897-1929.

［68］Denis D. J. , Osobov I. Why do firms pay dividends? International evidence on the determinants of dividend policy ［J］. Journal of Financial Economics, 2008, 89 (1): 62-82.

［69］Denis D. J. , Sibilkov V. Financial constraints, investment, and the value of cash holdings ［J］. Review of Financial Studies, 2010, 23 (1): 247-269.

［70］Dhrymes P. J. , Kurz M. Investment, dividend, and external finance behavior of firms ［M］//Robert Ferier. Determinants of investment behavior. Nber, 1967: 427-485.

［71］Dirk H. Managerial traits and capital structure decisions ［J］. Journal of Financial and Quantitative Analysis, 2008, 43: 843-882.

［72］Dittmar A. K. Why do firms repurchase stock? ［J］. Journal of Business, 2000, 73: 331-355.

［73］Donaldson G. Corporate debt capacity: A study of corporate debtpolicy and the determination of corporate debt capacity ［M］. Boston: Harvard Business School, 1961.

［74］Dunsby A. Share repurchases and corporate distributions: An em-pirical study ［R］. Working Paper, University of Pennsylvania, 1993.

［75］Duong K. D., Ngo A. D., McGowan C. B. Industry peer effect and the maturity structure of corporate debt ［J］. Managerial Finance, 2015, 41 (7): 714-733.

［76］Easterbrook F. H. Two agency-cost explanations of dividends ［J］. The American Economic Review, 1984, 74 (4): 650-659.

［77］Eije H. V., Megginson W. L. Dividend and share repurchases in the european union ［J］. Journal of Financial Economics, 2008, 89 (2): 347-374.

［78］Elton E. J., Gruber M. J. Marginal stockholder tax rates and the clientele effect ［J］. Review of Economics and Statistics, 1970, 52: 68-74.

［79］Elyasiani E., Jia J., Mao C. X. Institutional ownership stability and the cost of debt ［J］. Journal of Financial Markets, 2010, 13 (4): 475-500.

［80］Erel I., Julio B., Kim W., et al. Macroeconomic conditions and capital raising ［J］. Review of Financial Studies, 2012, 25: 341-376.

［81］Faccio M., Young L. Dividends and expropriation ［J］. Social Science Electronic Publishing, 2001, 91 (1): 54-78.

[82] Fama E. F. , French K. R. Common risk factors in the returns on stock and bonds [J]. Journal of Financial Economics, 1993, 33: 3-56.

[83] Fama E. F. , French K. R. Disappearing dividends: Changing firm characteristics or lower propensity to pay? [J]. Journal of Financial Economics, 2001, 60: 3-43.

[84] Farre-Mensa J. , Michaely R. , Schmalz M. C. Financing Payouts [J]. http: / /dx. doi. org /10. 2139 /ssrn. 2535675, 2018.

[85] Farre-Mensa J. , Michaely R. , Schmalz M. C. Payout Policy [J]. Social Science Electronic Publishing, 2014, 6 (1): 75-134.

[86] Fazzair S. M. , Petersen B. C. Working capital and fixed investment: New evidence on financing constraints [J]. RAND Journal of Economics, 1993, 24: 328-342.

[87] Fazzari S. M. , Hubbard R. , Petersen B. Financing constraints and corporate investment [J]. Brookings Papers on Economic Activity, 1988, 19: 141-206.

[88] Fenn G. W. , Liang N. Corporate payout policy and managerial stock incentives [J]. Journal of Financial Economics, 2001, 60: 45-72.

[89] Ferreira M. A. , Vilela A. S. Why do firms hold cash? Evidence from EMU countries [J]. European Financial Management, 2004, 10: 295-319.

[90] Fischer E. , Heinkel. R. , Zechner J. Dynamic capital structurechoice: Theory and Tests [J]. Journal of Finance, 1989 (46): 297-355.

[91] Foucault T. , Fresard L. Learning from peers' stock prices and corporate investment [J] . Journal of Financial Economics, 2014, 111 (3): 554-577.

[92] Frank M. , Goyal V. Capital structure decisions: Which factors are reliably important? [J] . Financial Management, 2009, 38: 1-37.

［93］Frank M. , Goyal V. Testing the pecking order theory of capital structure ［J］. Journal of Financial Economics, 2003, 67: 217-248.

［94］Frantz P. , Instefjord N. Corporate governance and the cost of borrowing ［J］. Journal of Business Financeand Accounting, 2013, 40（7-8）: 918-948.

［95］Frydenberg S. Capital structure theories and empirical tests: An overview ［J］. Capital Structure and Corporate Financing Decisions: Theory, Evidence, and Practice, 2011, 15: 129-150.

［96］Gamba A. , Triantis A. The value of financial flexibility ［J］. Journal of Finance, 2008, 63（5）: 2263-2296.

［97］Gatchev V. A. , Pulvino T. , Tarhan V. The interdependent and intertemporal nature of financial decisions: An application to cash flow sensitivities ［J］. Journal of Finance, 2010, 65（2）: 725-763.

［98］Gilson S. C. , Warner J. B. Junk bonds, bank debt and financial flexibility ［R］ . Harvard Business School Working Paper, 1996.

［99］Gordon M. J. Security and a financial theory of investment ［J］. Quarterly Journal of Economics, 1960, 74（3）: 472-492.

［100］Goss A. , Roberts G. The impact of corporate social responsibility on the cost of bank loans ［J］. Journal of Banking and Finance, 2011, 35（7）: 1794-1810.

［101］Graham J. R. , Harvey C. R. The theory and practice of corporate governance: Evidence from the field ［J］. Nankai Business Review, 2009, 60（2-3）: 187-243.

［102］Grennan J. Dividend payments as a response to peer influence ［J］. Journal of Financial Economics, 2019, 131（3）: 549-570.

［103］Greve H R. A behavioral theory of R&D expenditures and innova tions: Evidence from shipbuilding [J]. Academy of Management Journal, 2003, 46 (6): 685-702.

[104] Grossman S. J., Hart O. D. Corporate financial structure and managerial incentives [M]. Chicago: University of Chicago Press, 1982.

[105] Grossman S. J., Hart O. D. Takeover bids, the free-rider problem, and the theory of the corporation[J]. Bell Journal of Economics, 1980,11:42-54.

[106] Grullon G., Michaely R. Dividends, share repurchases, and the substitution hypothesis [J]. Journal of Finance, 2002, 57 (4): 1649-1684.

[107] Guay W., Harford J. The cash-flow permanence and information content of dividend increases versus repurchases [J]. 2000, 57 (3): 385-415.

[108] Hall B. H. Business and financial method patents, innovation, and policy [J]. Scottish Journal of Political Economy, 2009, 56 (4): 443-473.

[109] Hall B. H. Investment and research and development at the firm-level: Does the source of financing matter? [R]. NBER Working Paper, 1992.

[110] Harford J., Klasa S., Maxwell W F. Refinancing risk and cash holdings [J]. Journal of Finance, 2014, 69 (3): 975-1012.

[111] Harford J, Mansi S. A., Maxwell W. F. Corporate governance and firm cash holdings in the US [J]. Journal of Financial Economics, 2008, 87 (3): 535-555.

[112] Harhoff D. Are there financing constraints for R&D and investment in German manufacturing firms? [J]. Annales Déconomie Et De Statistique, 1998 (49): 421-456.

[113] Harris M., Raviv A. Financial contracting theory Sixth World Congress [R]. Cambridge: Cambridge Vniversity Press, 1990.

[114] Hayashi F. Tobin's marginal q and average q: A neoclassical interpretation [J]. Econometrica: Journal of the Econometric Society, 1982, 50

(1): 213-224.

[115] Heath C., Lang H. M. Psychological factors and stock option exercise [J]. Quarterly Journal of Economics, 1999, 114 (2): 601-627.

[116] Heshmati A. The dynamics of capital structure: Evidence from Swedish micro and small firms [J]. Research in Banking and Finance, 2001, 2 (1): 199-241.

[117] He Z. Z., Ciccone S. Too much liquidity? Seemingly excess cash for innovative firms [J]. Financial Review, 2020, 55 (1): 121-144.

[118] Higgins R. C. Dividend policy and increasing discount rates: A clarification [J]. Journal of Financial and Quantitative Analysis, 1972, 7 (3): 1757-1762.

[119] Himmelberg C. P., Peterson B. C. R&D and internal finance: A panel study of small firms in high-tech industries [J]. Review of Economics and Statistics, 1994, 76: 38-51.

[120] Hoberg G., Phillips G. Prabhala N. Product market threats, payouts, and financial flexibility [J]. Journal of Finance, 2014, 69 (1): 293-324.

[121] Hoberg G., Prabhala N. Disappearing dividends, catering, and risk [J]. Social Science Electronic Publishing, 2014, 69: 293-324.

[122] Hong H., Wang J., Yu J. Firms as buyers of last resort [J]. Journal of Financial Economics, 2008, 88 (1): 119-145.

[123] Ho, Thomas S. Y., Ronald F. S. Bond indentrue provisions and the risk of corporate debt [J]. Journal of Financial Economics, 1982, 10 (4): 375-406.

[124] Hribar P., Jenkins N. T., Johnson W. B. Stock repurchases as an earnings management device [J]. Journal of Accounting and Economics, 2006, 41: 3-27.

［125］ Huddart S. , Lang M. Employee stock option exercises: An empirical analysis ［J］. Journal of Accounting and Economics, 1996, 21:5-43.

［126］Jagannathan M. , Stephens C. P. , Weisbach M. S. Financial flexibility and the choice between dividends and stock repurchases ［J］. Journal of Financial Economics, 2000, 57 (3): 355-384.

［127］Jalivand A. , Harris R. Corporate behavior in adjustment to capital structure and dividend targets, An econometric study ［J］. Journal of Finance, 1984 (39): 127-145.

［128］James M. P. , Summers L. H. New evidence that taxes affect the valuation of dividends ［J］. The Journal of Finance, 1984, 29 (5): 1397-1415.

［129］Jensen M. C. Agency cost of free cash flow, corporate finance and takeovers ［J］. American Economic Review, 1986, 76 (2): 323-329.

［130］Jensen M. , Meckling W. Theory of the firm: Managerial behavior, agency costs and ownership structure ［J］. Journal of Financial Economics, 1976 (3): 305-360.

［131］Jiang G. , Lee C. M. C. , Yue H. Tunneling through intercorporate loans: The China experience ［J］. Journal of Financial Economics, 2010, 98 (1): 1-20.

［132］John K. , Knyazeva A. , Knyazeva D. Does geography matter? firm location and corporate payout policy ［J］ . Journal of Financial Economics, 2008, 1 (1): 533-551.

［133］John K. , Williams J. Dividends, dilution, and taxes: A signalling equilibrium ［J］. Journal of Finance, 1985, 40: 1053-1070.

［134］Johnson S. , La Porta R. , Lopez - De - Silanes F. and Shleifer A. Tunneling ［J］. American Economic Review, 2000, 90 (2): 22-27.

［135］Johnson S. , La Porta R. , Lopez-De-Silanes F. Tunneling ［J］.

American Economic Review, 2000, 90 (2): 22-27.

[136] Jolls C. The role of incentive compensation in explaining the stock-repurchase puzzle [R]. Working Paper, Harvard Law School.

[137] Jose G., Opler T. The determinants of the maturity of corporate debt issues [J]. Journal of Finance, 1996, 51 (5): 1809-1833.

[138] Kahle K. M. When a buyback isn't a buyback: Open market repurchases and employee options [J]. Journal of Financial Economics, 2002, 63: 235-261.

[139] Kalay A., Michaely R. Dividends and taxes: A re-examination. [J]. Financial Management, 2000, 29: 55-57.

[140] Kalay A. Stockholder-bondholder conflict and dividend constraints [J]. Journal of Financial Economics, 1982, 10: 211-33.

[141] Kaniel R., Saar G., Titman S. Individual investor trading and stock returns [J]. Journal of Finance, 2008, 63 (1): 273-310.

[142] Kaplan S. N., Zingales L. Do investment-cash flow sensitivities provide useful measures of financing constraints? [J]. Quarterly Journal of Economics, 1997, 112 (1): 169-215.

[143] Kaustia M., Rantala V. Social learning and corporate peer effects [J]. Journal of Financial Economics, 2015, 117 (3): 653-669.

[144] Kedia S., Rajgopal S. Do the SEC's enforcement preferences affect corporate misconduct? [J]. Journal of Accounting and Economics, 2011 (3): 259-278.

[145] Kim Y., Li H., Li S. Corporate social responsibility and stock price crash risk [J]. Journal of Banking and Finance, 2014, 43 (1): 1-13.

[146] Korajczyk R., Levy A. Capital structure choice, macroeconomic conditions and financial constraints [J]. Journal of Financial Economics, 2003

(68): 75-109.

[147] Kormendi R. , Zarowin P. Dividend policy and permanence of earnings [J]. Review of Accounting Studies, 1996, 1 (2): 141-160.

[148] Kouki M. Stock options and firm dividend policy: Evidence from Toronto stock exchange [J]. International Research Journal of Finance and Economics, 2009, 25: 97-113.

[149] Kraus A. , Lizenberger R. H. A state-preference model of optimal financial leverage [J]. The Journal of Finance, 1973, 22: 91-100.

[150] Lambert R. A. , Lanen W. N. , Larcker D. F. Executive stock option plans and corporate dividend policy [J]. Journal of Financial and Quantitative Analysis, 1989, 24: 409-425.

[151] Lang L. , Ofek E. , Stulz R. M. Leverage, investment and firm growth [J]. Journal of Financial Economics, 1996, 40 (1): 3-29.

[152] La Porta R. , Lopez-de-Silanes F. , Shleifer A. , et al. Law and finance [J]. Journal of Political Economy, 1998, 106 (6): 1115-55.

[153] La Porta R. , Florencio L. D. S. , Shleifer A. , et al. Agency Problems and Dividend Policies Around the World [J]. Social Science Electronic Publishing, 2000, 55: 1-33.

[154] Leary M. T. , Michaely R. Determinants of dividend smoothing: Empirical evidence [J]. The review of financial studies, 2011, 24 (10): 3197-3249.

[155] Lee B. S. , Rui O. M. Time-series behavior of share repurchases and dividends [J]. Journal of Financial and Quantitative Analysis, 2007, 42 (1): 119-142.

[156] Lemmon M. L. , Nguyen T. L. Dividend yields and stock returns: Evidence from a country without taxes [J]. Asia Pacific Journal of Financial

Studies, 2010, 39: 736-751.

[157] Levy A., Hennessy C. Why does capital structure choice vary with macroeconomic conditions [J]. Journal of Monetary Economics, 2007 (54): 1545-1564.

[158] Lööf H. Dynamic optimal capital structure and technical change [J]. Structural Change and Economic Dynamics, 2004 (15): 449-468.

[159] Li L. X., Winkelman K. A., D'Amico J. R. Peer pressure on tax avoidance: A special perspective from firms' fiscal year-ends [J]. Journal of Accounting and Finance, 2014, 14 (6): 171-188.

[160] Lintner J. Distribution of incomes of corporations among dividends, retained earnings and taxes [J]. American Economic Review, 1956, 46: 97-113.

[161] Lintner J. Dividends, earnings, leverage, stock prices and the supply of capital to corporations [J]. The Review of Economics and Statistics, 1962, 44 (3): 243-269.

[162] Litzenberger R. H., Ramaswamy K. Dividends, short selling restrictions, tax-induced investor clienteles and market equilibrium [J]. Journal of Finance, 1980, 35: 469-482.

[163] Litzenberger R. H., Ramaswamy K. The effect of personal taxes and dividends on capital asset prices: Theory and empirical evidence [J]. Journal of Financial Economics, 1979, 7 (2): 163-195.

[164] Lopez - Salido D., Stein J. C., Zakrajsek E. Credit - market sentiment and the business cycle [J]. The Quarterly Journal of Economics, 132 (3): 1373-1426.

[165] Loughran T., Schultz P. Weather, stock returns and the impact of localized trading behavior [J]. The Journal of Financial and Quantitative Analy-

sis, 2004, 39 (2): 343-364.

[166] MacKay P. , Phillips G. M. How does industry affect firm financial structure? [J]. Review of Financial Studies , 2005, 18: 1433-1466.

[167] Malmendier T. CEO overconfidence and corporate investment [J]. Journal of Finance, 2005, 60: 2661-2700.

[168] Manski C. F. Economic analysis of social interactions [J]. Journal of Economic Perspectives, 2000, 14 (3): 115-136.

[169] Martins T. C, Novaes W. Mandatory dividend rules: Do they make it harder for firms to invest? [J] . Journal of Corporate Finance, 2012, 18 (4): 953-967.

[170] Michaely R. , Murgia M. The effect of tax heterogeneity on prices and volume around the ex-dividend day: Evidence from the Milan Stock Exchange [J]. The Review of Financial Studies, 1995, 8: 369-399.

[171] Michaely R, Roberts M R. Corporate dividend policies: Lessons from private firms [J]. Review of financial studies, 2011, 25 (3): 711-746.

[172] Miguel A, Pindado J. Determinants of capital structure, new evidence from Spanish panel data [J] . Journal of Corporate Finance, 2001 (7): 77-99.

[173] Miller M. H. , Modigliani F. Dividend policy, growth, and the valuation of shares [J]. The Journal of Business, 1961, 34 (4): 411.

[174] Miller M. H. , Rock K. Dividend policy under asymmetric information [J]. Journal of Finance, 1985, 40: 1031-1051.

[175] Miller M. , Scholes M. Dividends and taxes: Some empirical evidence [J]. Journal of Political Economy, 1982, 90: 1118-1141.

[176] Mills K. , Morling S. , Tease W. The Influence of Financial Factors on Corporate Investment [J]. Australian Economic Review, 1995, 28: 50-64.

[177] Modigliani F. , Miller M. H. The cost of capital corporation finance and the theory of investment [J]. American Economic Review, 1959, 48 (4): 443-453.

[178] Myers S. C. Determinants of corporate borrowing [J]. Journal of Financial Economics, 1977, 5: 147-75.

[179] Myers S. C. The capital structure puzzle [J]. Journal of Finance, 1984, 39 (3): 575-592.

[180] Naranjo A. , Nimalendran M. , Ryngaert M. Stock returns, dividend yields and taxes [J]. Journal of Finance, 1998, (53): 2029-2057.

[181] Opler T. , Pinkowitz L. , Stulz R. , et al. The determinants and implications of corporate cash holdings [J]. NBER Working Papers, 1997, 52 (1): 3-46.

[182] Parrino R. , Weisbach M. S. Measuring investment distortions arising from stockholder - bondholder conflicts [J] . Journal of Financial Economics, 1999, 53 (1): 3-42.

[183] Pettit R. R. Dividend announcements, security performance and capital market efficiency [J]. Journal of Finance, 1972, 27 (5): 993-1007.

[184] Pittman J. , Fortin S. Auditor choice and the cost of debt capital for newly public firms [J]. Journal of Accounting and Economics, 2004, 37 (1): 113-136.

[185] Popadak J. A. Dividend payments as a response to peer influence [J]. Social Science Electronic Publishing, 2012, 11 (4): 112-169.

[186] Qian Y. , Tian Y. , Wirjanto T. S. Do Chinese publicly listed companies adjust their capital structure toward a target level? [J]. China Economic Review, 2009, 20 (4): 662-676.

[187] Ramalingegowda S. , Wang C. S. , Yu Y. The role of financial re-

porting quality in mitigating the constraining effect of dividend policy on investment decisions [J]. The Accounting Review, 2013, 88 (3): 1007-1039.

[188] Reddy S. , Rath S. Disappearing dividends in emerging markets? Evidence from India [J] . Emerging Markets Finance and Trade, 2005, 41 (6): 58-82.

[189] Renneboog L. , Trojanowski G. Control structures and payout policy [J]. Managerial Finance, 2007, 33 (1): 43-64.

[190] Richardson S. Over-investment of free cash flow [J]. Review of accounting studies, 2006, 11 (2-3): 159-189.

[191] Rocca M. L. Capital structure and corporate strategy [J] . Capital Structure and Corporate Financing Decisions: Theory, Evidence and Practice, 2011, 15: 41-58.

[192] Ross S. A. The determination of financial structure: The incentive signaling approach [J]. The Bell Journal of Economics, 1977, 8 (1): 23-40.

[193] Ross S. A. , Westerfield R. W. , Jaffe J. Corporate finance, 10th ed [M] . New York: McGraw-Hill /Irwin, 2013.

[194] Rozeff M. S. Growth, beta and agency costs as determinants of dividend payout ratios [J]. Journal of Financial Research, 1982, 5 (3): 249-259.

[195] Scholes M. S, Black F. S. The pricing of options and corporate liabilities [J]. Journal of Political Economy, 1973, 81 (3): 637-654.

[196] Shefrin H. M, Statman M. Explaining investor preference for cash dividends [J]. Journal of Financial Economics, 1984, 13 (2): 253-282.

[197] Shiller R. J, Fischer S. , Friedman B. M. Stock prices and social dynamics [J]. Brookings Papers on Economic Activity, 1984 (2): 457-510.

[198] Shleifer A. , Vishny R. A survey of corporate governance [J]. Journal of Finance, 1997, 52 (2): 737-783.

[199] Shleifer A. , Vishny R. W. Management entrenchment: The case of manager-specific investments. Journal of Financial Economics, 1989, 25 (1): 123-139.

[200] Sinn H. W. Taxation and the cost of capital: The "old" view, the "new" view and another view [J]. Tax Policy and the Economy, 1991 (5): 25-54.

[201] Skinner D. J. The evolving relation between earnings, dividends and stock repurchases [J]. Journal of Financial Economics, 2008, 87: 582-609.

[202] Stephens C. P. , Weisbach M. S. Actual share reacquisitions in open-market repurchase programs [J]. Journal of Finance, 1998, 53 (1): 313-333.

[203] Stulz. Managerial discretion and optimal financing policies [J]. Journal of Financial Economics, 1990, 26: 3-27.

[204] Tao Q, Nan R, Li H. Information content of unexpected dividends under a semi-mandatory dividend policy: An empirical study of China [J]. The North American Journal of Economics and Finance, 2016, 37: 297-318.

[205] Titman S, Tsyplakovs. A dynamic model of optimal capital structure [J]. Review of Finance, 2007, 11 (3): 401-451.

[206] Uysal V. B. Deviation from the target capital structure and acquisition choices [J]. Journal of Financial Economics, 2011, 102 (3): 602-620.

[207] Vermaelen T. Common stock repurchases and market signalling: An empirical study [J]. Journal of Finance, 1981, 9: 139-83.

[208] Vogt S. C. The cash flow/investment relationship: Evidence from U. S. Manufacturing firms [J]. Financial Management, 1994, 23 (2): 3-20.

[209] Walter J. E. Dividend policies and common stock prices [J]. Journal of Finance, 1956, 11: 29-41.

[210] Warusawitharana M. , Whited T. M. Equity market misvaluation, fi-

nancing and investment [J]. The Review of Financial Studies, 2016, 29: 603-654.

[211] Welch I. Capital structure and stock returns [J]. Journal of Political Economy, 2004, 112: 106-131.

[212] Williamson O. Corporate finance and corporate governance [J]. Journal of Finance, 1988, 43 (3): 567-591.

[213] Young S. , Yang J. Stock repurchases and executive compensation contract design: The role of earnings per share performance conditions [J]. Accounting Review, 2011, 86 (2): 703-33.

[214] Zhang J. The contracting benefits of accounting conservatism to lenders and borrowers [J]. Journal of Accounting and Economics, 2008, 45 (1): 27-54.

[215] Zhou P. , Ruland W. Dividend payout and future earnings growth [J]. Financial Analysts Journal, 2006, 62 (3): 58-69.

[216] Zwiebel J. Dynamic capital structure under managerial entrenchment [J]. The American Economic Review, 1996, 86: 1197-1215.

[217] 安青松. 中国上市公司分红现状与趋势研究 [J]. 证券市场导报, 2012 (11): 15-19.

[218] 蔡庆丰, 江逸舟. 公司地理位置影响其现金股利政策吗? [J]. 财经研究, 2013, 39 (7): 38-48.

[219] 陈汉文, 周中胜. 内部控制质量与企业债务融资成本 [J]. 南开管理评论, 2014, 17 (3): 103-111.

[220] 陈洪涛, 黄国良. 中国上市公司股权结构与现金股利政策的实证研究 [J]. 统计与决策, 2005 (20): 115-117.

[221] 陈克兢, 李延喜. 媒体监督与法治环境约束盈余管理的替代效应研究 [J]. 管理科学, 2016, 29 (4): 17-28.

［222］陈蕾．信息不对称视角下的中小企业融资困境分析［J］．投资研究，2011，30（10）：56-65.

［223］陈名芹，刘星，辛清泉．上市公司现金股利不平稳影响投资者行为偏好吗？［J］．经济研究，2017，52（6）：90-104.

［224］陈文，王飞．负债融资约束与中国上市公司股权融资偏好［J］．投资研究，2013，32（7）：36-47.

［225］陈晓丹．会计盈余质量与资本结构动态调整［J］．海南金融，2017（3）：82-88.

［226］陈信元，陈冬华，时旭．公司治理与现金股利：基于佛山照明的案例研究［J］．管理世界，2003（8）：118-126.

［227］陈艳，李鑫，李孟顺．现金股利迎合、再融资需求与企业投资——投资效率视角下的半强制分红政策有效性研究［J］．会计研究，2015（11）：69-75.

［228］陈艳利，姜艳峰．国有资本经营预算制度、过度负债与企业价值创造［J］．财经问题研究，2017（2）：43-51.

［229］陈艳，杨雪，李知恩．财务柔性储备对公司资本投资的影响——基于资本成本锚定观的视角［J］．宏观经济研究，2018（4）：140-150.

［230］陈艳，郑雅慧，秦妍．负债融资、资本成本与公司投资效率——基于债务异质性视角的实证分析［J］．经济与管理评论，2016，32（4）：79-86.

［231］陈云玲．半强制分红政策的实施效果研究［J］．金融研究，2014（8）：162-177.

［232］程帆．股权分置改革对我国上市公司股利信号传递的影响［J］．山东社会科学，2007（2）：122-123.

［233］程敏．制度环境、现金股利政策和投资者保护——来自A股和

H 股上市公司的经验证据［J］.上海立信会计学院学报，2009，23（2）：61-72.

［234］程燕.我国沪市上市公司股利分配市场反应的实证研究［J］.新疆财经，2002（3）：45-48.

［235］程子健，张俊瑞.交叉上市、股权性质与企业现金股利政策——基于倾向得分匹配法（PSM）的分析［J］.会计研究，2015（7）：34-41.

［236］邓路，刘瑞琪，江萍.公司超额银行借款会导致过度投资吗？［J］.金融研究，2017（10）：115-129.

［237］邓路，王化成，李思飞.上市公司定向增发长期市场表现：过度乐观还是反应不足？［J］.中国软科学，2011（6）：167-177.

［238］董理，茅宁.财务弹性问题前沿研究述评与未来展望［J］.外国经济与管理，2013，35（4）：71-80.

［239］董艳，李凤.管理层持股、股利政策与代理问题［J］.经济学（季刊），2011，10（3）：1015-1038.

［240］董屹宇，郭泽光.管理层股权激励、两职合一与企业过度负债——基于两种代理理论的分析［J］.当代财经，2019（1）：119-130.

［241］杜金岷，杨贤宏，吴非.现金股利政策能否促进企业创新？［J］.产经评论，2019，10（2）：94-108.

［242］杜莹，刘立国.中国上市公司债权治理效率的实证分析［J］.证券市场导报，2002（12）：66-69.

［243］方军雄.所有制、制度环境与信贷资金配置［J］.经济研究，2007（12）：82-92.

［244］付玉梅，张丽平.多元化经营战略与公司的现金股利政策——基于融资约束和代理冲突两大视角的探讨［J］.商业研究，2018(12):133-143.

［245］傅超，杨曾，傅代国."同伴效应"影响了企业的并购商誉

吗？——基于我国创业板高溢价并购的经验证据［J］.中国软科学，2015（11）：94-108.

［246］博利福，王素素，岳增光.利率市场化与中小企业融资约束——基于中小银行战略布局的视角［J］.贵州财经大学学报，2014（6）：34-41.

［247］博文玥.半强制分红政策下股利支付对央企过度投资的影响研究［J］.大理学院学报，2015，14（5）：37-42.

［248］高克智，王辉，王斌.派现行为与盈余持续性关系——基于信号理论的实证检验［J］.经济与管理研究，2010（11）：98-105.

［249］耿建新，刘文鹏.我国上市公司再融资与股权结构优化问题研究［J］.经济理论与经济管理，2001（9）：31-36.

［250］龚珏.美国会计师事务所内部治理经验及启示［J］.中国集体经济，2013（4）：169-170.

［251］顾小龙，李天钰，辛宇.现金股利、控制权结构与股价崩溃风险［J］.金融研究，2015（7）：152-169.

［252］郭牧炫，魏诗博.融资约束、再融资能力与现金分红［J］.当代财经，2011（8）：119-128.

［253］洪洁，陈少华.终极股权结构、法律制度与股权资本成本［J］.会计之友，2016（2）：36-41.

［254］胡建雄，茅宁.国外资本结构调整研究述评及展望［J］.外国经济与管理，2014，36（8）：62-72.

［255］胡建雄，茅宁.债务来源异质性对企业投资扭曲行为影响的实证研究［J］.管理科学，2015，28（1）：47-57.

［256］胡建雄，茅宁.中国上市公司"融资分红"——"昂贵的游戏"还是"理性的选择"［J］.财贸经济，2019，40（4）：67-85.

［257］胡建雄，邵志翔，易志高.企业债务异质性对过度投资行为的

影响研究——基于我国上市公司样本的分析 [J]. 山西财经大学学报, 2015 (5)：100-112.

[258] 胡文卿，左拙人. 债务融资来源异质性与企业投资——基于宏观经济政策视角 [J]. 审计与经济研究, 2020, 35 (2)：107-116.

[259] 黄东坡. 我国中小企业内源融资问题探讨 [J]. 财务与金融, 2008 (4)：8-10.

[260] 黄娟娟，沈艺峰. 上市公司的股利政策究竟迎合了谁的需要——来自中国上市公司的经验数据 [J]. 会计研究, 2007 (8)：36-43.

[261] 黄乾富，沈红波. 债务来源、债务期限结构与现金流的过度投资——基于中国制造业上市公司的实证证据 [J]. 金融研究, 2009 (9)：143-155.

[262] 黄少安，张岗. 中国上市公司股权融资偏好分析 [J]. 经济研究, 2001 (11)：12-20.

[263] 黄少安，钟卫东. 股权融资成本软约束与股权融资偏好——对中国公司股权融资偏好的进一步解释 [J]. 财经问题研究, 2012 (12)：3-10.

[264] 黄祥钟. 新股现金分红后长期表现研究 [J]. 经济与管理研究, 2012 (8)：73-81.

[265] 贾凡胜，吴昱，廉柯赟. 股利税差别化、现金分红与代理问题——基于财税〔2012〕85号文件的研究 [J]. 南开管理评论, 2016, 19 (1)：142-154.

[266] 江龙，宋常，刘笑松. 经济周期波动与上市公司资本结构调整方式研究 [J]. 会计研究, 2013 (7)：28-34.

[267] 姜付秀，黄继承. 市场化进程与资本结构动态调整 [J]. 管理世界, 2011 (3)：124-134.

[268] 姜付秀，屈耀辉，陆正飞，等. 产品市场竞争与资本结构动态调整 [J]. 经济研究, 2008 (4)：99-110.

[269] 姜丽莎, 李超凡, 冯均科. 新审计报告降低了债务融资成本吗? [J]. 审计研究, 2020 (3): 68-76.

[270] 姜琪, 宋逢明. 中国上市公司现金股利决策模型 [J]. 清华大学学报 (自然科学版), 2012, 52 (2): 265-270.

[271] 蒋玉梅, 王明照. 投资者情绪与股票收益: 总体效应与横截面效应的实证研究 [J]. 南开管理评论, 2010, 13 (3): 150-160.

[272] 靳曙畅. 债务异质性、产权性质与企业可持续发展 [J]. 山西财经大学学报, 2019, 41 (6): 67-84.

[273] 鞠晓生. 中国上市企业创新投资的融资来源与平滑机制 [J]. 世界经济, 2013, 36 (4): 138-159.

[274] 雷光勇, 王文, 金鑫. 公司治理质量、投资者信心与股票收益 [J]. 会计研究, 2012 (2): 79-86.

[275] 雷光勇, 王文忠, 刘茉. 政治不确定性、股利政策调整与市场效应 [J]. 会计研究, 2015 (4): 33-39.

[276] 李秉祥. 上市公司股利不分配问题的原因分析及对策研究 [J]. 西安理工大学学报, 1998 (4): 80-84.

[277] 李长青. 关于股市 "配股危机" 的思考 [J]. 经济理论与经济管理, 1999 (3): 18-21.

[278] 李常青, 魏志华, 吴世农. 半强制分红政策的市场反应研究 [J]. 经济研究, 2010, 45 (3): 144-155.

[279] 李常青, 幸伟, 李茂良. 控股股东股权质押与现金持有水平: "掏空" 还是 "规避控制权转移风险" [J]. 财贸经济, 2018, 39 (4): 82-98.

[280] 李菲菲. 上市公司债务融资影响因素分析——以山西省上市公司为例 [J]. 对外经贸, 2019 (6): 85-89.

[281] 李光贵. 国有控股上市公司现金分红行为: 实践总结——基于

沪深A股国有控股上市公司的描述性分析 [J]. 经济与管理研究, 2009 (11): 75-82.

[282] 李广子, 刘力. 债务融资成本与民营信贷歧视 [J]. 金融研究, 2009 (12): 137-150.

[283] 李慧. 影响我国上市公司外源融资行为的若干因素分析 [J]. 经济问题, 2006 (8): 48-49.

[284] 李加棋, 樊国华, 邱强, 等. 上市公司分红政策与股价波动实证分析 [J]. 财会通讯, 2012 (32): 48-49.

[285] 李康, 杨兴君, 杨雄. 配股和增发的相关者利益分析和政策研究 [J]. 经济研究, 2003 (3): 79-87.

[286] 李敏, 张士强. 会计制度变迁下企业资本结构的动态调整——基于山东省上市公司数据的研究 [J]. 财会月刊, 2015 (36): 45-50.

[287] 李荣锦, 雷婷婷. 盈余质量、股权集中度、企业性质与资本结构动态调整——来源于房地产上市公司的数据 [J]. 南京审计大学学报, 2019, 16 (3): 82-91.

[288] 李胜楠, 牛建波. 负债融资、公司治理与企业价值最大化 [J]. 山西财经大学学报, 2004 (5): 99-103.

[289] 李伟. 产权性质、现金持有与企业过度负债 [C] // 中国会计学会教育分会. 中国会计学会2012年学术年会论文集. 2012.

[290] 李向阳. 上市公司需要付出什么?——论目前中国证券市场的功能缺陷 [J]. 国际经济评论, 1998 (Z4): 46-50.

[291] 李心合, 王亚星, 叶玲. 债务异质性假说与资本结构选择理论的新解释 [J]. 会计研究, 2014 (12): 3-10.

[292] 李学峰, 李佳明. 投资者个体的羊群行为: 分布及其程度——基于分割聚类的矩阵化方法 [J]. 国际金融研究, 2011 (4): 77-86.

[293] 李永壮, 闫国栋, 宁晓林. 内源融资、管理者自信与企业绩

效——基于中国中小板上市企业面板数据的实证研究［J］. 华中师范大学学报（人文社会科学版），2015，54（5）：46-54.

［294］李永壮，张博，夏鸿义. 领导者过度自信、公司债务融资偏好与企业绩效［J］. 中央财经大学学报，2014（6）：89-96.

［295］李悦，熊德华，张峥，等. 公司财务理论与公司财务行为——来自167家中国上市公司的证据［J］. 管理世界，2007（11）：108-118.

［296］廉永辉，褚冬晓. 过度负债会加剧实体企业金融化吗？［J］. 云南财经大学学报，2020，36（10）：45-61.

［297］梁莱歆，王文芝. 上市公司超能力派现信号效应实证研究［J］. 上海立信会计学院学报，2007（6）：51-55.

［298］梁权熙，曾海舰. 独立董事制度改革、独立董事的独立性与股价崩盘风险［J］. 管理世界，2016（3）：144-159.

［299］梁相，马忠. 子公司地域多元化、集团管控紧密程度与上市公司现金股利分配［J］. 山西财经大学学报，2017，39（2）：114-124.

［300］廖珂，崔宸瑜，谢德仁. 控股股东股权质押与上市公司股利政策选择［J］. 金融研究，2018（4）：172-189.

［301］廖珂. 现金股利的"庞氏循环"——来自上市公司分红能力、现金股利以及投资活动的经验证据［J］. 投资研究，2015，34（8）：54-81.

［302］廖理，朱正芹. 中国上市公司股权融资与债权融资成本实证研究［J］. 中国工业经济，2003（6）：63-69.

［303］林毅夫，刘明兴，章奇. 政策性负担与企业的预算软约束：来自中国的实证研究［J］. 管理世界，2004（8）：81-89.

［304］刘娥平，施燕平. 盈余管理、公司债券融资成本与首次信用评级［J］. 管理科学，2014，27（5）：91-103.

［305］刘慧，张俊瑞，周键. 诉讼风险、法律环境与企业债务融资成

本 [J]. 南开管理评论，2016，19（5）：16-27.

[306] 刘磊，谢继君，李诗琪. 股权激励方式与现金股利——基于股东监督情境差异化视角的考察 [J]. 会计与经济研究，2019，33（5）：61-77.

[307] 刘孟晖，高友才. 现金股利的异常派现、代理成本与公司价值——来自中国上市公司的经验证据 [J]. 南开管理评论，2015，18（1）：152-160.

[308] 刘孟晖. 内部人终极控制及其现金股利行为研究——来自中国上市公司的经验证据 [J]. 中国工业经济，2011（12）：122-132.

[309] 刘小刚，符号亮，郭志凌. 中国房地产上市公司的债务融资影响因素研究 [J]. 北方经贸，2018（3）：77-78.

[310] 刘星，谭伟荣，李宁. 半强制分红政策、公司治理与现金股利政策 [J]. 南开管理评论，2016，19（5）：104-114.

[311] 刘颖，钟田丽. 利益相关者信任影响企业负债融资决策吗？——基于公益性捐赠信号作用的考察 [J]. 内蒙古社会科学，2020，41（4）：116-125.

[312] 刘颖，钟田丽. 连锁董事影响管理者负债融资决策吗？——基于风险承担视角的实证检验 [J]. 内蒙古社会科学（汉文版），2019，40（4）：125-132.

[313] 刘运，叶德磊. 产品市场竞争、现金分红与公司业绩 [J]. 当代财经，2018（7）：123-132.

[314] 鲁悦，刘春林，陈浩. 股权融资还是债务融资——绩效反馈与融资决策的关系研究 [J]. 现代财经（天津财经大学学报），2019，39（6）：27-44.

[315] 陆正飞，高强. 中国上市公司融资行为研究——基于问卷调查的分析 [J]. 会计研究，2003（10）：16-24.

[316] 陆正飞，王春飞，王鹏．激进股利政策的影响因素及其经济后果 [J]．金融研究，2010（6）：162-174.

[317] 陆正飞，叶康涛．中国上市公司股权融资偏好解析——偏好股权融资就是缘于融资成本低吗？[J]．经济研究，2004（4）：50-59.

[318] 吕长江，王克敏．上市公司股利政策的实证分析 [J]．经济研究，1999（12）：3-5.

[319] 吕明晗，徐光华，沈弋，等．异质性债务治理、契约不完全性与环境信息披露 [J]．会计研究，2018（5）：67-74.

[320] 罗党论，唐清泉．市场环境与控股股东"掏空"行为研究——来自中国上市公司的经验证据 [J]．会计研究，2007（4）：69-74.

[321] 罗琦，李辉．企业生命周期，股利决策与投资效率 [J]．经济评论，2015（2）：115-125.

[322] 罗韵轩，王永海．对西方资本结构理论杂我国的适用性的反思——制度适应与市场博弈的视角 [J]．金融研究，2007（11）：67-82.

[323] 马宏，胡耀亭．现金股利政策选择的市场反应研究——基于长期股票投资收益的视角 [J]．证券市场导报，2017（8）：36-41+77.

[324] 马慧敏，赵静秋．碳排放权交易价格影响因素实证分析——基于北京市碳排放交易所数据 [J]．财会月刊，2016（10）：22-26.

[325] 马静，古志辉．股权结构、现金股利政策和隧道效应刍议 [J]．现代财经（天津财经大学学报），2009，29（12）：56-61.

[326] 马丽．中国股票市场羊群效应实证分析 [J]．南开经济研究，2016（1）：144-153.

[327] 倪娟，孔令文．环境信息披露、银行信贷决策与债务融资成本——来自我国沪深两市 A 股重污染行业上市公司的经验证据 [J]．经济评论，2016（1）：147-156.

[328] 倪中新，武凯文．我国上市公司股权融资偏好的影响因素——

基于 Cox 比例危险模型的实证研究 [J]. 华东经济管理, 2015, 29 (9): 165-173.

[329] 倪中新, 武凯文, 周亚虹, 等. 终极所有权视角下的上市公司股权融资偏好研究——控制权私利与融资需求分离 [J]. 财经研究, 2015, 41 (1): 132-144.

[330] 潘敏, 金岩. 信息不对称、股权制度安排与上市企业过度投资 [J]. 金融研究, 2003 (1): 36-45.

[331] 强国令. 板块倒置、声誉机制与股利政策 [J]. 投资研究, 2016, 35 (1): 49-60.

[332] 强国令, 李曜, 张子炜. 创业板上市公司的现金分红政策悖论——基于股利掏空理论的解释 [J]. 中国经济问题, 2017 (2): 68-79.

[333] 乔美新. 企业筹资活动分析 [J]. 山西财经大学学报, 2015, 37 (S1): 93.

[334] 权小锋, 肖斌卿, 吴世农. 投资者关系管理能够稳定市场吗?——基于 A 股上市公司投资者关系管理的综合调查 [J]. 管理世界, 2016 (1): 139-152.

[335] 全怡, 梁上坤, 付宇翔. 货币政策、融资约束与现金股利 [J]. 金融研究, 2016 (11): 63-79.

[336] 饶育蕾, 贺曦, 李湘平. 股利折价与迎合: 来自我国上市公司现金股利分配的证据 [J]. 管理工程学报, 2008 (1): 133-136.

[337] 任宇宁. 债务异质性对宏观经济影响的实证分析 [J]. 统计与决策, 2017 (20): 161-164.

[338] 邵军. 中国上市公司现金股利的实证研究 [J]. 生产力研究, 2004 (12): 168-170.

[339] 沈洪涛, 沈艺峰, 杨熠. 新股增发: 自由现金流量假说还是优序融资假说 [J]. 世界经济, 2003 (8): 53-61.

[340] 盛明泉，李昊．预算软约束、过度投资与股权再融资 [J]．中南财经政法大学学报，2010 (4)：84-90.

[341] 石绍宾．企业股利政策与财务风险分析 [J]．中央财经大学学报，2003 (3)：57-60.

[342] 史敏，蔡霞，耿修林．动态环境下企业社会责任、研发投入与债务融资成本——基于中国制造业民营上市公司的实证研究 [J]．山西财经大学学报，2017，39 (3)：111-124.

[343] 宋逢明，姜琪，高峰．现金分红对股票收益率波动和基本面信息相关性的影响 [J]．金融研究，2010 (10)：103-116.

[344] 宋福铁，屈文洲．基于企业生命周期理论的现金股利分配实证研究 [J]．中国工业经济，2010 (2)：140-149.

[345] 覃家琦，邵新建，肖立晟．交叉上市、增长机会与股利政策——基于政府干预假说的检验 [J]．金融研究，2016 (11)：191-206.

[346] 谭小平．中国上市公司短期债务融资偏好动因解析 [J]．暨南学报 (哲学社会科学版)，2007 (5)：39-48.

[347] 唐清泉，徐欣．企业 R&D 投资与内部资金——来自中国上市公司的研究 [J]．中国会计评论，2010，8 (3)：341-362.

[348] 唐小英，周宗放．关于上市公司股利分配政策的探讨 [J]．财经科学，2003 (1)：110-114.

[349] 陶兢强，胡国柳．基于因子分析的上市公司现金股利政策影响因素研究 [J]．广西财经学院学报，2010，23 (2)：67-72.

[350] 陶雄华，曹松威．会计信息质量、政治关联与公司债融资成本——基于我国上市公司的证据 [J]．中南财经政法大学学报，2017 (3)：89-96.

[351] 田晔，麦元勋．资本结构的影响因素分析 [J]．兰州学刊，2009 (2)：178-180.

[352] 童盼, 陆正飞. 负债融资对企业投资行为影响研究: 述评与展望 [J]. 会计研究, 2005 (12): 71-76+96.

[353] 万良勇, 梁婵娟, 饶静. 上市公司并购决策的行业同群效应研究 [J]. 南开管理评论, 2016, 19 (3): 40-50.

[354] 汪辉. 上市公司债务融资、公司治理与市场价值 [J]. 经济研究, 2003 (8): 28-35.

[355] 汪猛. 货币政策、债务融资与会计稳健性研究: 中国 A 股上市公司的经验证据 [J]. 贵州财经大学学报, 2013 (2): 55-62.

[356] 王国俊, 陈浩, 王跃堂. 股利政策承诺、现金持有水平与过度投资行为 [J]. 福建论坛 (人文社会科学版), 2015 (7): 44-50.

[357] 王国俊, 王跃堂. 现金股利承诺制度与资源配置 [J]. 经济研究, 2014, 49 (9): 91-104.

[358] 王皓, 赵俊. 资本结构动态调整模型——沪深股市的实证分析 [J]. 经济科学, 2004 (3): 54-62.

[359] 王化成, 曹丰, 叶康涛. 监督还是掏空: 大股东持股比例与股价崩盘风险 [J]. 管理世界, 2015 (2): 45-57.

[360] 王建新. 债务约束与自由现金流的过度投资问题研究 [J]. 财政研究, 2008 (11): 65-69.

[361] 王静, 张天西, 郝东洋. 发放现金股利的公司具有更高盈余质量吗?——基于信号传递理论新视角的检验 [J]. 管理评论, 2014 (4): 50-59.

[362] 王琳. 代理成本理论视角下的资本结构——基于中国上市公司的证据 [J]. 经济问题, 2009 (10): 56-58.

[363] 王茂林, 何玉润, 林慧婷. 管理层权力、现金股利与企业投资效率 [J]. 南开管理评论, 2014, 17 (2): 13-22.

[364] 王敏, 刘冬荣. 我国上市公司债务融资效应研究 [J]. 中南财

经政法大学学报，2006（3）：76-82.

[365] 王晓艳，张晶. 上市公司债务融资影响因素分析——来自文化企业的经验证据 [J]. 天津商业大学学报，2016，36（5）：54-58.

[366] 王彦超，姜国华，辛清泉. 诉讼风险、法制环境与债务成本 [J]. 会计研究，2016（6）：30-37.

[367] 王毅辉，李常青. 产品市场竞争对股利政策影响的实证研究 [J]. 经济与管理研究，2010（2）：112-118.

[368] 王宇，于辉. 市场竞争下企业股权融资的供应链模型分析 [J]. 管理科学学报，2020，23（1）：113-126.

[369] 王运通，姜付秀. 多个大股东能否降低公司债务融资成本 [J]. 世界经济，2017，40（10）：119-143.

[370] 王振山，王秉阳. 股票投机、信息发现与权益成本——对股权融资偏好的再讨论 [J]. 经济评论，2018（2）：103-118.

[371] 王征. 浅析上市公司股利分配中存在的问题和对策 [J]. 经济研究导刊，2016（19）：79-80.

[372] 王志强，张玮婷. 上市公司财务灵活性，再融资期权与股利迎合策略研究. 管理世界，2012，（7）：151-163.

[373] 魏刚. 我国上市公司股利分配的实证研究 [J]. 经济研究，1998（6）：3-5.

[374] 魏明海，柳建华. 国企分红、治理因素与过度投资 [J]. 管理世界，2007（4）：88-95.

[375] 魏群. 企业生命周期、债务异质性与非效率投资 [J]. 山西财经大学学报，2018，40（1）：96-111.

[376] 魏志华，李常青，吴育辉，等. 半强制分红政策、再融资动机与经典股利理论——基于股利代理理论与信号理论视角的实证研究 [J]. 会计研究，2017（7）：55-61.

[377] 魏志华，李茂良，李常青．半强制分红政策与中国上市公司分红行为 [J]．经济研究，2014，49（6）：100-114．

[378] 魏志华，王贞洁，吴育辉，等．金融生态环境、审计意见与债务融资成本 [J]．审计研究，2012（3）：98-105．

[379] 吴英华．关于加强企业留存收益管理的思考 [J]．时代金融，2011（26）：103-104．

[380] 吴育辉，翟玲玲，魏志华．债券发行与现金股利政策——基于中国上市公司的经验证据 [J]．经济管理，2018，40（8）：153-171．

[381] 夏云峰，温佐望．基于上市公司治理结构的盈余管理分析 [J]．当代财经，2006（3）：126-128．

[382] 肖珉．现金股利、内部现金流与投资效率 [J]．金融研究，2010（10）：117-134．

[383] 谢德仁．企业分红能力之理论研究 [J]．会计研究，2013（2）：22-32．

[384] 谢慕廷，汤佩．基于生命周期理论的现金股利分配实证研究 [J]．财政监督，2014（20）：32-36．

[385] 邢斌，徐龙炳．超募、投资机会与公司价值 [J]．财经研究，2015，41（9）：65-78．

[386] 邢天才，黄阳洋．生命周期、财务杠杆与现金股利政策 [J]．财经问题研究，2018（8）：51-57．

[387] 徐军辉，王华．配股政策的经济后果研究 [J]．财会通讯，2009（21）：102-105．

[388] 徐寿福，李志军．机构投资者异质性与公司治理：现金股利政策视角 [J]．投资研究，2013，32（9）：98-111．

[389] 许晓芳，刘宗富．中小上市企业债务融资影响因素的实证研究 [J]．企业科技与发展，2008（8）：61-63．

[390] 闫希，汤谷良．关于上市公司高派现背后的制度思考 [J]．财务与会计，2010（10）：27-29．

[391] 阳闪．完善创业板上市公司现金股利的政策建议 [J]．东方企业文化，2011（18）：264．

[392] 杨宝，万伟，Daisy Chow．研发投资决策下的现金股利分配：抑制还是迎合——兼论"半强制分红政策"的监管悖论 [J]．山西财经大学学报，2018，40（3）：94-109．

[393] 杨宝，袁天荣．股利税"减半"的市场反应研究——基于财税〔2005〕102 的事件研究 [J]．税务与经济，2013（6）：85-92．

[394] 杨宝，袁天荣．政府监管、股利分配与再融资动机 [J]．海南大学学报（人文社会科学版），2013，31（2）：83-89．

[395] 杨攻研，刘洪钟．．债务、增长与危机：基于债务异质性的考证 [J]．经济评论，2015（6）：40-54．

[396] 杨汉明，龚承刚．股利政策与企业价值：基于寿命周期视角的分析 [J]．财政研究，2008（8）：75-80．

[397] 杨汉明．寿命周期、股利支付与企业价值 [J]．管理世界，2008（4）：181-182．

[398] 衣龙新，薛里梅．我国上市公司异常高派现问题研究 [J]．特区经济，2017（1）：66-68．

[399] 殷钱茜，胡建雄．超额现金持有对过度投资行为的影响研究——债务异质性的调节作用 [J]．华东经济管理，2016，30（9）：143-149．

[400] 于津平，许咏．股权融资对企业经营绩效的影响——基于战略性新兴产业上市公司的研究 [J]．东南大学学报（哲学社会科学版），2016，18（6）：88-94．

[401] 余剑梅．我国上市公司股权融资偏好研究 [J]．经济纵横，

2012 (11)：102-104.

[402] 余亮，梁彤缨. 股利政策的治理效应——基于融资约束与代理成本权衡的视角 [J]. 软科学，2013，27 (2)：67-70.

[403] 余琰，王春飞. 再融资与股利政策挂钩的经济后果和潜在问题 [J]. 中国会计评论，2014，12 (1)：43-66.

[404] 俞红海，李心丹，耿子扬. 投资者情绪、意见分歧与中国股市 IPO 之谜 [J]. 管理科学学报，2015，18 (3)：78-89.

[405] 俞红海，徐龙炳，陈百助. 终极控股股东控制权与自由现金流过度投资 [J]. 经济研究，2010，45 (8)：103-114.

[406] 俞鸿琳. SEO 后业绩下滑之谜：过度投资假说及检验 [J]. 经济管理，2011，33 (11)：112-120.

[407] 俞毛毛，马妍妍. 股票回购、现金股利替代性与研发投资——基于迎合渠道的比较分析 [J]. 财经理论与实践，2020，41 (2)：62-68.

[408] 俞乔，程澄. 我国公司红利政策与股市波动 [J]. 经济研究，2001 (4)：32-41.

[409] 袁卫秋. 静态权衡理论与啄食顺序理论的实证检验 [J]. 数量经济技术经济研究，2004 (2)：148-153.

[410] 袁振兴，杨淑娥. 现金股利政策：法律保护的结果还是法律保护的替代——来自我国上市公司的证据 [J]. 财贸研究，2006 (5)：86-93.

[411] 原红旗. 中国上市公司股利政策分析 [J]. 财经研究，2001 (3)：34-42.

[412] 曾爱军，温海星. 我国上市公司超能力派现问题探讨——基于驰宏锌锗的案例研究 [J]. 商业会计，2011 (35)：23-25.

[413] 曾爱民，傅元略，魏志华. 金融危机冲击、财务柔性储备和企业融资行为——来自中国上市公司的经验证据 [J]. 金融研究，2011 (10)：155-169.

[414] 曾爱民,张纯,魏志华.金融危机冲击、财务柔性储备与企业投资行为——来自中国上市公司的经验证据 [J].管理世界,2013 (4):107-120.

[415] 张长城.经济发展新常态、财务柔性与企业财务柔性管理 [J].宏观经济研究,2015 (9):80-87.

[416] 张纯,吕伟.信息环境、融资约束与现金股利 [J].金融研究,2009 (7):81-94.

[417] 张丹妮,周泽将.股权再融资与企业现金分红 [J].证券市场导报,2020 (1):44-53.

[418] 张华.双汇发展的高派现:顾客效应还是财富转移? [J].生产力研究,2015 (12):149-152.

[419] 张俭,石本仁.制度环境、两权分离与家族企业现金股利行为——基于 2007-2012 年中国家族上市公司的经验证据 [J].当代财经,2014 (5):119-128.

[420] 张锦铭.债务融资的治理效应——一种新的实证研究设计 [J].山西财经大学学报,2006 (4):117-121.

[421] 张锦铭.债务融资治理效应研究文献述评 [J].北方经济,2006 (20):147-148.

[422] 张菊如.上市公司超能力派现股利分配分析——基于建发股份的案例研究 [J].商场现代化,2011 (10):60-61.

[423] 张丽琨,姚梅芳.会计稳健性、高管团队特征与债务成本关系研究 [J].南方经济,2016 (9):91-107.

[424] 张路,罗婷,岳衡.超募资金投向、股权结构与现金股利政策 [J].金融研究,2015 (11):142-158.

[425] 张普,陈亮,张名誉.现金股利、多层次资本市场体系与股票价格波动 [J].统计与决策,2018,34 (12):168-172.

［426］张天凤，朱家明，张昆鹏．我国房地产上市公司债务融资影响因素的实证研究［J］．宜春学院学报，2016，38（4）：44-48.

［427］张天宇，钟田丽．企业财务决策同伴效应研究述评与展望［J］．外国经济与管理，2018，40（11）：3-16.

［428］张玮倩，徐寿福，辛琳．连续现金分红与股票错误定价研究［J］．证券市场导报，2016（3）：4-10.

［429］张晓宇，王策，钱乐乐．股票价格的"涟漪效应"研究——基于公司投资决策的视角［J］．财经研究，2017，43（12）：136-148.

［430］张孝梅，王勇．我国上市公司股利分配现状分析及政策建议［J］．会计之友，2011（4）：89-92.

［431］张绪娥．我国中小企业内源融资状况研究［J］．当代经济，2005（4）：74-75.

［432］张勇．产权性质、投资者实地调研与企业债务融资成本［J］．广东财经大学学报，2020，35（4）：72-86.

［433］张勇．金融发展、供应链集中度与企业债务融资成本［J］．金融论坛，2017，22（4）：54-67.

［434］张跃文．强制分红制度的效用评估［J］．中国金融，2012（6）：64-66.

［435］张跃文．我国上市公司现金分红决策研究［J］．证券市场导报，2012（9）：27-32.

［436］章卫东，刘珍秀，孙一帆．公开增发新股与定向增发新股中盈余管理的比较研究［J］．当代财经，2013（1）：118-129.

［437］赵春光，张雪丽，叶龙．股利政策：选择动因——来自我国证券市场的实证证据［J］．财经研究，2001（2）：48-53.

［438］赵卿，刘少波．制度环境、终极控制人两权分离与上市公司过度投资［J］．投资研究，2012，31（5）：52-65.

[439] 赵瑞杰，吴朝阳．财务柔性、股权集中度与现金股利政策——基于 A 股上市公司数据的实证研究［J］．经济问题，2017（11）：114-117.

[440] 郑开放，毕茜．上市公司现金股利政策影响因素实证研究［J］．财会通讯，2012（24）：61-63.

[441] 支晓强，胡聪慧，童盼，等．股权分置改革与上市公司股利政策——基于迎合理论的证据［J］．管理世界，2014（3）：139-147.

[442] 支晓强，胡聪慧，吴偎立，等．现金分红迎合了投资者吗——来自交易行为的证据［J］．金融研究，2014（5）：143-161.

[443] 钟田丽，张天宇．我国企业资本结构决策行为的"同伴效应"——来自深沪两市 A 股上市公司面板数据的实证检验［J］．南开管理评论，2017，20（2）：58-70.

[444] 周楷唐，麻志明，吴联生．高管学术经历与公司债务融资成本［J］．经济研究，2017，52（7）：169-183.

[445] 周晓光，官玥，黄晓霞．文化创意产业债务融资结构的影响因素研究——基于 2012～2016 年上市公司的面板数据［J］．运筹与管理，2018，27（12）：125-132.

[446] 朱德胜．控股股东、股权制衡与公司股利政策选择［J］．山东大学学报（哲学社会科学版），2010（3）：80-87.

[447] 朱德胜，张燕．上市公司债务融资水平影响因素实证研究——基于终极控制人的视角［J］．经济与管理评论，2016，32（2）：118-122.

[448] 祝继高，王春飞．金融危机对公司现金股利政策的影响研究——基于股权结构的视角［J］．会计研究，2013（2）：38-44.

[449] 卓德保，蔡国庆，瞿路航．基于行业类别视角对上市公司现金分红问题的研究［J］．中国市场，2014（4）：46-50.

[450] 邹若然．上市公司超能力派现探究——基于不稳健分配的视角［J］．财会通讯，2014（17）：40-42.

后　记

　　光阴飞逝，转眼间我从南京大学博士毕业并在南京财经大学工作已满四年，回首走过的岁月，心中倍感充实。七年前，我考进南京大学商学院攻读博士学位，幸运地从事了企业财务与金融方向的研究。四年前，我进入南京财经大学会计学院工作，有幸继续从事该领域的学术研究。读博士前，我是经济学出身，跨专业的背景使得我对企业财务领域的诸多问题都存在困惑，然而在南京大学商学院认真攻读的这三年，我受益匪浅，渐渐领会了一整套企业财务领域的知识系统。入学以来，商学院的老师们一直坚持定期举办学术研讨课，把最新的知识以及前沿的财务热点概念传授给我们，并推荐大量的学术文献和书籍供我们阅读，从本书的选题、文章的架构、方法论的掌握到文字的撰写，指引着我一步步迈进学术科研的殿堂。

　　在我撰写自己学术专著的整个过程之中，包括本书的选题、结构的搭建、参考资料的阅读、理论的分析、数据的处理和最终的定稿，处处都倾注着我的授业恩师——茅宁教授的心血。在攻读博士学位期间，我就已经对本书的研究主题"融资分红"进行思考。但该现象与传统股利支付理论明显相悖，一开始我不具备能继续坚持研究的勇气。幸得茅老师的不断鼓励，我才能坚定从事"融资分红"主题的研究，并取得了一系列的科研成果。通过向茅老师的多番求教，逐渐明晰了自己的研究思路，也落实了自己的研究进展。茅老师一边承担着繁重的科研与教学任务，一边还时刻关心着我学术专著的进展状况，多次帮我审阅和修改专著，指出文中存在的疏漏和不足之处，帮我重新树立正确的写作思路。记得每次收到茅老师修改过的稿件，上面红红的批注密密麻麻，饱含了老师付出的辛劳，都让我深深感动。每次根据他的意见仔细修改过后，感觉专著的质量又向前进步了不少。最终，也正是在他的谆谆教导和严格的要求之下，我才得以顺利完成学术专著的写作。

茅老师不仅在学业方面传授给我很多财务专业领域的前沿知识及研究方法，还在生活上关心我，在精神上鼓励我。在茅老师身上，我学到了严谨的治学之道、积极乐观的生活态度、坚持创新的科研理念、宽厚仁慈的胸怀以及高尚无私的师德风范。茅老师的言传身教让我终生受益，为我树立了终身学习的典范。可以说，如果没有茅老师对我的谆谆教导和周到细致的关怀，我是不可能如期顺利完成在南京大学博士研究生期间的学业，更不可能完成这部学术专著。师恩浩荡，我将这份恩情永远铭记在心中，在学术专著完成之际，我想对茅老师表达心中由衷的谢意，并且立志将这种优秀的师德师风发扬光大！

感谢我的硕士研究生！张磊、许慧君和潘艳同学是 2018 年我被学校聘为会计学硕士生导师以来带的三名会计学硕士研究生，也是本专著重要的参编者。在长达几个月的专著撰写工作中，这些优秀学子帮我收集和编撰了许多资料和文字，经历了多次激烈而富有成效的讨论。在专著的完成过程中，他们多番打磨校稿，付出了很多辛劳，也取得了科研方面的重大收获。在此，向三名学生表示感谢！

感谢南京财经大学！入职以来，我深切感受到南京财经大学有益于青年教师成长的美好氛围，学校强有力的硬件和软件支撑、超一流的师资团队、聪颖勤奋的莘莘学子都是我在科研道路上不断求索的重要助推力。在学校严谨学术氛围的熏陶下，我的科研能力也在不断增长，在此，向南京财经大学表示由衷的谢意和感恩！

感谢求学和入职过程中遇到的各位领导和老师！各位领导对青年教师和年轻博士非常关怀。各位老师学识渊博，尽职尽责。求学和求职期间，他们教会了我很多专业知识、研究方法系统论和学术道德规范,这些都使我的专著得以不断完善。在此,谨向各位领导和老师致以诚挚的敬意!

感谢国家自然科学基金委对本书的资助!本专著是我主持的国家自然科学基金项目的重要阶段性成果,国家自然科学基金委为"融资分红"主题的学术研究提供了充足的资金支持。

感谢经济管理出版社对本专著的出版!感谢宋娜老师不辞辛苦的付出!让我的研究成果能有如此机遇展现在各位专家和读者面前,接受大家的建议和批评,督促自己学术水平的提高。

感谢本书参考文献中的所有作者!特别感谢 Farre-Mensa 等(2014,2018)开创性的研究成果,美国资本市场"融资分红"行为的发现是我研究中国资本市场"融资分红"行为的第一灵感,是这些作者的研究成果带给我的启迪,才使得我在此基础上做出进一步的研究,站在巨人的肩膀上完成我的这部学术专著。

最后,要强烈感谢我的家人多年来对我的全力支持和无私关怀,感谢父母对我的生养之恩!父母含辛茹苦把我养大,一步步鼓励我完成如此厚重的学术专著,给了我最无私的关怀、体谅和支持,使我不用在撰写过程中分心。他们对我的殷切希望、两鬓的白发和额头的皱纹,是我 20 年求学生涯最大的动力。他们为我的付出是我顺利完成这部专著的坚强后盾,是一份无法用言语表达的爱。

感谢所有帮助过我的人!在这里无法一一列举,在此,一并表达我诚挚的谢意!祝各位身体健康、阖家幸福!

胡建雄

2020 年 11 月